◆── 解密元宇宙 ──◆

元宇宙
产业布局新趋势

刘权　刘宗媛 ◎ 著

清华大学出版社
北京

内 容 简 介

元宇宙作为一个新兴产业已经开始逐渐走入各发展领域的视野。从狭义上来说，元宇宙是一个未来互联网概念，指链接一个可感知的虚拟宇宙，这个虚拟宇宙由三维连续共享虚拟空间组成；从广义上来说，元宇宙是随着社会经济的发展，为了满足现阶段数字经济的发展需求，整合多种数字技术而产生的物理世界与现实世界的新型基础设施。本书从元宇宙产业发展角度入手，在内容上尽可能涵盖元宇宙基础理论及其核心产业链发展现状等方面。本书共8章，第一部分（第1章）详尽阐述了元宇宙产业发展的价值，探讨了元宇宙发展对于经济社会、互联网、数字经济时代商业模式的影响；第二部分（第2章）介绍了元宇宙核心支撑技术，同时针对技术发展、技术原理、技术发展现状、现存问题及未来技术融合方向进行讨论；第三部分（第3～6章）重点分析了元宇宙产业架构、核心产业链、产业发展环境、资本投入、企业发展等产业发展现状；第四部分（第7～8章）对元宇宙产业未来发展趋势进行预测并提出促进元宇宙技术产业健康发展的对策建议。

本书可作为元宇宙相关从业人员的参考书目，也可作为相关行业人员了解当前元宇宙产业现状及未来发展趋势的培训教材。

本书封面贴有清华大学出版社防伪标签，无标签者不得销售。

版权所有，侵权必究。举报：010-62782989，beiqinquan@tup.tsinghua.edu.cn。

图书在版编目（CIP）数据

元宇宙.产业布局新趋势/刘权，刘宗媛著.—北京：清华大学出版社，2022.8
（解密元宇宙）
ISBN 978-7-302-61665-8

Ⅰ.①元… Ⅱ.①刘…②刘… Ⅲ.①信息经济－研究②产业布局－研究－中国 Ⅳ.①F49②F12

中国版本图书馆CIP数据核字(2022)第145092号

责任编辑：杜 杨
封面设计：杨玉兰
版式设计：方加青
责任校对：胡伟民
责任印制：曹婉颖

出版发行：清华大学出版社
　　　　网　　址：http://www.tup.com.cn，http://www.wqbook.com
　　　　地　　址：北京清华大学学研大厦A座　　邮　　编：100084
　　　　社 总 机：010-83470000　　邮　　购：010-62786544
　　　　投稿与读者服务：010-62776969，c-service@tup.tsinghua.edu.cn
　　　　质 量 反 馈：010-62772015，zhiliang@tup.tsinghua.edu.cn
印 装 者：小森印刷霸州有限公司
经　　销：全国新华书店
开　　本：170mm×240mm　　印　　张：16.25　　字　　数：300千字
版　　次：2022年10月第1版　　印　　次：2022年10月第1次印刷
定　　价：69.00元

产品编号：097914-01

"解密元宇宙"丛书编委会

名誉主任
杨兆廷

主　　任
赵永新

执行主任
黄志坚

副 主 任
钟梓炎　刘　权　陈苑锋　尹巧蕊　胡继晔　秦响应
总 编 委
赵永新　刘　权　胡继晔　黄志坚　陈苑锋
委　员
曹保刚　陈柏珲　何　超　吴高斌　秦响应　尹巧蕊
朱启明　罗　骁　曹　懿　李敏雁　陈意斌　蒋亚洪
刘志毅　黄　锐　刘宗媛　万家乐　邹睿桐　张小川
任　豪　张喜会　卢大伟　刘文献　符奕斌

编委会成员

赵永新	亚洲区块链产业研究院副院长,河北金融学院教授
刘　权	工信部赛迪区块链研究院院长,博士
胡继晔	中国政法大学教授、博导
钟梓炎	深圳市互联网学会秘书长
陈苑峰	美的集团首席硬件架构师,博士
黄志坚	深圳市互联网学会副会长
杨兆廷	中国技术经济学会金融科技专业委员会常务理事长,河北金融学院党委书记
曹保刚	河北省社会科学界联合会常务原常务理事长,社科院原书记
陈柏珲	亚洲区块链产业研究院院长
朱启明	全国高校人工智能与大数据创新联盟秘书长
吴高斌	中国民营科技实业家协会元宇宙工作委员会秘书长
何　超	中国移动通信联合会元宇宙产业委员会秘书长
李敏雁	清华大学继续教育学院项目主任
秦响应	河北金融学院金融科技学院院长、教授
尹巧蕊	中央司法警官学院副教授,博士
万家乐	中国科协国促会数字科技发展委员会执行主任
罗　骁	杭州宇链科技有限公司总经理
曹　懿	皇家墨尔本理工大学博士
陈意斌	福建省区块链协会会长
蒋亚洪	杭州优链时代有限公司总经理
刘志毅	商汤科技智能产业研究院研究室主任
黄　锐	西华大学副教授
刘宗媛	工信部赛迪研究院副总经理
邹睿桐	杭州中谦科技有限公司董事长
张小川	重庆理工大学人工智能系统研究所所长、教授
任　豪	广州市数字经济协会秘书长
张喜会	深圳市众信电子商务交易保障促进中心主任
卢大伟	美亚投资(美亚硅谷投资孵化器)董事长,博士
刘文献	北京特许经营权交易所会长、董事长
符奕斌	中旅联控股有限公司董事长,笔克集团有限公司董事长

丛书序

近年来，互联网、大数据、云计算、人工智能、区块链等技术加速创新，数字经济发展速度之快、辐射范围之广、影响程度之深前所未有，正在成为重组全球要素资源、重塑全球经济结构的关键力量。2020年，全球数字经济规模达到32.6万亿美元，占GDP比重为43.7%。中国的数字经济规模紧跟美国之后，居世界第二，达到5.4万亿美元。《中共中央关于制定国民经济和社会发展第十四个五年规划和二〇三五年远景目标的建议》明确提出要加快数字化发展。发展数字经济，推进数字产业化和产业数字化，推动数字经济和实体经济深度融合，打造具有国际竞争力的数字产业集群。加强数字社会、数字政府建设，提升公共服务、社会治理等的数字化、智能化水平。数字经济社会的发展在呈现出快速发展态势的同时，与物理世界的联结也越来越紧密，物理世界与数字世界共存共生且相互影响的新社会形态正在形成。

2021年元宇宙（Metaverse）应运而生，意为超越现实宇宙的另外一个平行宇宙。元宇宙是基于数字技术集群应用实现的物理世界与镜像数字世界虚实共生的新型社会形态。元宇宙的本质是在数字世界对物理世界进行孪生映射，实现物理世界和数字世界的交互融合，通过物联网、VR/AR、大数据分析、人工智能、区块链等新一代信息技术集群应用，在数字世界对物理世界进行仿真分析和预测，以最优的结果驱动物理世界的运行。

当前，国内外科技巨头加速布局元宇宙，而且国内的上海、北京、深圳、广州、杭州等地方政府跑步入场，多地两会重点规划，抢抓元宇宙新机遇，积极探索元宇宙虚拟数字经济体，开辟数字经济新领域；农业、工业、服务业等各行各业都在快速拥抱元宇宙，提升实体经济运行效率，创新商业模式，构建新商业生态。元宇宙必将与各个领域深度整合，并形成强大力量，以数字世界促进物理世界的融合发展……元宇宙正在从概念迅速向产业落地，经济社会运行的底层逻辑正在发生重大变化。

目前元宇宙相关文章不少，但著作不多，系统性、科学性介绍元宇宙及应用的更少，能够让广大读者真正读懂元宇宙，特别是能够与政府、经济、社会、金融、实体经济等工作实践紧密结合的少之又少，还有少数涉币书籍可能误导读者。基于此，深圳市互联网学会、亚洲区块链产业研究院、中国技术经济学会金融科技专业委员会、全国高校人工智能与大数据创新联盟、中国民营科技实业家协会元宇宙工作委员会、中国通信工业协会两化融合委员会、中国移动通信联合会元宇宙产业委员会联合发起并成立"解密元宇宙"丛书编委会，汇集来自清华大学、中国政法大学、中央司法警官学院、河北金融学院、工信部赛迪区块链研究院、华为公司、美的公司、中国移动通信联合会区块链专业委员会、福建省区块链协会、商汤科技智能产业研究院、上海持云企业管理有限公司、成都雨链科技有限公司、杭州宇链科技有限公司等在元宇宙领域开拓创新的学界与业界的十多位精英，基于对元宇宙集群技术的系统化解读，聚焦元宇宙应用于实体经济创新、数字社会治理与人类文明传承、政府及区域元宇宙产业布局等多维层面的深度阐释，希望在元宇宙应用理论及产业发展体系建设方面做出有益探索，为元宇宙促进社会全面健康发展提供智力支持。

此套丛书不仅可供广大读者分享，亦可作为元宇宙相关行业人才培训教材。

由于元宇宙目前整体发展还处在初级阶段，加之编者水平有限，书中难免有诸多不足之处，欢迎广大读者批评指正。

"解密元宇宙"丛书编委会

2022 年 10 月

前　言

随着物质财富的增多，改造物理世界技术的进步，人们花费在物理世界工作中的时间越来越少，沉浸在虚拟世界的时间日益增长，人们将生活不可逆转地向虚拟世界迁移。人们在数字虚拟世界中的生产工作、娱乐活动将对物理世界产生越来越大的影响，元宇宙的发展也将持续引领数字经济社会的发展与变革。

2021年成为"元宇宙元年"，资本大力追捧，科技巨头纷纷入局，虚拟人、云游戏、元宇宙社交等元宇宙概念产物层出不穷地出现。通过对元宇宙及其相关产业的探讨，深入研究元宇宙的基础理论、核心技术、产业生态、发展趋势等，对于我国社会经济的发展具有重要意义。

全书共分为8章，第1章详尽阐述了元宇宙产业发展的价值，探讨了元宇宙数字体验性、人机融生性、时空拓展性对经济社会、互联网、数字经济时代商业模式带来的发展新机遇；第2章介绍了元宇宙6大核心支撑技术，针对其技术发展、技术原理、技术发展现状、现存问题及技术未来融合趋势进行了讨论，同时，对构成元宇宙的多领域分支技术及融合发展现状进行了简单介绍；第3章总结概括了元宇宙体系架构及上中下游产业链构成，分析统计了元宇宙核心产业链规模，并对未来元宇宙产业规模进行了预测；第4章、第5章、第6章分别对元宇宙产业发展环境、资本投入、企业发展等方面进行了深入分析；第7章、第8章介绍了元宇宙产业发展趋势及对策建议。本书以理论与案例介绍相结合的方式深入地讲解元宇宙基本知识和产业发展情况，为未来元宇宙产业的发展提供借鉴，具有较高的参考价值。

　　作者在编写本书过程中,参阅了大量的相关资料,也得到了相关行业专家的大力支持与耐心指导,在此表示感谢!本书虽经过研究人员的严谨思考和不懈努力,但由于能力和水平所限,疏漏和不足之处在所难免,敬请广大读者和专家批评指正。

作者　刘权

2022 年 5 月

目 录

第1章 数字经济时代元宇宙技术产业发展的价值体现 / 1

1.1 元宇宙的数字体验性,为社会经济带来新的增量价值 / 2
- 1.1.1 带来全新数字体验 / 2
- 1.1.2 数字技术推动经济社会数字化转型 / 3
- 1.1.3 催生全新的社会经济价值体系 / 7

1.2 元宇宙的人机融生性,促进产业互联网生态发展 / 10
- 1.2.1 实现多模态人机交互融合 / 10
- 1.2.2 推动传统互联网迭代升级 / 11
- 1.2.3 持续完善产业互联网生态 / 13

1.3 元宇宙的时空拓展性,推动数字经济时代商业模式创新 / 16
- 1.3.1 延伸现实空间与时间 / 16
- 1.3.2 元宇宙经济—数字经济的新发展 / 17
- 1.3.3 推动商业模式的变革升级 / 19

第2章 元宇宙核心技术多维拓展 / 24

2.1 六大核心技术的进步,是元宇宙产业发展的必要条件 / 25
- 2.1.1 网络与运算技术 / 25
- 2.1.2 虚实交互技术 / 34
- 2.1.3 人工智能技术 / 41
- 2.1.4 物联网技术 / 47

2.1.5 区块链技术 / 53
2.1.6 电子游戏技术 / 61

2.2 多领域分支技术的集成，是形成元宇宙整体架构的基本要素 / 66
2.2.1 网络及运算技术分支 / 67
2.2.2 人工智能技术分支 / 69
2.2.3 区块链技术分支 / 70
2.2.4 交互技术分支 / 75
2.2.5 物联网技术分支 / 77
2.2.6 电子游戏技术分支 / 78

2.3 各项技术的融合发展，是不断加速元宇宙技术集成创新的驱动力 / 80
2.3.1 分支技术不断融合，推动产业技术高效进步 / 80
2.3.2 核心与分支技术的集成创新，加速元宇宙实现进程 / 81
2.3.3 核心技术融合优化，赋能产业高质量发展 / 82
2.3.4 当前元宇宙技术融合面临的主要问题 / 83
2.3.5 未来元宇宙技术融合方向 / 84

第3章 元宇宙产业生态版图正在建立 / 86

3.1 体系架构逐渐成形 / 87
3.1.1 理论框架开始构建 / 87
3.1.2 底层逻辑基本明确 / 88
3.1.3 技术架构日益清晰 / 89

3.2 产业链条不断延伸 / 92
3.2.1 产业链上游 / 93
3.2.2 产业链中游 / 93
3.2.3 产业链下游 / 94
3.2.4 产业链总体发展趋势 / 94

3.3 产品种类日渐丰富 / 95
3.3.1 虚拟终端设备——VR/AR 产品 / 96
3.3.2 仿生机器人 / 96

3.3.3　虚拟人产品 / 97
　　3.3.4　元宇宙游戏 / 98
　　3.3.5　数字藏品 / 100
　　3.3.6　其他创新产品 / 102

3.4　产业规模持续扩大 / 102
　　3.4.1　区块链产业 / 104
　　3.4.2　VR/AR产业 / 106
　　3.4.3　虚拟数字人产业 / 108
　　3.4.4　机器人产业 / 110
　　3.4.5　其他产业 / 113

第4章　元宇宙技术产业发展环境不断优化 / 119

4.1　产业联盟快速发展 / 120
　　4.1.1　联盟数量快速增加 / 120
　　4.1.2　部分城市抢先布局 / 123
　　4.1.3　长三角地区发展活跃 / 123
　　4.1.4　政府推动力量强大 / 124
　　4.1.5　重点产业联盟介绍 / 124
　　4.1.6　元宇宙相关技术产业联盟介绍 / 130

4.2　产业园区建设已经启动 / 148
　　4.2.1　各地产业园正在涌现 / 148
　　4.2.2　优势城市走在前列 / 149
　　4.2.3　重点元宇宙产业园介绍 / 150
　　4.2.4　元宇宙相关技术产业园介绍 / 153

4.3　标准规范建设取得一定进展 / 163
　　4.3.1　标准规范正在加快制定 / 163
　　4.3.2　国家安全部门加大元宇宙发展风险防范 / 165
　　4.3.3　社会团体汇聚力量推动元宇宙规范发展 / 165
　　4.3.4　元宇宙相关技术标准介绍 / 166

4.4 产业布局竞争激烈 / 169
  4.4.1 上海元宇宙政策环境和科研实力优越 / 169
  4.4.2 北京着重在文旅行业布局元宇宙场景应用 / 171
  4.4.3 杭州引领全国人工智能和数字藏品产业发展 / 172
  4.4.4 武汉成为我国中部地区元宇宙产业的发展高地 / 173
  4.4.5 广州引领粤港澳大湾区元宇宙产业建设 / 174
  4.4.6 众多城市抢先在元宇宙领域布局 / 175

第5章 元宇宙技术产业资本关注日益增长 / 177

5.1 产业基金陆续成立 / 178
  5.1.1 产业基金快速扩容 / 178
  5.1.2 资本雄厚地区发展靠前 / 179
  5.1.3 重点产业基金介绍 / 180
  5.1.4 元宇宙相关技术产业基金介绍 / 182

5.2 投融资数量和金额明显增长 / 190
  5.2.1 元宇宙市场资本雄厚 / 190
  5.2.2 虚实交互设备、虚拟人、游戏领域成投资热点 / 191
  5.2.3 国内元宇宙核心产业投融资情况 / 192
  5.2.4 国外元宇宙产业投融资情况 / 200

5.3 初创期融资轮次占比较大 / 206
  5.3.1 国内投融资轮次占比分析 / 207
  5.3.2 元宇宙企业投融资情况介绍 / 210
  5.3.3 国外投融资轮次占比分析 / 211

第6章 元宇宙企业数量持续增加 / 214

6.1 企业数量开始暴增 / 215
  6.1.1 龙头企业发挥带动作用 / 216
  6.1.2 传统企业转型与业务拓展 / 216
  6.1.3 初创企业迅速增加 / 216

6.2 企业分布较为集中 / 217
　　6.2.1 沿海地区走在发展前列 / 218
　　6.2.2 政策扶持推动企业聚集 / 219
　　6.2.3 前瞻部署抢占未来赛道 / 219
6.3 各行业企业竞相布局 / 220
　　6.3.1 泛文娱企业成为主力 / 220
　　6.3.2 互联网巨头企业超前布局 / 225
　　6.3.3 上市企业积极入局元宇宙 / 228

第7章 元宇宙技术产业发展趋势 / 231

7.1 技术融合不断创新 / 232
7.2 产品种类更为丰富 / 233
7.3 产业规模快速增长 / 234
7.4 产业生态快速形成 / 235
7.5 人才培养体系逐步建立 / 235

第8章 促进元宇宙技术产业健康发展的对策建议 / 237

8.1 提高认知，理性看待元宇宙发展 / 238
8.2 强化监督管理，做好风险防范 / 239
8.3 支持元宇宙所涉技术创新，加速技术融合 / 240
8.4 加快核心技术人才培养，提高产品创新能力 / 241
8.5 加大元宇宙产品应用，扩大元宇宙产业规模 / 242

参考文献 / 243

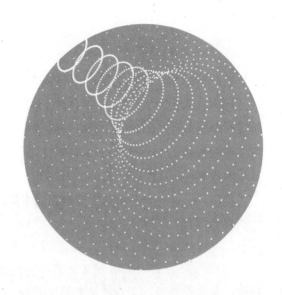

第1章
数字经济时代元宇宙技术产业发展的价值体现

现阶段，数字经济是以数据为主要生产要素的经济活动，既包含传统物质产品生产、流通、消费的内容，也包括数字产品的创造、交换、消费的内容。换句话说，无论是物质产品还是非物质产品，只要在生产、流通、消费的任何一个环节，利用数字技术或者利用数据，都属于数字经济的范畴。而元宇宙经济是围绕数字产品的创造、交换、消费等各个环节的经济活动，全部在数字世界中完成。因此，元宇宙的出现，能够推动数字经济发展，增加社会经济的增量价值，促进互联网迭代进化，发展新业态新模式。

1.1 元宇宙的数字体验性,为社会经济带来新的增量价值

回顾人类历史,从语言文字的产生到通信技术的发展,从烽火台到卫星通信,从农业经济、工业经济到数字经济,技术的升级与演化催生了数字体验的诞生,同样也使社会经济系统发生巨大变革。展望未来,元宇宙带来的数字化、网络化、拟真化的数字体验,能够加速经济社会制度的变革与经济形态的演变,打造全新的社会经济价值体系。

1.1.1 带来全新数字体验

从第一次工业革命以来,人类社会发展的脚步日益加快,经过蒸汽时代、电气时代、信息时代的演进,当下正步入以ABCT为核心驱动力的数字时代。"互联网之父"美国研究创新联合会主席兼首席执行官罗伯特·卡恩认为,到2025年,全球可能会进入全数字时代;图灵奖获得者,约翰·霍普克罗夫特教授认为,在距今40年以后,人类会彻底进入数字时代。与前三次工业革命不同的是,以"数据+算法"为核心的数字技术不仅仅是对物理世界的优化和改造,同时也将开创全新的对数字世界与人类的意识世界领域的探索。随着数字技术对三元世界共生与发展的促进,人类体验与数字化技术结合越来越紧密。

作为数字技术融合体的元宇宙,基于数字孪生技术生成现实世界镜像,具有虚实交互性、实时参与性和体验性等特点,是一个空间维度上虚拟而时间维度上真实的数字世界。因此,它既有现实世界的数字化复制物,也有虚拟世界的创造物,人们在元宇宙中将具有超越现实但又无比真实的感官体验。真实与虚幻、临近与遥远在虚拟体验中戏剧性地得到了整合,虚拟体验因其"非

现实"的特点，超越了在场体验的各种弊端，表现出相对于真实体验的诸多优势。

从某种意义上说，元宇宙本质是所有感官体验的数字化，VR、AR、MR、全息投影、脑机接口等前沿科技与极具真实感的虚拟空间有机集合，往往能够给用户带来全方位、全感官的数字体验。其中典型的是以虚拟现实技术为基础的虚拟游戏、虚拟旅游、虚拟艺术展览等新型体验，通过AR/VR/XR等技术，人们逐步从物理数字化体验发展到纯粹的数字世界虚拟体验。如同科幻小说《雪崩》的描述——每个人脑子后面插一根管子就可以接入到一个覆盖全人类世界的网络里面，通过大脑操纵自己的化身，在虚拟世界中生活。未来，在著名的诺齐克思维实验中的体验机以及《西部世界》中虚拟游戏乐园的写照将完全可能实现，人们将会按需定制适合自身的各种虚拟体验场景，实现个性虚拟体验的数字化创造。

在元宇宙时代，人们通过"体验的数字化"深化、增强、创新自身对物理世界、数字虚拟世界以及意识世界的感知探索，过去许多经典的服务方式和服务形态在数字化的加持下不断提升层级，丰富维度。与此同时，通过元宇宙带来的"数字的体验化"，以技术平台与科技创新为力量，将不断促进"数据+算法"向人类可体验、可感知的价值转化，企业将利用数字化平台实现对体验的量化测定与持续运营改进，创造过去从未有过的数字用户新体验。

从当前技术发展水平来看，利用数字孪生、虚拟建模、人工智能等技术搭建与现实世界互联共通的虚拟宇宙，并通过XR终端、脑机接口等方式进入元宇宙虚拟世界逐渐成为现实。当前人们普遍认为元宇宙在空间上是虚拟的，但在时间上是真实的。元宇宙是基于互联网设立的具备社交和共享属性的3D虚拟空间，一个平行于真实生活的虚拟世界，需要互联网VR虚拟现实技术、AR增强现实技术、5G、6G等基础技术作为支撑，这种基于多技术融合且具有沉浸式体验的元宇宙能够为人们带来完全区别于传统互联网的全新数字体验。与此同时，元宇宙不只是独立且平行于现实世界的虚拟世界，它的意义和价值更在于与真实世界的交互，并在交互中赋能实体经济的发展。尤其是元宇宙的发展能够有效推动经济虚实结合，盘活经济的存量价值，创造经济的增量价值。

1.1.2 数字技术推动经济社会数字化转型

当下，数字经济已经成为全球发展的主要经济模式。元宇宙作为前沿数字科技的集成，是由数字经济点燃助推的数字引擎。在元宇宙时代，数字技术将集成运用到全社会的各类运行场景，实现数字经济高质量的发展。

1. 经济社会步入数字经济新阶段

纵观世界文明史，每一次技术产业革命，都会对人类生产、生活方式带来广泛而深远的影响。人类社会经历了农业经济、工业经济，逐步进入数字经济时代，网络信息技术应用加快了从虚拟经济向实体经济、从消费领域向生产领域延伸拓展，经济社会数字化进程不断加快，第四次工业革命兴起，带来生产力又一次质的飞跃，深刻重塑世界经济和人类社会面貌，为社会发展创造了新的历史机遇。农业经济、工业经济、数字经济的本质区别就是技术进步带来的变化，本质上是技术驱动所导致的生产力和生产关系发生的根本改变。农业经济的主要生产要素是土地和劳动力。工业经济又叫资源经济，经济发展主要取决于自然资源的占有和配置，相比于农业经济，工业经济时代至少增加了两个核心的生产要素，也就是经济增长的核心驱动力发生了本质改变。当前人类社会正处于经济结构转型升级与新一轮科技革命、产业变革突破爆发的历史交汇期。

经济发展依靠资源驱动的老路既行不通，也走不远，亟待开辟新的发展路径，新旧动能接续转换的客观要求也日趋迫切。以数字技术为创新，实现多领域、群体性加速突破，实体经济利用数字技术不断扩展广度和深度，新模式、新业态持续涌现，经济成本大幅降低，效率显著提升，产业组织形态和实体经济形态不断重塑，数字经济方兴未艾。数字经济是以数字化信息为核心生产要素，以数字技术与实体经济的深度融合为主要内容的经济形态。数字经济能够降低实体经济成本，提升效率，促进供需精准匹配，使现存经济活动费用更低，并激发新业态、新模式，使传统经济条件下不可能发生的经济活动变为可能，推动经济向形态更高级、分工更精准、结构更合理、空间更广阔的阶段演进。

而元宇宙是数字时代结成的数字文明成果，是前沿数字科技的集成。在元宇宙时代，数字技术将集成运用到全社会的各类运行场景，这是改变人类文明的一个节点，催生了一种新的资源配置方式、现实与虚拟结合的新商业业态以及虚拟世界中的新生活方式，所以，它是这场世界数字经济大变革中的一个产物。在元宇宙的推动下，未来智能化基础设施将成为国民经济发展的重要支撑。信息网络加快向高速移动、安全泛在方向发展，新一代高速光纤网络、高速无线宽带加快普及，5G和超宽带技术研究深入推进，逐渐形成泛在感知、空天一体的智能化信息基础设施。物联网将得到广泛应用，越来越多的设备、终端等接入信息网络。数字技术也将与传统电网、公路网、铁路网等深度融合，极大地提升经济活动的网络化、数字化、智能化水平和运行效率，成为支撑经济发展不可或缺的重要基础设施。

与此同时，元宇宙进一步助推"数字技术－经济范式"加速形成。数字技术与各行业、各领域融合渗透，有力推动传统产业技术进步，引发新工业革命，使传统产业发展理念、业务形态和管理模式发生深刻变革，使新的技术经济范式加速形成。以智能制造业为例，数字技术融合应用使产品、机器、人从封闭走向开放，从客户需求实时感知到产业链、创新链的快速响应，从资源碎片化、在线化、再重组到新技术、新产业、新业态、新模式创新发展，以数字技术为内核的元宇宙正驱动新型经济范式加速构建。

根据《国民经济行业分类》的产业划分标准预测元宇宙内产业的发展，其发展主要分5个阶段：起始阶段、探索阶段、基础设施大发展阶段、内容大爆发阶段和虚实共生阶段。在元宇宙内对每个阶段的产业发展做一个预测，到第五阶段时，元宇宙将进入繁荣期，现实社会90%以上的产业都会在元宇宙内发生，现实社会没有的产业也会在元宇宙内欣欣向荣。到那时，虚拟空间与现实社会保持高度同步和互通，交互效果接近真实。同步和拟真的虚拟世界是构成元宇宙的基础条件，这意味着现实社会中发生的一切事件将同步发生于虚拟世界，同时用户在虚拟的元宇宙中进行交互时能得到接近真实的反馈信息，达到虚实共生，逐步形成真正意义上的数字社会。

2. 元宇宙推动新型基础设施持续升级

元宇宙的发展将重塑ICT基础设施，推动传统基础设施融合创新，元宇宙海量的数据计算、传输需求将带来算力和网络等多层面的迭代升级。元宇宙的诞生与发展需要高效的算法基建支撑，以此强化虚实连接，加快内容创造，推动虚实融合。尤其虚实连接环节，也就是真实世界数字化的过程中，会涉及大量的人工智能算法。如果想要实现整个真实世界的数字化，大概需要百万量级的算法模型，要想实现这种算法模型水平，就必须搭建工业级的算法平台，从数据存储、标注、训练、推理到部署整个过程实现流水线化、标准化，以此缩短算法创新的周期，提升算法生产效率，满足真实世界场景数字化的需要。

同时，据国际数据公司IDC预测，预计到2030年，人工智能、AR/VR、物联网、区块链对算力的需求分别将为16000EFLOPS（每秒所执行的浮点运算次数）、3900EFLOPS、8500EFLOPS及5500EFLOPS，预示着大算力时代即将到来。

因此，可以预见，元宇宙时代，全球总算力需求将是当前规模的百倍之上，甚至更高。一方面，为满足未来元宇宙的体验以及创作中的计算需求，需要巨量的算力基建作为支撑，传统以CPU为核心的计算架构无法满足超高并发的海量非结构化数据实时处理和分析需求，产业元宇宙的发展必将引领计算部署方式的结构性变革；另一方面，计算层的升级将不断带动芯片算力的提升，也为云计算和边缘计算的协同分配提出了新要求。在元宇宙对算力需求攀升，对网络连接能力要求近乎苛刻的背景下，以云计算为核心，集低时延、高安全性优势于一体的新型计算模型——边缘计算，为元宇宙与现实世界链接、同态的实时性需求提供了解决思路。同时，未来边缘端的算力部署将成为必然的演进方向，用以填补算力需求的错配。当前国内外公有云巨头正着力布局边缘计算平台，云CDN提供商也在积极推动CDN升级为边缘计算系统。此外，在网络层面，元宇宙的发展进一步加速了高带宽、低时延通信技术的升级，主要涵盖5G/6G普及，Wi-Fi6/7技术发展，千兆光纤入户和10G FWA升级。

从长远来看，未来围绕智能（异构）计算（简称AIDC）的"云－边－端"协同模式可能成为元宇宙计算升级的主要趋势，强劲算力加之具备高速率、低延迟、多连接特性的5G高速通信网络，将进一步夯实元宇宙网络层面的基础，为元宇宙提供极具生命力的土壤。

3. 带动多种技术产业发展壮大

元宇宙产业的发展需要能够支撑庞大元宇宙的机器设备，全新的业务场景必将带动智能计算设备制造产业、机器人产业、即时通信产业、显示设备产业等相关产业发展。以现代汽车为例，以"扩大人类范围"为主题，其在2022年国际消费电子展上分享了其在现实世界和元宇宙中率先使用机器人技术的愿景，以实现无限的移动自由。现代汽车将开创新的"元移动（Metamobility）"概念，使用机器人作为现实世界和虚拟世界之间的媒介，使人们能够通过元宇宙和机器人连接来实际改变现实世界中的事物。这种元宇宙机器人连接将允许用户在现实世界中引导机器人，例如在智能工厂中，可使远程专家连接到工厂内的所有机器和资产，并通过使用机器人和VR的直接物理连接执行远程任务，从而为工厂管理和制造提供下一代数字模型。同时,工作人员也可通过 VR 界面和手动控制与元宇宙中的机器人化身进行交互,以使用远程工作现场的代理机器人在现实世界中操纵事物。

因此,远期来看,元宇宙基于虚拟现实、脑机接口等扩展现实技术提供虚拟场景的沉浸式体验,运用数字孪生技术克隆出现实世界的镜像,利用区块链技术、数字货币技术搭建虚拟世界中的经济体系,利用 5G、物联网等新一代互联网技术将虚拟世界与现实世界在各个领域进行融合,发展机会将不仅限于支撑元宇宙发展的网络基础设施,还将延伸拓展至 AI、电子游戏、脑机交互、MR/AR/VR 等支持交互的产业以及可支持虚拟世界信用体系的区块链产业等。未来,随着元宇宙的成熟,每一个接入其中的用户均可以对虚拟世界的各种元素进行内容生产和编辑创作,将产生各类数字产品。数字原生作品在数字化世界的产生与交易还将产生全新的虚拟经济效益,带来新的经济增值。

1.1.3　催生全新的社会经济价值体系

作为整合了多项新科学技术的虚实相融的互联网综合体,元宇宙将与现实世界乃至数字世界中的各类产业相互交融,在不同的领域中创造出全新的业态,改变现有的生产模式,带来前所未有的新价值。

1. 加速未来产业诞生

元宇宙会加速一些与元宇宙相关的未来产业出现与发展。从元宇宙系统的特征架构来看,元宇宙相关产业大致可分为 3 类,分别是元宇宙相关技术产业、元宇宙辅助产业、产业元宇宙。众所周知,元宇宙场景的实现是一个复杂的系统性工程,需要多种数字技术综合集成,作为元宇宙的技术支撑,元宇宙技术产业涵盖了如增强现实、人工智能、空间映射、3D、数字孪生等元宇宙直接相关技术,保障元宇宙系统正常运转的区块链、云计算、大数据、未来网络等元宇宙底层架构技术,实现数字世界与现实世界的稳定连接的可穿戴设备、嵌入式、脑机接口、微传感器等元宇宙连接技术。随着相关技术的加速发展与元宇宙应用场景的不断拓展,各类相关技术产业也将迎来新一轮的升级与重构,元宇宙产业应用与相关技术产业必将互相推动,协同发展。同时,想要实现元宇宙所形成的虚拟经济社会系统的有序运行,必须有一系

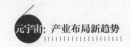

列被广泛认可的标准和协议为基础,以此推动元宇宙不同生态系统实现安全有序连接,这离不开支付、安全、信用、认证等辅助产业的支撑,因此元宇宙产业的发展也必将进一步拓展现有支付、安全等产业的发展版图,进一步催生全新的适用于元宇宙系统的安全、信用等辅助产业诞生。未来,在元宇宙的影响下,以人工智能、数字孪生为代表的新型信息通信技术将与实体经济深度融合,打造新生态,进一步促进实体产业的高效发展,并逐渐构建起覆盖全产业链、全价值链的全新制造和服务体系,这一全新的产业体系可以称为产业元宇宙。

2. 重塑传统产业发展逻辑

随着产业元宇宙的发展,传统产业将被加速重塑和改造,实现从产业互联网到产业元宇宙的转变。目前与互联网结合紧密的电商、娱乐、社交等行业领域,将率先加速进入元宇宙。后续,随着真实世界数字化程度逐渐攀升,生产制造、种植加工等产业将逐步与元宇宙交互,诞生全新的、与现有生产模式差异性巨大的应用场景。伴随着数字孪生和数字主线技术逐渐成熟,元宇宙的出现会直接对第一和第二产业的生产模式进行全方位改良和变革。由于元宇宙强大的交融性,未来人们的生产活动可以完全地实现在虚拟和现实之间互通,例如在现实生活中,用户需要通过多家数字平台来满足其日常消费,如在淘宝、京东平台等购买商品,在网上购买电影票。而在元宇宙时代,人们可以借助虚拟现实耳机、增强现实眼镜等工具链接元宇宙,工作、游戏、购物、会友和阅读等都可以在元宇宙里进行。元宇宙将自底部重新塑造全产业发展逻辑,颠覆第一和第二产业内部的产品生产流程,未来元宇宙将在办公、城市、工业等企业服务领域广泛应用,带动生产力提升及产业变革。以制造领域为例,在办公环节,元宇宙可以作用于生产沟通环节,显著提高工作效率,推动劳动力供给全球化,进一步降低生存成本,推动企业组织形态和管理模式的变革;在产品研发及生产环节,元宇宙下的高算力大大提升研发与试验效率;在运营及集成环节,元宇宙使得工业产业链上下游的联系大大加强,管理协作更加高效。随着区块链及区块链技术之上的通证技术的发展,虚实世界之间的商品和资金流动变得越来越容易,伴随着增强现实、人工智能、数字孪生、物联网等技术的发展,虚实世界之间的互动变得更加频繁,一个商品的不同生产阶段可能会在虚实世界中分别完成,元宇宙及其支撑技术的发展持续推动服务于新型生产方式的产业诞生，进而带来全新的增量价值，指引并全面带动全产业的协同发展。

3. 释放数字经济最大价值

此外，元宇宙还将推动实体经济数字化发展，助力企业多层次价值实现。如果说数字经济是信息技术与传统经济的渗透与融合，那么元宇宙就是数字经济在虚拟世界的延伸和发展。虚拟空间实现的技术和实现的结果，都将持续推动数字技术发展与数字经济规模扩张，进一步推动实体经济的数字化与数字经济的普及化，从根本上实现数据要素资源配置的优化。

"元宇宙"概念中集合了当前数字领域的诸多技术，包括但不仅限于VR、AR、区块链、5G网络、边缘计算、人工智能、物联网等，这些技术的日益成熟，成为元宇宙兴起的基础。作为元宇宙的底层技术，区块链技术实现数字资产流转，智能合约技术打造可编程的智能经济体系，AR技术实现数字世界与物理世界的叠加，5G网络、云计算、边缘计算技术构建数字新空间，人工智能技术构建全球智慧大脑并创造"数字人"，物联网技术让物理世界的现实物体向数字空间广泛映射，多项技术的全面发展推动现实社会的数字化转型升级。

同时，元宇宙能够把物理世界的可虚拟部分映射到数字世界，在数字世界进行关联、分析、模拟、优化，从而再一次突破产业降本增效的天花板。利用信息技术的升级和融合，不断拓展物理世界向虚拟世界映射的广度和深度，为产业的快速聚合和创新带来巨大的可能性，进一步催生出全新的发展逻辑。通过数据的产生、流转、利用、重组，实现数据生产要素协同，推动实体经济生产模式革新。

作为整合多种新技术而产生的虚实相融的第三代互联网应用，元宇宙将引发新一轮影响更大、程度更深的全面数字化转型。元宇宙将释放数字经济对传统经济的倍增作用，利用数字化手段对价值链进行重构，使大规模量身定制成为可能。企业借助数字化转型，能够降本增质提升经济价值，改善运营机制，提升运转效率，进一步提升能力价值，明晰业务方向和规模发展情况，实现发展价值。

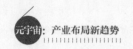
元宇宙：产业布局新趋势

1.2 元宇宙的人机融生性，促进产业互联网生态发展

在元宇宙时代，每个人将拥有自己的"智械假身"，人类将会实现自然人、虚拟人、机器人的共融共生。这也意味着在未来，人工智能、机器人等元宇宙核心技术和互联网技术必将融合发展，从而实现涵盖全产业、全链条的真正意义上产业互联网。

1.2.1 实现多模态人机交互融合

元宇宙是整合多种新技术产生的下一代互联网应用和社会形态，它能够基于 AI 和物联网实现虚拟人、自然人和机器人的人机融合性，在社交系统、生产系统、经济系统上实现虚实共生，每个用户可进行世界编辑、内容生产和数字资产自有。在元宇宙中，人们可以通过 VR 内生虚拟和 AR 外拓现实的方式实现感知升维，从而增强自身体验，同时，也可以实现自然真身、虚拟分身、机械假身三身合一来进行能力拓展。除此之外，虚拟数字人与高仿机器人、仿生机器人能够为人们带来全新的沉浸式体验，以满足人们在心理与生理上不同的需求。通过元宇宙多种技术加持，人们可以构建自己的虚拟分身和虚拟物品，并使其在虚拟世界中生成并运转，不需要借助真实场景的参与。

此外，借助强大的 AI 等技术，现实世界中的信息与虚拟世界中的信息能够相互融合并且相互共生，人们通过人工智能引擎可以操控虚拟人与仿真机器人与现实世界中的自然人进行交互。也就是说，自然人在与整个元宇宙的融合与交互中，往往能够获得感知力、决策力、行动力的增强，人在由实向虚的迁移过程中所失去的现实活动空间，将由智能物联网和机器人填补。虚拟人拓展了自然人在虚拟空间的能力，机器人拓展了自然人在现实空间的能力。在未来的元宇宙社会中，自然人、虚拟人、机器人三者共融共生，这种现实世界中人与虚拟世界的交互融合的化学反应可以称之为人机融生。或许人机融生的概念比较难以理解，但你一定知道《黑客帝国》《阿凡达》或《头号玩家》，基努·里维斯用黑客分身在虚拟世界 Matrix 中穿梭；詹姆斯·卡梅隆通过《阿凡达》构建了一个以 Na'vi 人形态进入的潘多拉星球，这些分身或化身就是自然人与虚拟人之间的融合产物。而自然人与机器人的融生，则可以用半机械人来举例说明，半机械人（Cyborg），也做半机器人，是一种"电子控制的有机体"，也就是说,是一种一半是人,一半是机器的生物。人类和智能机械结合在一起,兼备两者的优点,成为半机器人(Cyborg),这已经是现代科技发展的目标之一。当人们把 VR/AR 设备、脑机接口、外骨骼技术融合在一起时,科幻片中经常出现的超级英雄就从屏幕走向了现实。《我,机器人》中,男主角左臂就是经过机械改造的,更典型的形象则是人们都熟知的"钢铁侠"。

1.2.2 推动传统互联网迭代升级

元宇宙之所以能够发展至现阶段并且具有无穷的发展潜力,其基础是构建于多年来互联网的发展成果之上的。当前的元宇宙概念是由互联网演化发展而来,从某种意义上而言,元宇宙即是互联网未来的发展形态,并且能够填补当前传统互联网的生态短板,推动互联网进一步发展。

1. 从 Web1.0 到 Web2.0

从 20 世纪 80 年代初至今,互联网经历了从建立在由互联网社区控制的开放协议之上,以信息单向传递为主的 Web1.0 到移动设备兴起,内容互动为主的 Web2.0 的过渡。如今的互联网成熟范式被称为 Web2.0,经过几十年的发展,互联网几乎已经等于现实世界,人们的现实生活几乎都是围绕互联网进行的,人们的数字生活和现实生活变得同样重要。从每日的工作、日常联系互动的方式到购物支付再到游戏娱乐,所有的生活都围绕着网络进行,数字世界和现实生活变得密不可分。

对于这种转变,互联网、即时通信、社交媒体的普及以及 Z 世代的出现起到了很大的推动作用。1996 年以后出生的 Z 世代也被称为数字原住民,当前 Z 世代已经成为全球最大的消费群体,Z 世代比之前的任何一代人都更注重数字体验。随着对于数字世界的深度体验,人们逐渐意识到传统互联网的种种弊端,Web2.0 的中心化平台的矛盾逐渐突出。早在 2006 年,万维网标准之王、元老级 Web 设计师 Jeffrey Zeldman 便意识到,Web2.0 架构下的互联网虽然有着极高的链接效率,尤其在建立人与人间的交互方面,但也容易产生互联网商业寡头,无法真正将互联网的价值赋予用户。随着近年来 Web2.0 "用户创造,平台所有,平台控制,平台分配"的模式越发成熟,在资金、数据、流量资源被高度垄断的环境下,Web2.0 架构的弊端暴露得更加明显。以游戏为例,当前许多游戏玩家将他们的金钱和时间花费在 Web2.0 封闭式网络中,为自己积累数字财富，但大多数游戏开发商通过强制签订霸王条款等手段极力阻止玩家将他们的投资和数据转变成真正的经济利益。开发者禁止玩家与其他玩家交易物品，并将游戏世界与现实世界隔绝起来，这样玩家就无法将他们在游戏中的财富转移到实体经济中。近年来，人们逐渐意识到 Web2.0 中心化的短板，伴随着用户对于数字体验的重视，个人数字资产权利及数据隐私保护意识的觉醒，互联网产业尤其是消费互联网发展陷入瓶颈，制约着互联网进一步地快速发展，亟待破局。

2. 元宇宙突破传统互联网发展瓶颈

从现阶段来看，当前消费互联网发展困境主要集中在 3 个方面。一是由于消费互联网所带来的市场增长空间不足，流量红利逐步消失。据 CNNIC 数据显示，截至 2021 年底，我国网民规模超 10 亿人，互联网普及率达 71.6%，网民使用手机上网的比例为 99.6%。随着移动互联网普及率的不断提升，中国移动互联网用户规模已趋向稳定，增长规模有所放缓，流量增长空间几乎触顶，流量红利逐步消失。二是传统互联网内容呈现单一，用户体验单调。当前人机交互往往通过文字、声音、视频方式，无法达到现实生活中面对面交流所起到的效果，人与人以及人与物距离依然很遥远。三是传统互联网产业商业模式高度重合，突破路径尚未显现。当前中国互联网企业的主营业务大多聚焦于零售、物流、餐饮、出行等生活层面的服务业、实体产业的数字化是典型的 to C 业务。从商业模式来看，大部分是"资金投入形成规模化－获取流量－流量变现"的通过资本驱动的商业模式。从业务模式来看，大型互联网企业普遍在社交、互联网金融、零售、物流、餐饮、出行、酒旅、教育等领域进行布局。其商业模式、业务模式乃至盈利模式都高度重合。

3. 未来互联网形态 Web3.0——开放式加密元宇宙网络

随着中心化平台的矛盾逐渐突出，用户对基于加密技术的去中心化互联网 Web3.0 的呼声渐起。从元宇宙的构成及互联网的演进逻辑来看，元宇宙即是基于 Web3.0 未来互联网的 3D 虚拟空间。当前部分互联网企业及学术界也将 Web3.0 称为开放式加密元宇宙网络。元宇宙能够打破现有传统互联网的多重困境，推动互联网迭代升级有以下几个原因。

一是元宇宙市场发展空间巨大，为互联网创造了成长新空间，推动现阶段消费互联网走向产业互联网。据权威行业研究预计，2030 年元宇宙市场规模将达到15 000亿美元，10年的CAGR（复合增长率）达253%。广阔的元宇宙市场将助力互联网市场发展壮大，推动互联网持续变革。二是内容呈现方式与交互手段的多元化大幅提升用户体验。元宇宙立体式的社交网络体系能够进一步满足人们的社交需求，真假难辨的沉浸式体验、开放的创造系统使用户体验大幅提升，多样的文明形态提供更加多元化的交互方式，能够进一步满足人类的精神需求。三是随着元宇宙的发展，VR/AR硬件、人工智能、数字孪生、云计算等关键技术逐步发展迭代，理论上可以把线下的一切都复刻到线上，互联网将诞生全新的商业逻辑，持续升级演化。同时，元宇宙的发展能够有效避免资本垄断情况的发生，Web3.0开放式加密元宇宙网络通过消除Web2.0平台中对所有这些虚拟世界强加的资本控制来解决这个问题。这种新范式允许用户以NFT的形式拥有他们的数字资产，用户能够在虚拟世界中创作自己的数字产品并与其他人进行交易，将它们同步带入其他数字体验中，创建一个全新的、可以在现实世界中实现数字资产货币化自由市场的互联网原生经济体系。

1.2.3 持续完善产业互联网生态

从产业的角度来看，元宇宙不仅能够有效推动互联网迭代升级，更能够完善产业互联网生态，推动产业互联网健康发展。

1. 产业互联网的诞生与发展

在消费互联网陷入发展瓶颈的同时，互联网产业也在寻求全新的突破路径，产业互联网成为继消费互联网之后的又一发展趋势热点。首先，简单了解一下产业互联网这一概念。早在2000年，美国的沙利文咨询公司就提出了有关产业互联网的设想，由于技术限制，该设想未被广泛接受。直到2012年，通用电气公司重新对这一概念进行介绍，这一概念才逐渐被业界重视。近年来蕴含更大发展潜力与商机的产业互联网成为众多互联网公司的发展重点。同消费互联网相比，消费互联网连接的终端是人、PC、手机等终端，其连接数量大约为35亿，而产业互联网连接的终端包含人、设备、软件、工厂、产品等，其潜在连接数量可达数百亿。随着流量红利逐渐减退，网络消费增长空间逐渐见顶，服务经济逐步向高品质产品、个性化定制及快速响应、深入拓展等方向发展，这就意味着企业之间的竞争已经从增量经济转向存量经济，与之相对应的产业互联网也成为继消费互联网之后的新热点。当前行业普遍认

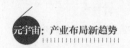

为，产业互联网是一种运用互联网、移动互联网、物联网、大数据、云计算、人工智能等下一代信息技术，促进企业内的人、物（如机器、设备、产品）、服务以及企业间、企业与用户间互联互通、线上线下融合、资源与要素协同的一种全新产业发展范式。它既是新生产方式、组织方式、运营方式，也是一种新的基础设施，是新一代信息技术与工业、服务业、农业深度融合的产物。在中国，产业互联网并非新概念，只是早期应用领域较少。最初的阿里巴巴黄页等解决企业之间的信息不对称问题的互联网平台，就是最初的产业互联网应用模式。后续涉足仓储、物流、金融等领域的 B2B 公司逐步替代了传统经销商的位置，可以被看作是产业互联网的 2.0 模式。而未来，当真正的产业互联网到来时，多项新一代技术将无孔不入地渗入到生产的各个环节，连接起上游的生产与下游数据。通俗地讲，产业互联网就是利用互联网技术与传统行业进行融合，对其赋能、重构，因此，产业互联网区别于侧重 to C 业务的消费互联网，但也不仅是简单的 to B 企业服务，更是涵盖了传统产业中企业的内部管理、业务流程的在线化，线下实体业务场景的数字化，以及产业链上下游企业间的数字联通等各个方面。从某种意义上来讲，元宇宙时代之所以会来临和出现，其中一个更为深层次的原因是产业互联网的发展进入到全新的阶段，也就是说，产业互联网时代的成熟与完善，为元宇宙时代的来临奠定了基础。正是有了产业互联网时代的完美逻辑，元宇宙才不会是一个虚无缥缈的存在，而真正成为一个触手可及的时代。

2. 元宇宙与产业互联网密不可分

元宇宙更像是一种产业互联网的外在展示，或者说是产业互联网的一种外在诠释。有了产业互联网对于产业的深度变革，有了产业互联网实现的数字孪生，有了产业互联网达成的沉浸现实，元宇宙才有了实现的基础。缺少了产业互联网的改造，缺少了产业互联网的孵化，所谓的元宇宙就彻底沦为一个概念。从产业互联网的概念与特征来看，其与元宇宙拥有诸多共同点，元宇宙是建立在以大数据、物联网、人工智能、云计算、区块链等为代表的一系列新技术的基础之上的，但仅仅只是这些新技术本身，抑或是仅仅只是这些新技术的累加是远远不够的，人们还需要将这些新技术与产业深度融合，特别是用新技术去解决传统产业的痛点和难题，从而实现全产业高度数字化。只有真正让产业互联网有了彻底而又全面的改变，用户触手可及的才是新的产业，而这些新的产业共同组成的这样一个新世界，正是现在经常提及的元宇宙时代。

同时，元宇宙的出现与发展使产业互联网焕发新生机。长久以来，由于产业互联网的概念中包含"互联网"的字眼，因此人们在了解产业互联网的过程中，往往会从互联网的传统角度入手，错误地将产业互联网的发展与消费互联网的发展模式混为一谈，以流量思维来理解产业互联网。与消费互联网概念不同，产业互联网还需要构建其与C端世界的联系，而元宇宙的出现恰逢其时。一直以来，虽然业界始终都对产业互联网将带来产业变革抱有充足的信心，但部分人依旧将产业互联网看成是消费互联网的延续，其中一个很重要的原因在于当前始终缺少合理、直观的例证来展示真实的产业互联网场景，因此当人们谈到产业互联网，往往感觉不真切。如果说前些年的产业互联网是一片死气沉沉的，其中一个很重要的原因在于，它的能量并未得到真正意义上的释放。困囿于互联网的产业互联网是无法进一步发展的，这也是产业互联网的概念出现了这么多年，一直都无法获得快速发展的根本原因。但随着元宇宙概念的出现，诸多应用场景通过元宇宙得到实现，以往遥不可及的产业互联网拥有了新的理解方式。通过元宇宙，人们可以将原本虚无缥缈的产业互联网真真切切地带到人们面前，从而使人们真正理解为何产业互联网会有如此强大的想象空间。

3. 元宇宙助推真正意义上产业互联网的实现

元宇宙的出现，特别是元宇宙所描述的虚拟世界与现实世界的虚实共生与交互融合、新技术的落地和应用、新体验的提升优化等场景，将会在一定程度上颠覆人们对传统产业的认知，传统产业将不再是一个老气横秋的存在，而是变成一个充满活力的存在。通过元宇宙，人们能够预见一个诸多新技术深度融合发展，且兼具新的技术变种发展态势的不断发展变化、充满生机的生态系统，这同样也是产业互联网的真正愿景。真正的产业互联网，不仅仅只是有互联网技术与新技术的深度融合，而且还有它们在深度融合之后产生的新技术、新形态、新产物的出现。在此基础上，产业互联网还需要强化技术融合，找准技术与产业的切入点，在产业生态等更深层面上进行融合发展。元宇宙的出现，使产业互联网能够快速跳出传统互联网思维，真正进入到全新的、可预见的、更富想象力的新发展阶段。未来几年，当元宇宙与产业互联网之间的关系逐渐明晰，市场发展前景逐渐明朗，一场以元宇宙为主导的产业互联网的资本新红

利时代即将出现。元宇宙对于产业互联网的持续激活，带来的不仅仅是资本层面的活跃，同样可以进一步激活产业互联网发展能量。元宇宙之所以能够颠覆传统发展逻辑，源于它对于传统产业的改造是彻底而全面的。

透过元宇宙，人们看到的是一个完全有别于传统的新产业，由此，推演到产业互联网的身上，人们完全有理由相信，产业互联网将会真正给产业本身带来一场彻底而又全面的改造。人们有理由相信经历了产业互联网的改造之后，互联网产业不仅可以承接消费互联网时代的发展经验，而且还可以将产业的发展推向一个全新的高潮。

1.3 元宇宙的时空拓展性，推动数字经济时代商业模式创新

元宇宙之所以能够激发人们无限的想象力，其中一个重要的因素就是其具有时空拓展性。在元宇宙的描述中，人们可以实现现实世界的空间与虚拟世界融合互联，进一步推动物理世界、精神世界和客观知识世界的三界合一，从而实现空间拓展。可以预见，元宇宙带来的时间与空间拓展能够加速推动数字经济发展壮大，持续创新乃至诞生全新的商业模式。

1.3.1 延伸现实空间与时间

从以往来看，有限的生命与无尽的时空之间天然存在着矛盾。但元宇宙概念的诞生与发展颠覆了传统意义上的时间空间界限，让人们看到了超越时间与空间的无限可能。元宇宙对现实空间和时间进行了多重延伸，提供了一个逼近现实且超越现实的新世界。随着元宇宙时代的来临，人们可以尝试建立数字分身，在数字世界拥有无限的时间。在元宇宙世界中，主体的体验、社交、生产、经济等元素可延伸到现实世界。

想象一下，你在虚拟世界中有一个在线身份，你想给虚拟身份换不同的装扮，就可以浏览虚拟服装店、虚拟首饰店里陈列的衣服与配饰，然后购买你喜爱的限量版数字品牌服装与独特的设计师款饰品。休闲时刻游览虚拟艺术家展览馆，购买一件原创艺术品作为数字资产。当你有了一定的数字资产，你可以购买一块虚拟土地，建造自己的房子……未来，元宇宙带来的时空拓展性将会赋能现实世界的所有行业领域，在纵深两个维度与物质世界进行更全面

的融合，在元宇宙中复制、创造现实中存在或未出现过的商品，基于现有商业模式进行元宇宙化创新，推动价值链和产业链升级，利用新技术、新理念创造出新的商业模式、新的客户和新的市场。

与此同时，在元宇宙中实现自己的精神追求也将成为可能。未来在元宇宙中，人们可以按需要缩短时空的距离或者跨越时空的限制，甚至不受时空的约束，例如不断拓展新的空间、同一时间身处不同的空间，让时光能倒流或者重演等，从而探索遥远的历史、物理世界与浩瀚的宇宙，向内建立丰富的精神世界，向外求得思维高峰。就像《三体》——《地球往事》《黑暗森林》《死亡永生》所描写的内容，在广阔的时空中寻找宇宙的边界，一不小心就度过了几十万年，摆脱所有世俗之物，超越时空的绝对精神自由。

1.3.2 元宇宙经济——数字经济的新发展

元宇宙是一个完整、自洽的经济体系，是纯粹的数字产品生产、消费的全链条。当前元宇宙的发展为数字经济注入了强劲的动力，开辟了数字经济新赛道，成为数字经济新的增长点。元宇宙经济体系也将成为数字经济动态发展的未来方向。

1. 数字经济与元宇宙经济

元宇宙之所以具有无限的商业潜力和广阔的潜在市场，源于全新的经济体系，即"元宇宙经济"推动了传统商业模式变革。依据元宇宙的特性，人们可以把经济划分为两种类型，即以实物商品为主要研究对象的传统经济和以数字商品为主要研究对象的元宇宙经济。数字经济是以数字化的知识和信息为关键生产要素，以数字技术创新为核心驱动力，以现代信息网络为重要载体，通过数字技术与实体经济深度融合，不断提高传统产业数字化、网络化、智能化水平，加速重构经济发展与治理模式的新型经济形态。中国人民大学数字经济与数字化转型研究中心联席主任赵国栋在其2021年8月出版的《元宇宙》一书中，首次提出了"元宇宙经济学"的概念，将其定义为"数字产品的创造、交换、消费等所有在数字世界中进行的经济活动"，并认为元宇宙经济是数字经济中最活跃、最具革命性的部分。二者都是以数据要素为关键生产资料的经济活动，当前元宇宙通过技术赋能加速推进信息化与实体经济深度融合，极大地推动了数字经济的发展速度。

终极的元宇宙新经济区别于数字经济,在于其联通物理世界和数字虚拟世界。元宇宙新经济区别于发展前期的数字经济,是虚实相融的网络经济综合体。如果说在PC互联网和移动互联网阶段,数字经济的发展与现实世界的物质生产或服务生产具有直接或间接的关系,那么到了以区块链技术为基础的"元宇宙"经济阶段,当人类以虚拟化身的身份进入到数字虚拟世界时,其所进行的数字生产和消费不仅可以脱离现实的物质生产,而且还会呈现与物质世界生产、消费完全不同的经济规律和价值逻辑。

2. 元宇宙经济体系的构建

要想构建完整的元宇宙经济体系,支撑人们在元宇宙中的各类经济活动,必须具有以下几类基础要素支撑。一是数字货币。新型数字经济的底层是新的货币体系的确认。随着数字时代的发展,人类社会必将完成从法币向数字货币的转换,元宇宙经济则是全面应用数字货币的试验田。2008年至今,尽管人们对以比特币为代表的一系列加密数字货币的诞生与发展毁誉参半,但由此开启的基于区块链的货币转型却成为一股不可逆的趋势,各国也倾注大量人力财力探索研究数字法币这一重要领域。二是数字资产。人们在元宇宙中创造的价值将以数字资产的形式呈现。如果对元宇宙创造的产品进行销售,必须解决产权归属问题,必须要能标记是谁创造的,而且还得避免数字产品可以被无限复制的难题,只有这样才能够把数字世界创造的产品变成受保护的资产。三是数字创造。数字创造是元宇宙经济的开端,没有创造,就没有可供交易的商品。在元宇宙中,人们进行的是数字创造,创造的是数字产品,物质都是数字化的,是一些数据的集合。元宇宙是否繁荣,第一个重要的指标就是数字创造者的数量和活跃度。元宇宙的缔造者们,需要提供越来越简便的创作工具,降低用户的创作门槛。这种数字创造的过程是客观存在的,是元宇宙经济的重要因素之一。四是数字市场。数字市场是元宇宙数字产品最终应用的地方。在数字市场中,虚拟世界中的物品才可以得以交易和流通,因此,它是整个元宇宙经济体系流通的重要力量。

3. 数字市场初现雏形

元宇宙中数字经济的发展将带来各种类型的市场扩张,具体可做如下分类。第一种市场是进行实物交换的电商市场。第二种市场交换的是创造内容的工具。在这个市场中,没有数字内容的交换,只有具备特殊性的、能够创造数字内容的虚拟数字商品，也就是各种 APP 的交换。第三种市场交换的纯粹是数字内容。未来在元宇宙中，第三种市场将占据主导地位，即交换纯粹的数字产品的数字市场。当前这一类数字市场的雏形已经形成——成熟的元宇宙的数字市场，其中交易的产品的创造过程和实际交易都应该是在元宇宙中完成的。以以上要素为基础，可以搭建起一个基本完善的元宇宙经济底层架构，即元宇宙经济基础设施。

目前，全球范围内各大游戏厂商也积极在自己的元宇宙产品中逐步探索可行的经济系统运行模式，并取得了一定的进展。例如，Roblox 游戏平台为那些高积分的热门创作者提供数字代币与法币的价值兑换服务，就展现了在虚拟世界创造价值，然后在现实世界兑现价值的经济闭环体系。在一些基于区块链的链上游戏平台上，甚至出现了对数字世界的土地进行销售的"数字房地产"业务。如 Sandbox 划定了 166 464 块"土地"，目前已售出 60%；在 Decentraland 上，一块约 565.8m^2 的数字土地在 2021 年 11 月 23 日以 243 万美元成交。随着对元宇宙经济系统的不断探索与完善，元宇宙的基础经济架构逐渐清晰，人们可以从商业层面来进一步探究元宇宙新经济通过怎样的手段实现市场拓展与商业模式的改造。

1.3.3 推动商业模式的变革升级

在元宇宙技术浪潮的冲击下，现实世界和虚拟世界的边界和壁垒正在不断被打破。随着现实世界的业务逐步转移至元宇宙，虚拟业务及市场的拓展必定呈现多元化发展态势，全新的产品与服务将不断出现，商业模式也将随之改变。

1. 商业机会不断涌现

从当前的元宇宙发展路径与特征来看，元宇宙新经济拓展市场的基本渗透路径和实现方式将从两个方面展开。一方面集中在元宇宙信息技术方面的基础建设和研发创新。元宇宙新经济是将大量离散的单点创新聚合形成新事物的系统创新，由此带来长期超越想象的潜力和机会。在未来的几年内，元宇宙将迅速进入雏形探索期，VR/AR、XR、NFT、AI、云、PUGC 游戏平台、数字机器人、数字孪生城市等领域渐进式技术创新的突破将层出不穷。从现实来看，很多经济领域都存在基础建设和技术研发创新，越是新兴技术领域，越是需要

大量的资金投入开展基础研发,这本身就是一个很大的投资市场。从中长期看,元宇宙的投资机会包括但不仅限于 GPU、云计算和 IDC、3D 图形引擎、高速无线通信、数字孪生城市、产业元宇宙化、互联网平台、游戏公司平台、元宇宙新能源利用、可持续能源开发等。在算法算力领域,投资机会则包括云计算、边缘计算、GPU(图形处理器)等;在软件及技术支持领域,投资机会包括区块链、人工智能、物联网、空间计算、分布式存储、系统安全、隐私计算、SaaS(平台服务)等;在基础设施领域来看,投资范围涵盖 5G、Wi-Fi 6、半导体、MEMS(微型电子机械系统)、电池等;实现形式领域包括 NFT(非同质化货币)、XR 设备、脑机接口等。

除此之外,元宇宙服务与应用层面的商业机会将随着元宇宙的发展程度持续增加。元宇宙新经济不只是 XR 和全真互联网体系,其真正的价值更多的是共创未来人类美好生活的基本方式。元宇宙多样化的发展形式将随技术创新和商业实践而不断演化。但是作为与之前的数字经济不同的新型数字经济,其主要逻辑来自于数字货币的诞生与数字法币的发展以及围绕数字资产而形成的一系列新的经济生产和商业模式。随着元宇宙的发展,数字领域将日渐成为全球市场的支柱,基于元宇宙的虚拟服务、数据产品等新兴产品和虚拟世界中创作的数字产品等将成为全新的数字资产,其生产、流通、消费模式也将区别于实体产品,全新的商业模式必然随之诞生。

2. 释放商业发展潜力

与此同时,全新的发展空间将释放商业发展潜力,元宇宙的主要商业阵地是为企业创造销售及服务的新空间,广阔的线上市场能够为企业带来全新的客户与应用场景,为企业提供巨大的机会。以一家正在为其设备购买新零部件的制造商为例,目前这个过程可能主要依靠实地考察或通过收取邮寄实体宣传册的方式进行,而在元宇宙中,用户可以在虚拟环境中以较低的成本试用并测试产品。想象一下,在元宇宙中,厂家可以大规模建造一个虚拟工厂,在虚拟空间中有效测试机器人系统如何与物理环境交互。此外,元宇宙经济体系的最大可能性之一,是其可以大规模提升来自新兴经济体和前沿经济体的消费者进入市场的机会。互联网已经打开了以前无法获得的商品和服务的通道,例如,低收入国家的工人不用移民就能在西方公司找到工作。同时教育机会也将扩大,在虚拟现实世界中可以以低成本和有效地进行各类培训。

从企业的角度来看，企业可以通过在元宇宙建立一个全球中心，从而以较低的成本打开全球市场。此外，元宇宙与其他产业融合，将碰撞出全新的火花，诞生全新的商业模式。例如，当元宇宙与工业物联网相融合，虚拟角色、虚拟物品、虚拟交通工具、虚拟自然环境等随之产生，日常与人们密切联结的衣、食、住、行、工作、娱乐、购物与社交等各个环节都将诞生新的商业机会。同时元宇宙本身也将演化出新的产业集群，这些都属于内容消费产业集群，用以满足人类无限的精神需求，其规模很可能超越现实世界，广阔的发展空间将持续诞生全新的商业模式。

3. 颠覆以往的商业逻辑

除了诞生层出不穷的全新商业模式外，元宇宙还能够通过不同途径影响到物理世界的各个方面，与传统商业模式融合发展，形成全新的商业逻辑。以电商为例，互联网经济时代，消费者可以通过互联网直接联系生产商定制生产产品，中间商的生存空间被逐渐压缩，实体销售逐步向线上平台销售的模式转变。而元宇宙时代，数字化电商的自生产模式也将逐步取代互联网电商。在元宇宙时代，数字化电商将逐步崛起，逐步向消费定制生产，刚需创造必需的生产模式转变，也就是把消费从产业链的最末端提升到最前端，然后通过自生产模式交换价值满足需求，从某种意义上来说，数字化电商已经完全脱离了商业的范畴和概念。

与此同时，元宇宙的时空拓展性可以影响人的思想和观念，诸多现有的商业模式将从底层逻辑上被颠覆。其中一个典型的例子就是教育与培训。人类学习的过程，就是让大脑习得知识并灵活运用的过程，这些知识是来自物理世界还是虚拟世界，并没有区别，而且在某些场景中，人们只能在"模拟机"中学习。譬如航天训练，航天员无法在真实的太空环境中训练，登月亦是如此，地球上没有和月球上完全相同的环境，登月的航空员也只能在模拟月球环境的模拟器中训练。同样，人们在游戏中学习的经验和技巧，获得的知识和感悟，也可以用于物理世界，人们在数字世界中的偏好，同样可以投射到物理世界的产品上。服装、游戏、旅游、展览、设计等行业都会受到元宇宙的影响，从而形成新的经营模式。其次，元宇宙促进数字产品的有形化。手办、玩具、周边产品是特别典型的一类商品。这些商品原型都是电影、电视或游戏中的一些人物。近年来游戏人物T恤、动画人物模型等产品的畅销有目共睹。

4. 全新的商业模式开始出现

未来，元宇宙连通现实世界和虚拟世界，是人类数字化生存迁移的载体，具有提升体验和效率、延展人的创造力和其他更多可能。数字世界从物理世界的复刻、模拟，逐渐孪生变为物理世界的延伸和拓展，数字资产的生产和消费，数字孪生的推演和优化，也将显著反作用于物理世界。元宇宙新经济将渗透于具体经济应用领域，包括文化休闲娱乐沉浸式体验、孪生城市情景装饰与城市治理、数字资产金融化、金融体系去中心化、沉浸式消费购物、基于区块链 token 积木式 SaaS 个性化系统工作创业、在线智能教练体感设备和具有监测指导功能的运动健身、区块链验伪艺术品交易与收藏、艺术品 NFT 投资、XR 技术扫描患者数据问诊治疗、沉浸式体验教育培训、异地虚拟工作场景或社交聚会及其他自媒体文化娱乐等应用将层出不穷。

从近年来的元宇宙项目中，人们就可以窥见一二，无论国内国外，围绕"元宇宙"的动作暗流涌动，各行业领域都在提前布局占领相关市场。例如，早期进入元宇宙的相当一部分是艺术家以及艺术家相关群体，如中国社区艺术家刘嘉颖的赤金馆、艺术家宋婷的熊猫馆、BCA gallery，韩国社区火热的 dogesoundclub，这些群体催生了元宇宙中最早，也是目前最流行的 gallery 商业模式。同时，国内外游戏厂商也通过融合元宇宙元素迎来了增长爆发。例如 2021 年 4 月，美国说唱歌手 Travis Scott 在 Epic 公司的 Fortnite（堡垒之夜）游戏中举办了"ASTRONOMICAL"虚拟演唱会，把玩家带到了深海、太空等奇幻场景中。仅 10 分钟的演唱会，吸引了 1230 万人在游戏中同时观看，刷新了该游戏史上最多玩家同时在线的音乐 Live 成绩，且不包括 Twitch 和 YouTube 上的额外观看人数。当月，Fortnite 的手游安装量增长 600 万，吸金 4400 万美元。元宇宙在带来全新商机的同时同样引发了现有商业模式的变革与创新。Fortnite 提供了一个有趣的例子，公司放弃了他们的知识产权控制权。在 Fortnite 引入一些当下火热角色皮肤后，许多玩家立刻登录游戏，花费游戏币来购买皮肤，同时玩家可以通过完成任务，升级打怪，得到一些稀有的虚拟物品。如果这些皮肤是限量版，再有其他的稀有物品加持的话，实际上玩家可以通过 Fortnite 运营的二级市场进行交易，Fortnite 在从中收取费用，那么收益将无可估量。对于漫威（Marvel Comics）、DC（DC Comics）、NFL、耐克等 IP 大厂来说，放弃控制权对他们来说都是难以接受的。但放弃了控制权,未来从交易中抽取一定比例的费用可以说是开启了一种新的商业模式。如果引入稀有产品,让人们通过任务时长获得该产品,那么用户在元宇宙所花费的时间必然会大幅增长,而后打造一个交易市场,让人们能够交易道具等,这样一来就会产生可观的交易费用,就好比金融市场的做市商。因此。基于此类全新的商业模式,在不久的将来,可能会涌现出一批新的职业或产品,如元宇宙建筑师、场馆设计师、元宇宙建造培训方、元宇宙游乐项目规划师、元宇宙场馆运营方、3D扫描仪等,全新的市场与产品又会产生出许多商业模式。

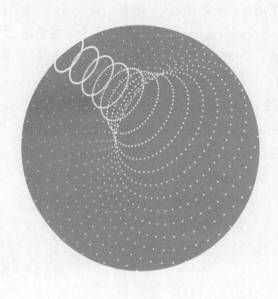

第 2 章
元宇宙核心技术多维拓展

　　元宇宙是综合了多种技术而形成的一种新型产业模式和生态。其中，网络及运算技术、虚实交互技术、人工智能技术、物联网技术、区块链技术及电子游戏技术是支持元宇宙发展的六大核心技术。多学科、多领域内分支技术的进步是支持元宇宙核心技术突破的重要条件，核心技术及分支技术层的融合，是充分整合技术优点，显著增强技术效能，促进技术进步的关键。

2.1 六大核心技术的进步,是元宇宙产业发展的必要条件

当前,学术界和产业界尚未对元宇宙核心技术达成一致定论,"四大核心技术论"和"六大核心技术论"是目前比较主流的说法。"四大核心技术论"主要认为"交互技术、通信技术、计算能力和核心算法"是构建元宇宙的四大核心技术,主流的"六大核心技术论"分别将"终端硬件、通信网络、计算能力、数字孪生、平台工具、数字支付"以及"网络及运算技术、交互技术、人工智能技术、物联网技术、区块链技术、电子游戏技术"视为构建元宇宙的六大核心技术。

由于元宇宙是一个集沉浸体验、社交关系、经济系统、文明形态为一体的虚拟社会,而且考虑到元宇宙的实现离不开基础层、交互层、去中心层、数字创作层、应用层以及生态运作层的技术支持,因此,下面将对六大核心技术展开叙述和讨论,将支撑元宇宙终端平台发展的六大核心技术概括为:网络及运算技术、虚实交互技术、人工智能技术、物联网技术、区块链技术及电子游戏技术,如图 2-1 所示。

2.1.1 网络与运算技术

从字面意思来看,网络与运算技术是网络通信技术和运算技术的结合体,包含网络通信传输技术和算力两部分,以支撑对元宇宙中庞大运算量的处理与传输。其中,网络技术已实现从初级通信技术连接到当前 5G 连接的网络更新,数据平均传输速率已实现从 2.4 Kbps~100 Mbps 至 9 Gbps 的突破。运算技术指

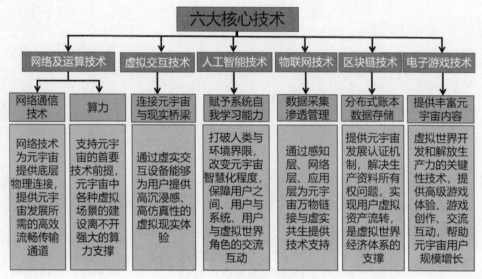

图 2-1　元宇宙核心技术

的是对系统中收集到的数据进行分析和处理，在构建元宇宙生态上至关重要。

1. 技术发展阶段

1）网络通信技术

自 20 世纪 80 年代第一代移动通信系统在美国芝加哥诞生以来，网络通信技术已经从最初的模拟化信号，发展到以二进制为代表的数字化信号，再到逐步实现软交换到 IMS 演进并逐步完成 IP 化传输的阶段，最后到综合利用 IT 和 CT 技术，实现网络通信快速传输的发展阶段，共经历了以下 4 个发展阶段。

（1）模拟信号传输阶段

网络通信技术以无线电报的使用为开端，最初是一种"一对多"的单向通信传输。20 世纪 70 年代，美国电话电报公司的贝尔实验室成功研制出以模拟技术为基础的蜂窝网络，世界上第一台移动电话就采用这一方式完成信号传输。20 世纪 80 年代初期出现了支持跨空间信息交流的第一代移动通信系统，推动网络通信技术进入以 1G 为代表，采用模拟信号完成信息传输的通信 1.0 阶段。此时，网络通信技术仅能够实现最高 2.4 Kbps 的数据传输速率，存在传输速率低、安全性差、信号容量低、信号不稳、信息极易被窃取等诸多问题。

（2）数字信号传输阶段

20 世纪末期，手机用户的不断增加对网络通信技术提出了更高的要求，为了提高通信的传输质量，欧美国家开始尝试通过数字通信传输来替代模拟通信传输，迎来了以 2G 为代表，采用数字调制技术完成信息传输的通信 2.0 阶段。2G 网络通信主要以数字传输、时分多址或码分多址为主体技术，可提供数字化的语音业务及低速数据业务，能够实现最高 50 Kbps 的传输速率。与第一代通信技术相比，第二代通信技术水平更加成熟，系统容量以及通话质量都有了极大的提升，除了支持通话、发短信外，还进一步延伸到了上网领域。此时 GSM、TDMA、CDMA 为主流的网络制式。

（3）IP 化信号传输阶段

进入 21 世纪，智能手机的出现加速了 3G、4G 网络通信计划的发展，推动网络通信技术进入将传输信号 IP 化，实现移动通信网络传输的通信 3.0 阶段。3G 以提供语音、数据、视频等内容的移动多媒体业务为目标快速发展，4G 是集 3G 与 WLAN 于一体的通信网络，能够传输高质量视频图像，可以实现最高 100 Mbps 的传输速率。第三、四代通信技术的优越性比较强，具有传输数据速度快，音频、视频和图像质量高等特点，基本能够满足用户对于无线网络传输技术提出的大部要求，并且第四代网络通信技术还在传统通信网络技术的基础上，提高了无线通信的网络效率，以达到技术的融合的目的。

（4）高速计算机网络阶段

技术的发展，带来了数字经济时代，具有高速率、低延时、超宽带、低能耗等优点的 5G 互联网成为当下和未来各行各业融合的焦点，这也是网络通信技术的第四阶段。第五代网络通信技术不同于之前的四代网络通信技术，不再是由某项业务能力或者某个核心技术特征而定义，它不仅是更高速率、更大带宽、更强能力的技术，而且是一个多业务、多技术融合的网络，更是面向业务应用和用户体验的智能网络，最终打造以用户为中心的信息生态系统。

2）运算技术

运算技术，顾名思义，是为解决计算问题而产生的技术。伴随着计算机机器设备的产生、进步和广泛应用，大量的日常生活、生产制造和技术研究数据需要在计算机设备上快速完成分析处理，对算力水平提出了越来越高的要求，推动了运算技术的不断发展和进步。当前，运算技术的发展大致可以划分为技术理论储备、商用化发展和多种运算技术协同高速发展 3 个阶段。

（1）技术理论储备阶段

20世纪80年代末期，SUN微系统公司的合作创建者John Gage（约翰·盖奇）提出"网络就是计算机（The Network is the Computer）"的重要猜想，使分布式计算技术进入研究者视野，将对计算机数据处理能力的研究推上了新的发展阶段。进入20世纪90年代后，通过整合虚拟超级机器来完成各项数据处理的网格计算（Grid Computing）逐步发展。随着技术理论的不断成熟，1996年康柏（Compaq）公司基于网格计算首次提出云计算（Cloud Computing）的概念。直到1997年，美国教授Ramnath K. Chellappa给出了"云计算"的学术定义：计算边界由经济而并非完全由技术决定的计算模式。

（2）商用化发展阶段

进入21世纪后，计算机的普及进程加速，随着计算机处理数据量的激增，基于自有硬件、服务器、交换机、网络配置、互联网数据中心（Internet Data Center）的数据运算处理的成本不断增加，加快了"云计算"的商用化进程。2006年基于云计算的初始概念，Google、Amazon等大型互联网服务商开始在扩建基础设施的过程中构建云计算系统基石。2006年亚马逊先后推出Simple Storage Service和Elastic Cloud Computer两款产品，Google Apps推出了基于浏览器的应用服务，以帮助企业通过"租赁"计算容量、处理能力的方式实现企业应用程序的运转。2006年10月，George Gilder在Wired杂志上发表文章，明确介绍了这一种架构模式，再后来逐步发展，并由AWS将其推向发展的高潮。2007年，Google相继推出Gmail、Google Earth、Google Map、Chrome和字处理及电子表格等产品，加速了云计算的商用化进程，推动了数据运算处理能力的快速提升。

（3）多种运算技术协同高速发展阶段

云计算具有带宽耗费高、数据存储效率低、数据易被盗窃丢失等缺点。为改进云计算的不足，2013年美国太平洋西北国家实验室的Ryan La Mothe首次在内部报告中提出"边缘计算（edge computing）"一词，之后边缘计算成为云计算的重要补充，开始快速发展。2016年5月，美国自然科学基金委在计算机系统研究中将边缘计算列为突出领域，同年5月，美国韦恩州立大学施巍松教授团队正式将边缘计算定义为在网络边缘执行计算，以处理云服务的下行数据和来自万物互联服务的上行数据的一种新型计算模型。2018年后边缘计算逐步被推向技术前台，逐渐涵盖云计算公司、硬件厂商、CDN 公司、通信运营商、科研机构和产业联盟 / 开源社区。边缘计算的出现和发展显著提高了算力水平。当前，云计算、边缘计算等运算技术正逐步与各种技术软件相融合，成为不断改进技术效率的重要技术手段。

2. 技术原理

从原理角度讲，网络与运算技术是通过编制计算机语言来模拟现实世界中事件信息，综合人机交互完成有关信息的传递，进而在虚拟网络世界中完成对现实世界信息的传输。在结构框架上，基于网络通信技术的运算技术可分为物理现实层、边缘技术处理层和云端处理层 3 个层次，如图 2-2 所示。

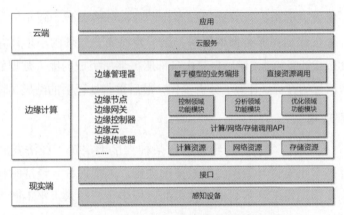

图 2-2　基于 5G 通信网络的边缘技术架构

（1）物理现实层

物理现实层一般包括传感设备、网络接口设备、集线器、路由器、网桥等传输设备，在物理端完成数据的传输工作，实现将现实世界中的各种物理信号与互联网相结合。常见的网络接口设备有 RJ-45 以太网接口、RJ-11 网络电话接口、RJ-45.USB 接口、SC 光纤接口、FDDI 接口、AUI 接口和 Console 接口等，其中 RJ-45 以太网接口最为常见，属于以双绞线为传输介质的以太网接口类型。集线器的主要功能是对接收到的信号进行再生整形放大，以扩大网络的传输距离，同时把所有节点集中在以它为中心的节点上。网桥可以为接入交换机的任意两个网络节点，以提供独享的电信号通路。路由器是连接因特网中各局域网、广域网的设备，可以根据信号的通道情况自动选择和设定最佳路径，以实现高效信号传输。

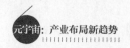

(2) 边缘技术处理层

在边缘技术处理层完成对网络边缘数据产生侧的分析处理工作，及时响应边缘侧发起的请求，就近提供服务，进而有效地减少网络传输所产生的时延，实现对数据的实时处理。网络通信技术的数据载量是有限的，大量数据信息的线上传输极易降低信号传输效率，造成网络通信运载能力的瘫痪，导致网络通信的中断。所以，在边缘技术处理层，通过边缘云、边缘控制器等实现对计算资源、网络资源和存储资源的初步处理，进而实现对控制、分析等领域内功能模块的优化。

(3) 云端处理层

在云端处理层主要完成对网络通信技术所传输的大规模数据的分析处理工作，主要针对需要在云端处理器中集中处理的数据，综合运用网络通信技术和运算技术，将庞大的数据计算处理程序自动分拆分成无数个较小的子程序，并突破本地计算机或远程服务器的局限，进一步将需要处理的小型计算程序分布在大量的分布式计算机上，最后再交由多部服务器所组成的庞大数据处理系统，完成对数据信号的搜寻、计算、分析工作，最后再将处理后的结果传输给用户。

3. 发展现状

数字经济时代，数据的传输效率在某种程度上决定了经济发展的效率，网络与运算技术正是提升数据传输效率的关键。为把握数字经济时代的发展机遇，近年来我国加快了网络与通信技术的发展步伐，技术水平不断提高，应用领域不断扩展，技术能力走在世界发展前列。

(1) 5G 网络通信技术的覆盖范围不断扩大，夯实数字经济发展基础

超宽带、低延时、广泛应用的 5G 高速通信网络是数字经济发展的技术基座。当前，全球网络通信水平正高速提升，技术覆盖范围逐渐扩大。截至 2021 年底，全球 5G 通信基站数量已突破 200 万个，其中中国基站建设数量高达 142.5 万个，是全球规模最大、技术最先进的 5G 独立组网网络，5G 终端用户达到 4.5 亿户，占全球 80% 以上。另外，5G 网络技术在日常消费领域内的应用不断拓展，逐步覆盖文体娱乐、赛事直播、居住服务等日常消费领域，并且加快了在制造、矿山、医疗、港口等垂直行业内的应用探索，庞大的基站数量和消费群体是推动数字经济发展的重要基础。

(2) 运算技术不断发展，算力水平持续提高

算力水平的提高是应对数字经济时代下爆发式数据增长的关键，是推动

技术升级换代，提高算法创新速度的重要内容。云计算擅长全局性、非实时、长周期的大数据处理分析，边缘计算更适用局部性、实时、短周期数据的处理，可弥补云计算的短板。由于我国对运算技术的研究起步较晚，目前仍处于向产业成熟期的过渡阶段，云计算市场增速在30%左右，高于全球平均水平，边缘计算与云计算正协同进步，自主高性能处理器技术取得突破，高性能计算节点技术不断提高，推动工业互联网、车联网等产业快速发展。

（3）网络与运算技术的产业融合应用加速

网络与运算技术的融合应用是促进经济社会数字化、网络化、智能化转型的重要引擎。随着网络与运算技术不断成熟，我国的技术应用正快速发展。由于运算技术影响网络通信技术的传输效率，进而将直接影响网络通信技术的应用推广情况。从工业和信息化部（简称工信部）对外公布的最新数据信息可以发现，在不断提高的算力水平的支持下，目前我国的5G应用创新案例已经超过了10 000个，共覆盖了22个国民经济重要行业。另外，"5G+工业互联网"在建项目超过1800个，5G空中课堂、5G虚拟实验室、5G智慧校园等应用初具规模，说明网络与运算技术与各行业之间的融合应用正加速落地。

4. 与元宇宙的结合点

网络通信环境是支持实现人、机、物三元互联，支持元宇宙场景中大量应用创新的网络基础设施；数据处理技术是支持技术编程运行的关键，是在虚拟世界中实现数据智能、模拟仿真的重要技术手段，网络与运算技术能够作为支撑处理与传输元宇宙中庞大运算量的基本要素之一的原因有以下三点。

（1）网络通信技术作为元宇宙底层物理连接，提供元宇宙发展所需的高效流畅传输通道

元宇宙是在以Web3.0为基础设施的网络环境中，综合运用新一代信息技术手段而建造的3D虚拟社会生态，是集去中心化、产权明晰和数字经济等为一体的新型互联网应用，是对互联网投资市场资源有限性的拓展，是数字社会发展的高等形态。用户要在元宇宙中实现实时的互动体验，必须依靠网络通信技术的支持。当前高速率、低延时、大容量的互联网通信技术成为实现元宇宙中高效信息流通，扩大应用场景的关键。网络通信技术能够将大量数据信息快速传输至云端，是通往元宇宙的"高速公路"。

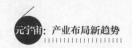

(2) 运算技术是众多元宇宙技术的基础，算力发展助推元宇宙升级

元宇宙沉浸式体验感的增强以及对图像、场景等处理能力的提高都离不开运算技术的支持。元宇宙构建的是一整个与现实世界相同的体系，从现实世界映射到虚拟世界，其中的整体规划、场景建立、数据运行等需要足够的算力支撑。因此，运算技术从底层上决定了元宇宙整个体系能否正常运转，是推动元宇宙产业"质量"发展的关键。

(3) 网络与运算技术是实现各项技术突破，推进"元宇宙"技术进步和产业发展的关键

网络与运算技术是构建元宇宙的底层技术。通信网络技术提供信息的线上传输通道，运算技术则可以完成对元宇宙各环节信息的轻量化运算处理，能够显著提高信息的传输效率，增加元宇宙各核心技术间的信息交流，因此，网络与运算技术水平的高低会直接影响到"元宇宙"的构建和内容传输，是推进"元宇宙"技术进步和实现产业发展进步的关键。

5. 现存问题

现阶段还处于 4G 和 5G 转换时期，5G 通信网络的传输效率和普及程度仍需要进一步提升，6G 通信网络的关键技术仍需要进一步突破，网络与运算技术在支持当前及未来元宇宙产业发展上，尚存在较大的进步空间。

(1) 当前网络通信技术的传输性能有待提高

要在"元宇宙"中实现高沉浸化的实时交互体验，就必须有低延迟、高传输速率且覆盖面较广的网络通信技术支持，然而，当前尚处于 4G 和 5G 转换时期，现阶段 5G 网络通信技术的信号道的传输速度有待提高，信号道较难承载大批量的数据信息，较容易出现信息过载的情况，导致机器设备在实际应用中较难构建比较有效的传输管理体系，离实现助力"元宇宙"的目标仍有较长一段距离，需要不断超越 5G 通信性能，推进无线通信网络技术高水平发展的 6G 通信技术，为元宇宙中大量的数据信息传输提供扎实的网络传输支持。

(2) 网络通信技术的安全问题有待解决

保障数据信息线上传输的安全性至关重要。然而，在网络通信技术的发展过程中，人们较多关注网络传输效率的提高，而忽略了对数据安全性的保障，导致当前的网络通信技术尚不能较好地抵御黑客等不法分子对客户信息、企业信息甚至国家信息的窃取，严重威胁当前的网络通信安全。由于在真正进入元宇宙时代之后，人们需要在元宇宙中完成80%以上的生活、工作、娱乐和学习，大量的个人、企业和国家信息将被传输至元宇宙系统中，若无法建造抵御不法信息窃取的网络通信系统，将难以维持元宇宙的有序健康发展。

（3）运算技术有待突破，算力水平有待提高

算力水平的高低将直接影响其他技术的应用效率。当前我国的运算技术虽已取得较大进步，但仍然存在较多的问题，呈现出关键算法突破困难、发展水平较低的粗放发展态势，科技巨头和中小企业间算力资源的不均衡分布以及算力平台功能与实际应用间的矛盾，严重影响了运算技术的突破和算力水平的提高，成为影响运算技术驱动数字经济高效发展的重要因素，导致目前算力水平尚无法较好地应对元宇宙中海量数据的分析处理，在运算效率方面仍存在较大进步空间，亟需优化运算技术的研发环境，加快关键技术的突破进程。

6. 未来预测

网络与运算技术作为数字经济发展的基石，将直接影响到数字经济新业态的发展。未来一段时间内，国家将继续将其放在重要的发展位置，集中财力、物力等资源支持网络与运算技术的探索研究工作。随着国家基础设施的逐步完善，网络与运算技术也将得到进一步发展。

（1）第五代通信技术的应用场景将快速铺开

当前，我国的5G通信基站数量居全球首位，5G终端用户数量占全球80%以上，庞大的基站数量和消费群体将加速第五代通信技术在我国应用场景的铺开。随着各地5G网络通信基站的加速构建，基于5G技术的新型基础设施体系将不断完善，加速5G体系技术的发展与普及，快速跨越4G向5G的转换时期。第五代通信技术将作为重要的技术底座，未来将在日常生活、城市管理治理、工业生产制造等应用场景内快速铺开，助力中国进入数字经济新时代。

（2）网络通信技术的传输性能和信息安全问题将成为重点关注领域

数据安全直接关系到传输数据的应用质量，应该是评价网络通信技术水平的重要指标，随着5G、6G等网络通信技术的发展和对传输数据分析处理能力的进步，对传输数据安全性的重视程度正不断增加。另外，网络通信技术标准化程度的不断提高将加速其与其他技术的融合。随着网络通信技术底层信息传输网络与其他技术融合性的不断加强，基于区块链技术的网络与运算技术会得到较好发展，区块链的信息加密存储和网络通信技术的信息传输融合，

可以较好地解决数据传输安全问题。

（3）更低延时、更高传输速率的第六代通信技术将快速实现

当前，我国的 5G 技术水平正不断成熟，5G 商用场景正快速落地，在推动第五代网络通信技术应用落地的同时，我国加速了对第六代通信技术的研究进程。第六代通信技术传输速率是第五代通信技术传输速率的 50 倍，时延缩短 1/10。基于我国 5G 的研究推广经验和基层技术专利，更低延时、更高传输速率的 6G 技术将快速在我国实现。《日经亚洲评论》数据显示，当前我国在第六代通信技术领域的技术专利数量高居世界首位，领跑全球第六代网络通信技术进程。

2.1.2 虚实交互技术

虚实交互技术是实现现实世界与虚拟世界的交互融合的技术，人们可以利用虚实交互技术在现实世界的基础上，建立起一个与现实世界平行，且永续存在的虚拟世界。该世界具备完整运行的社会、经济系统以及法律准则，现实世界中的人类可以通过虚实交互设备以虚拟形象进入虚拟世界中生活，实现现实世界与虚拟世界的交互。

1. 技术发展阶段

虚实交互的根本是实现生物在自然物理环境中和虚拟环境中的感官和动态的交互式模拟，与虚实技术相关的技术概念最早出现在 20 世纪 60 年代左右。近年来随着相关支持技术持续发展和进步，虚实交互技术的发展水平和应用程度都有了较大程度的提高。当前主流意义上的虚实交互技术已经实现了以下 4 个阶段的技术演进：

（1）**概念萌芽阶段**

虚实交互技术的思想源自于对生物在自然环境中的感官和动态的交互式模拟，最早与仿生学息息相关。中国战国时期通过模仿飞鸟而发明的风筝以及后期西方国家根据类似的原理发明的飞机，都是早期仿生学与人类生活结合的结果。进入 20 世纪 60 年代后，现在意义上的虚实交互技术概念才真正走入人们的视野，进入概念的萌芽阶段。1935 年，美国科幻小说家斯坦利·温鲍姆（StanleyG.Weinbaum）首次在小说中描绘了以眼镜为基础，实现视觉、触觉、嗅觉等全方位交互体验，20 世纪 60 年代前后，莫顿·海利希（MortonHeilig），研究并发明的"全传感仿真器"中蕴涵了虚拟现实技术的思想理论。

（2）初级交互阶段

第二阶段是 20 世纪 70 年代前后的初步实现阶段。伴随着以集成电路为主要器件的第三、四代计算机的兴起，鼠标和键盘开始广泛应用，成为人与计算机的重要交互方式，交互技术开始进入通过鼠标、键盘等触控操作设备发出指令，进而操作机器设备的交互阶段。期间，M.W.Krueger 设计完成了可产生虚拟图形环境的 VIDEOPLACE 系统，图像投影能够满足体验者实时响应自己活动的需求；M.MGreevy 领导完成了能够让体验者通过穿戴数据手套和头部跟踪器，利用语言、手势等交互方式，形成的虚拟现实的 VIEW 系统。

（3）应用发展阶段

随着虚实交互技术理论的逐步成熟，进入 20 世纪 90 年代后，逐步进入应用发展阶段。在休闲娱乐方面，1994 年日本游戏公司 Sega 和任天堂分别针对游戏产业推出 Sega VR-1 和 Virtual Boy 两款早期的 VR 设备，虽然最终因为成本等问题，这两款设备未能在市场上推广使用，但是为后期虚实交互设备的发展积累了经验。在日常家居阶段，伴随着通信与信息网络技术的发展和大量以电子技术为主导的家用电器上市，逐步形成了包含家用电器、通信设备与安保防灾设备为一体的智能化住宅，对住宅中各种通信、家电、安保设备进行智能化监控管理的智能化家居系统开始出现，推动虚实交互技术进入通过手势、语言等与机器设备完成交互的智能家居阶段。

（4）广泛推广阶段

进入 21 世纪后，虚实交互技术快速落地，进入广泛应用的初级沉浸式体验阶段。一方面，可穿戴虚实交互设备不断发展。2012 年 Oculus 公司和索尼先后推出 VR 设备和头戴式显示器，2014 年 Google 和三星先后发布了 Google CardBoard 和 Gear VR，2016 年苹果发布了 VR 头盔——View-Master，之后 HTC、索尼等先后上市 HTC Vive、PlayStationVR 等。另外，在这一阶段虚拟现实技术从研究型阶段转变为应用型阶段，广泛运用到科研、航空、医学、军事等领域。随着 VR、AR、XR 等技术的逐步发展与成熟，以及网络通信技术的高速进步，虚实交互技术逐步可以通过 VR（虚拟现实技术）、AR（增强现实技术）等实现身体、意识与机器设备、信息环境间的自然交互，沉浸式体验感不断增强，该技术进入广泛应用阶段。

2. 技术原理

虚实交互技术是利用计算机，综合运用语音、手势、体感、嗅觉等人机交互方式，指导机器设备的图像采集系统完成在真实世界内的图像采集工作，之后再综合利用 3D 交互（计算机视觉）、渲染引擎（计算机图形学）等技术完成对所采集到图像的识别，最后再通过全息显示、光学显示设备等完成各类虚拟形象的输出。根据技术组成，虚实交互技术是包含底层技术层、器件设备层和工具平台层的技术架构，如图 2-3 所示。

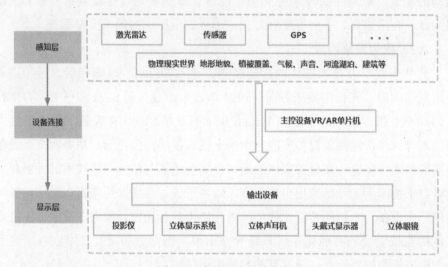

图 2-3 虚拟现实技术架构

（1）底层技术层

虚实交互技术的底层技术层涵盖 VR 技术、AR 技术、全息影像技术、传感技术等多个技术领域，多种技术交叉融合。其中，VR 技术一般通过计算机运算变化空间影像，为用户提供一个可以任意观察事物，如身临其境一般的三维空间。AR 技术是一种运用多媒体、三维建模、智能交互等多种技术手段，将计算机生成的虚拟信息模拟仿真后，再应用到真实世界中的技术。全息影像技术则是以光的干涉和衍射为原理，更加直观地感受和实现真实物体的三维立体图。传感技术是连接物理现实世界与虚拟世界的重要通路，通过传感技术可以获取物理世界中的各项信息，是构造虚拟世界的重要依据。

（2）器件设备层

虚实交互技术的器件设备层主要包括与用户体验虚实交互技术相关的 VR

和 AR 等可穿戴机器设备、获取现实世界中图像和声音等信号的传感器、作用于机器与人脑之间实现人机通畅信息交换的脑机接口等。基于 VR、AR 技术的可穿戴机器设备通常包括 VR 眼镜、头盔、手套、头戴式显示器等，是引领人进入虚拟世界的直接设备；传感器作为一种检测装置，能够将感受到的被测量信息按一定规律转换为电信号或其他所需形式的信息输出，以满足信息的传输、处理、存储、显示、记录和控制等要求；脑机接口则是在人/动物脑与外部设备间建立的直接交流和控制通道，通过设备连接向机器设备传输大脑中的意识信号。

（3）工具平台层

虚实交互技术工具平台层主要是指与虚实交互技术体验相关的应用内容工具平台，是为用户提供各种类型交互体验的端口。不断丰富的交互内容体验是虚实交互技术的重要发展方向。当前虚实交互设备制造成本高，底层技术不一致，内容不兼容等诸多问题的存在都制约了虚实交互技术内容的丰富和深化。工具平台层作为给用户提供各类交互体验的中间端口，可以实现对现有技术、产品、内容的整合，通过对底层技术的兼容化来推动虚实交互内容的丰富。

3. 技术现状

经过几十年的发展与进步，虚实交互技术水平不断成熟，产业链条逐步完善，被广泛运用到日常生活、科研、航空、医学、军事等领域，成为当前重要的新兴技术之一。另外，伴随着元宇宙概念的火爆，虚实交互技术也得到越来越多的关注，技术发展不断向好。

（1）政策利好正不断推动虚实交互技术前进

近年来，国家高度重视虚实交互技术的发展与进步，加大了政策支持的力度。早在 2018 年，工信部就发布《工业和信息化部关于加快推进虚拟现实产业发展的指导意见》，提出要加快我国虚拟现实产业发展，推动虚拟现实应用创新，将其培育成信息产业新增长点和新动能。2021 年初，国家在"十四五"规划及基础电子元器件产业规划，指出要加强虚拟现实技术与产业应用融合。根据前瞻产业研究院的统计数据，2021 年全国有 31 个省发布了与虚拟现实相关的政策，政策利好持续增加，推动产业高速发展。

（2）基于虚实交互技术的 TO C 产业应用市场不断扩大

虚实交互技术的不断进步，推动技术应用快速落地，C 端应用市场不断扩大。从虚实交互技术的行业应用来看，当前 VR/AR 等技术已经在商贸会展、工业生产、地产营销、医疗健康、教育培训、文娱休闲等领域广泛应用。从用户应用角度来看，根据 IDC 数据，2021 年用户对虚拟现实中 VR/AR 的支出在整个大众消费领域占比已超一半，反映出 VR/AR 游戏、视频、社交等已经被大众群体接受，且用户规模不断在壮大。

（3）虚实交互技术日趋成熟，产品市场不断完善

受新冠肺炎疫情影响，宅经济市场火热，居家娱乐、工作、学习等需求不断增加，要求虚实交互产品市场不断完善丰富。当前，虚实交互产品市场正飞速扩张，IDC 预测，2021 年全球 VR 设备的出货量已超过 700 万台，并预计到 2025 年将超过 2500 万台，虚实交互产品所需的显示、光学、定位等关键技术的逐步完善，以及结合摄像头和实时渲染解决方案的出现，逐渐打破 VR 使用者对于周围区域未知的体验限制，带来 VR 显示内容与环境渲染的结合，推动虚实交互设备产品更新发展。

4. 与元宇宙的结合点

虚实交互技术是基于现实环境而模拟出虚拟三维世界，现实世界中的用户可以通过控制器和可穿戴设备完成与虚拟世界间事物的交互，这也就是虚实交互技术为什么能够成为元宇宙关键核心技术之一的原因。具体来说可以从以下 3 点分析。

（1）虚实交互技术可以实现对物体三维特征的高度还原，构建元宇宙虚拟场景

虚拟场景是构成元宇宙的重要组成部分，要在元宇宙中实现办公、集会、游戏、商贸、教育、文旅及生产制造等应用内容，就必须以高度还原现实世界的虚拟场景为前提，虚实交互技术作为高度还原现实世界的技术手段，是构建元宇宙虚拟场景的重要技术支撑。利用虚实交互技术，综合运用计算机、光学成像以及全息化影像等，可以构造对真实世界还原度更高的虚拟场景，是持续拓展元宇宙应用领域，深度赋能元宇宙产业的技术前提。

（2）可穿戴虚实交互设备为用户提供进入元宇宙虚拟场景的入口

可穿戴虚实交互设备是进入元宇宙这一全新 3D 虚拟网络空间的重要入口，是连接现实世界与元宇宙（虚拟世界）的桥梁。用户要实现与元宇宙中各种虚拟事物间的交流与互动，必须用到包括手、手柄甚至眼球等工具，基于

交互技术设计的可穿戴虚实交互设备可将用户"送进"元宇宙,是在元宇宙中实现沉浸式体验感的重要一步。当前最为主流的可穿戴虚实交互设备是 VR、AR 头戴式设备。

(3)虚实交互技术可实现人与智能机器设备间的便捷式交流

虚实交互技术中包括的便捷式连接人与智能设备的脑机接口,可以提供人/动物脑和人造设备之间的直接连接,是在人/动物脑与外部设备间建立的直接交流和控制通道,可以直接读取和破解从大脑中读取的脑信号,可以将从脑细胞中获得的意识反应曲线转化成指令来实现对机器设备的控制,是元宇宙体验的硬件入口。通过脑机接口,人们可以直接在元宇宙中实现大脑中的想法,不需要语言和动作,更不需要借助操作设备。

5. 现存问题

虚实交互技术固然已经有所发展,但现阶段的虚实交互技术仍处于为用户带来初级交互体验感的发展阶段,技术标注不统一导致技术发展进程缓慢,导致产品、内容等远不能满足元宇宙社会的技术需求,在标准、产品等方面还需进步,市场渗透率仍有待提高。具体的问题体现在以下几方面。

(1)技术及应用标准不统一,技术的市场渗透率不足

技术及应用标准统一是整合不同技术研发成果,实现技术进步、推广和促进行业发展的关键。目前,虚实交互技术及应用领域的标准尚不统一,尤其是构成虚实交互设备的软硬件标准不统一,主流虚拟技术产品供应商运用的底层技术不一致,极易造成技术及产品研发的重复,导致资源的浪费,使目前市场中的外部可穿戴虚实交互设备的研发制造成本仍然较高,用户尚需要昂贵的外部设备才能得到虚实交互体验,导致技术的市场渗透率有待提高。

(2)实现的体验感有限,距完全沉浸等级仍有较大差距

目前虚实交互产品市场尚处于大战初级阶段,各大开发者对该市场的发展前景充满热情,大规模的资金流入这一产品市场,但是要实现市场的长远发展,必须要先实现标准和底层技术的互联互通。同时,当前虚实交互技术对运动、声音、气味等信号的追踪捕捉尚不够灵敏,导致用户只能通过虚实交互技术实现部分感官的沉浸体验,距完全沉浸等级的接入终端设备仍然有较大的差距,该技术仍存在较大的进步空间。

（3）技术融合性有待提高，应用内容较为单一

元宇宙的最终目标是要实现多方位、全面感知的沉浸式体验。当前以VR、AR等技术为核心的头戴式虚实交互设备更多的是对视觉体验的实现，仍然需要综合其他技术突破，助力完全沉浸式元宇宙的实现。此外，虚实交互技术的应用领域和产品内容较为单一。当前的虚实交互技术主要集中在文化、旅游、游戏等休闲娱乐领域，产品也较多局限于实物市场的可穿戴虚实交互设备和虚拟产品市场中打造的游戏和文化产品，产品内容多局限于单一的领域，尚未在日常生活中出现内容的爆发增长，距离元宇宙社会体系的形成仍然较远。

6. 未来预测

随着虚实交互技术的不断进步，以及虚实交互产业链的不断完善，未来虚实交互领域将逐步解决当前存在的各种问题，技术产业发展呈现出以下发展趋势。

（1）技术层及产品层的互联互通性将加强，虚实交互产品的用户群体将不断扩大

考虑到由于当前主流虚实交互技术产品供应商运用的底层技术不一致，而导致市场中可穿戴虚实交互设备价格高，技术的市场渗透率不足的问题，未来国家相关机构将牵头加快在技术层和产品应用层的标准制定工作，以较好地解决因技术不统一导致的重复技术投入问题。通过技术交流平台实现现有技术的交流互动，进而降低虚实交互产业的技术门槛，加快高水平、低成本的虚实交互设备的研发，为市场提供价格更低、质量更优、功能更强的可穿戴虚实交互产品，扩大市场消费群体，持续提高技术应用在消费市场中的渗透率。

（2）多方位、低延时、全面感知的完全沉浸体验将逐步成为现实

技术标准的统一以及各项技术的发展成熟，将加速不同技术直接的融合发展，未来VR将与AR、MR、全息影像技术、脑机接口技术、传感技术等将加速融合，进而不断提高对运动、声音、气味等信号的捕捉的敏锐度，有效改善当前由于虚实交互技术对运动、声音、气味等信号的追踪捕捉尚不够灵敏，而导致用户只能实现部分感官的沉浸体验的现状，为用户提供多方位、低延时、全面感知的完全式沉浸体验。

（3）虚实交互产品的应用内容将更加丰富

虚实交互技术功能的不断增强，以及用户群体需求的不断丰富，将推动虚实交互技术逐渐突破当前在游戏等休闲娱乐领域的应用现状，逐步探索在日常生活、工作应用、工业生产等领域内提供更为丰富的虚实交互内容。另外，随着虚实交互技术的不断进步，除 VR 技术外，AR 技术、MR 技术等技术领域内的创新产品也将为用户提供全新的终端体验，越来越丰富的产品内容将不断涌现，可大幅度提升用户体验感，带来数字与现实结合的用户体验。

2.1.3 人工智能技术

从人工智能的定义来看，人工智能是指由人制造出来的机器设备能够基于计算机程序而呈现出人类智能的技术，其核心问题包括建构与人类相似的卓越推理、知识、规划、学习、交流、感知、移物、使用工具和操控机械的能力，是实现元宇宙的重要技术支撑。

1. 技术发展阶段

随着智慧化、智能化理念的不断出现，人工智能技术（简称 AI）开始走上快速发展的道路。人工智能技术起源于 20 世纪 50 年代，根据 AI 技术水平的进步可大致将其发展划分为计算智能、感知智能和认知智能 3 个阶段。

（1）计算智能阶段

20 世纪 80 年代前后，云计算技术理论逐步兴起，使分布式计算技术进入研究者视野。在这一时期中，计算机机器设备的算力水平和存储能力不断地更新升级，以计算机为代表的机器设备逐步具备了快速计算、快速记忆和快速存储的能力，进而推动人工智能技术进入计算智能阶段。计算智能是其他技术取得发展进步的基础。伴随着人工智能技术理论概念的成熟，人工智能技术在计算智能技术领域取得突破，其发展进入计算智能阶段。

（2）感知智能阶段

随着计算智能的不断推进，人机交互成为人工智能技术的下一个开发领域。随着语音识别、人脸识别等支持技术的进步，机器设备逐步具有视觉、听觉、触觉等感知能力，进入能够高效完成"听""说""读""写""做"等感知智能的阶段。随着计算智能和交互技术的不断成熟和融合，人工智能技术在感知智能领域取得突破，其发展进入人与机器之间便捷交互的感知智能阶段。

（3）认知智能阶段

进入 21 世纪之后，众多新一代信息技术开始不断涌现，技术的融合发展显著提高了人工智能技术的智能化水平，基于人工智能技术赋能实体经济发展的机器设备正广泛应用。伴随着新一代信息技术的出现、发展、升级与突破，机器设备的逻辑认知、理解判断、分析决策和情感表达能力都取得了较大程度的提高，进而进入使得机器能够完成自主思考和主动执行的认知智能阶段。

2. 技术原理

人工智能技术的工作原理，如图 2-4 所示，一般是先由计算机通过传感器（基础硬件层）收集在现实世界中关于某个情景的事实（或者由人完成信号的输入等方式）。接下来计算机设备会在软件层完成对所收集到的信息与已存储的信息的比较，以准确确定其内涵，然后由计算机（软件层）根据从现实世界中收集来的信息，完成各种可能动作作用效果的计算，最后对可选的动作效果进行预测并做出最优的机器行为。因此，基础硬件层、深度神经网络模型编译器以及软件框架层是组成人工智能技术的重要架构。技术分为以下几个环节。

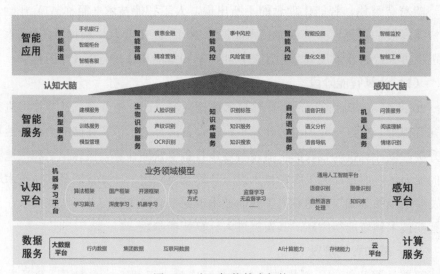

图 2-4　人工智能技术架构

（1）感知环节

人工智能技术的关键是完成对大量数据的分析处理，常见的基础处理硬件主要包括中央处理器（Central Processing Unit，CPU）、图形处理器（Graphics Processing Unit，GPU）等，以及各种为满足特定场景应用而研发的计算芯片，基于计算芯片所定制的 GPU 服务器集群，以及各类移动终端设备、类脑计算机等。感知环节层的关键是获得大量的数据素材。感知环节所涉及的关键技术，主要实现对人的感知能力的模拟和拓展，包括对人的听觉、视觉、触觉、嗅觉、味觉等，实现数据的采集和初步处理。由于技术发展的阶段性问题，人工智能在很多方面并没有完成人类感知的所有功能；另外，由于人类通过技术实现可以让机器设备探测到一些人类所不能感知到的现象，因此目前机器感知能力已经有很多方面甚至超越了人类，今后还会有越来越多人工智能发展出比人类更强的机器感知能力。

（2）思考环节

思考环节主要是通过语音、图像、自然语言处理等技术完成指令动作信号的采集，再利用算法理论实现人工智能对知识的学习、对问题的思考和对现象的理解等。机器学习主要是将所获得的数据信息利用贝叶斯方法、关联规则学习、神经网络、深度学习、类脑智能等高级算法理论进行处理，挖掘出有价值规律性的知识，提升人工智能的思维和理解能力，同时利用一些高级算法理解所获得的数据含义，主要包括声音理解、自然语言理解、图形图像理解、运动影像理解、行为动作理解等。目前，RNN（回归神经网络）、DNN（深度神经网络）、LSTM（长短记忆神经网络）已成为常用的语音识别算法。

（3）行动环节

行动环节主要是实现思考环节的结果输出、执行与控制，包括决策执行、声音合成（尤其是自然语音合成）、智能控制、情感表达等。通过对数据信息分析处理，完成对机器设备行动指令的计算机语言编程，形成智能系统输出机器设备的行动指令，实现机器设备智能化的大脑，可以为上层应用开发提供算法调用接口，达到提升应用实现效率的目的。另外，深度神经网络模型编译器主要包括针对人工智能计算芯片而定向优化的深度神经网络模型编译器，以及针对不同神经网络模型表示的各种规定及格式。深度神经网络模型编译器是底层硬件和软件框架与各种应用软件框架之间的桥梁，主要通过为基础硬件层提供各种应用所需要的调用接口，以解决在不同应用在使用不同基础硬件时可能存在的不兼容等问题。

3. 技术现状

随着人工智能技术的不断发展与成熟，技术的产业链条正不断延伸。当前，从技术发展现状看，人工智能在技术创新、标准制定、产品应用等方面都取得了较快的发展，技术应用领域不断拓展，成为数字经济时代的重要新兴技术之一。

（1）技术创新能力稳步提升

在技术创新上，人工智能技术创新能力稳步提升，技术水平不断提高。从斯坦福大学发布的《人工智能指数2022》可以看出，中国在2021年的人工智能专利申请量占全球总数的52%，居世界首位。人工智能基础技术专利是支撑人工智能研发与应用的必要根基，可以推动中国的人工智能技术创新能力不断提升。

（2）标准制定加快

在标准制定上，技术标准加速人工智能技术的应用落地。近年来，人工智能领域技术标准的出台，加速推动了技术的创新发展与应用落地。2020年7月，中央网信办发布《国家新一代人工智能标准体系建设指南》，明确指出到2023年，我国将初步建立人工智能标准体系，重点研制数据、算法、系统、服务等重点急需标准，并率先在制造、交通、金融、安防、家居、养老、环保、教育、医疗健康、司法等重点行业和领流进行推进，建设人工智能标准实勤检证平台，提供公共服务能力。

（3）应用方向不断拓展

在应用拓展上，资本助推人工智能应用的不断拓展。当前，在人工智能应用层面创新加速的条件已经成熟，资本愈发关注"AI+垂直细分应用"领域。资本助推人工智能技术快速融入各传统行业，推动人工智能在金融、医疗、交通、安防、文娱、农业、教育等领域的应用场景落地生根。

4. 与元宇宙的结合点

人工智能与元宇宙的思维构想完全吻合。通过人工智能技术构建的机器人、虚拟人是实现虚实世界的链接和沟通的重要桥梁，同时也是推动虚实两个世界智能化、智慧化发展的途径。

（1）人工智能技术可以提供元宇宙的"最强大脑"

人工智能技术能够通过系统设定，赋予角色认知、学习、成长的能力，能够从侧面反映现实的优势与缺陷，从而进一步实现元宇宙更好的发展。当前，元宇宙边界在不断扩展，人工智能正以智能化的方式对各技术领域内的知识与技术能力进行连接,为元宇宙赋予智能的"最强大脑"以内容创新,辅助元宇宙实现智能化内容的不断扩张。

(2) 人工智能技术支持的虚拟数字人是元宇宙的重要组成部分

以人工智能技术为核心的虚拟数字人是元宇宙中的重要组成部分。虚拟数字人指依赖显示设备存在的,具有数字化外形的虚拟人物,一般拥有人的外貌、人的行为以及人的思想,是现实世界的人在虚拟世界的化身。虚拟数字人是现实世界和虚拟世界产生互动的重要媒介,是让虚拟世界更加真实的重要保障,是构成元宇宙经济系统五大要素之首——数字身份的重要基础,是组成元宇宙经济的关键。

(3) 人工智能技术提供丰富的智能应用,赋能元宇宙与现实生产制造

元宇宙发展的最终目标是实现对现实世界经济的赋能,基于人工智能技术实现元宇宙对医疗保健、生产制造、智能城市的赋能。人工智能技术可以在设计端提升产品的设计研发效率,在生产端借助智能机器设备提高生产效率,在运维端运用 AI 算法完成智能预测,在检测端充分发挥机器视觉提升检测精度,在物流端通过智慧物流提升运输配送效率。

5. 现存问题

根据 Gartner 曲线,人工智能在全球的发展相对趋向于成熟,但是中国在人工智能底层技术方面的水平仍然落后于欧美发达国家,尚未实现核心技术的自主可控,算力水平也远远不足以支持人工智能技术的大规模应用,在芯片、算法等领域技术水平仍然存在问题。具体问题分以下几方面。

(1) 对人工智能领域核心技术的创新投入不足

根据世界知识产权组织的数据,我国各类实体拥有的人工智能专利总量居世界领先地位,但中国相关企业拥有的人工智能相关专利多为门槛较低的实用新型专利,发明专利仅占到专利申请总量的 1/5 左右。另外,我国企业当前拥有的人工智能设计专利和人工智能实用新型专利的保有时效为 5 年,不能较好地支持我国人工智能产业的发展,需要加大对人工智能技术的研究与创新力度,打造核心关键技术长板。加强对知识产权保护方面的投入力度。

(2) 人工智能产业核心算法有待突破

目前,我国人工智能产业的算力算法核心基础相对薄弱,能提供国产化算力支持的企业还不多。在人工智能算法方面,主流框架与数据集领域,国内外

龙头企业包括谷歌、脸书、亚马逊、微软等,深度学习主流框架 TensorFlow、Caffe 等均为美国企业或机构掌握,百度、第四范式、旷视科技等国内企业的算法框架和数据集尚未得到业界的广泛认可和应用。

（3）相关配套设施的支持力不足

当前的集成电路、主流 GPU、算力等较难应对大量复杂的数据处理,增加了在人工智能领域实现技术创新的难度。另外,由于缺乏在计算机视觉、语音识别、深度学习等领域的技术人才和研发经验,导致人工智能技术应用尚未出现较大的进展,使人工智能技术仍停留在浅层次的生产制造水平,机器设备的灵活性不够高,应用领域也较多地集中在简单、重复的工业转配方面,创新应用有待突破。

6. 未来预测

人工智能技术的不断发展与进步将不断延伸人工智能的产业链条,推动人工智能产品市场的成熟。未来,人工智能领域存在的问题将被逐渐改善,人工智能技术产业发展将呈现出以下发展趋势。

（1）核心技术创新投入不断加大,底层技术通用平台逐步开源化发展

为争夺在人工智能领域的话语权,尽快补足与欧美发达国家之间的技术差距,我国将加大对人工智能技术的研发投入,并通过专项资金支持拥有顶级科学家的团队和雄厚科技基因的底层技术创业公司,展开对人工智能核心技术的探索研究,不断加大相关核心技术的研发力度,在国内推行人工智能技术开源化平台,以减少二次开发的成本投入,促进业界紧密合作和交流,同时通过开源技术建立产业生态,以抢占人工智能产业的制高点。

（2）相关配套设施不断完善,将推进通用性人工智能的发展

人工智能技术的发展需要相关配套设施的支持,集成电路、主流 GPU、算力等与人工智能相关配套设施的标准化进程的加快,以及各技术领域之间相互融合、相互影响程度的加强,将在一定范围内推动集成度高、适应性强的通用人工智能机器设备的出现,推进突破应用壁垒、涵盖多个领域的通用型人工智能产业的发展。

（3）实现感知智能到认知智能的突破

虚实交互技术等新一代信息技术与人工智能技术融合发展进程的加快,将在较大程度上推动人工智能技术的进步,有助于机器设备实现从感知智能到

认知智能的突破。随着人工智能技术领域研究进程的推进，人工智能机器设备将不再仅仅依靠交互手段获取行动指令，而是具有视觉、听觉、触觉等感知能力，并能够依靠自身对现实世界的感知，逐步具备像人脑一样的自主思考能力，对自身行动做出自主决策。

2.1.4 物联网技术

物联网技术，即"物"与"网"相互连接的一种技术，也就是说物联网技术是将现实中物体的状态通过某种技术或者通道，连接至网络中，以数据的形式更加直观地呈现物体的发展趋势，从而实现对事物的认知和判断。

1. 技术发展阶段

随着 5G 时代的到来，科技飞速进步，疫情的波动并未实质性放缓众多数字化项目的进度，人们仍然能看到大量新的物联网项目的不断推进。每一个物联网项目的开发者和 IT 管理者都在不厌其烦地将传感器遍布到所有角落，赋予一切物理实体数字身份，最终连接并编程。物联网概念最早于 1999 年由 KevinAshton 教授提出，主要经历了 4 个发展阶段。

（1）连接与传递阶段

在物联网概念被提出后的近 10 年中，物联网技术的应用仅局限于对物理世界中事物的监测与连接，主要通过统一的管理中心或云对云接入设备完成物理世界中事物数字化身份的确定，此时的大部分物联网项目因研制时间紧张、安全准备不足或上下游产业链不成熟，不能远程直接控制设备。

（2）自主控制与交互阶段

随着计算机芯片技术的发展与普及，越来越强的计算机芯片开始植入到物联网设备中，使得物联网设备可以达到自主分析现场状态并可将状态同步至云端或控制中心的自主决策状态。同时，部分跨组织的物联网项目也将出现，协同生产和异构流水线协作成为可能。

（3）边缘智能及服务阶段

2017 年后边缘计算逐步兴起，由于边缘计算是在靠近物或数据源头的网络边缘侧，融合网络、计算、存储、应用核心能力的开放平台，可以使数据处理尽可能接近物联网（IoT）设备，极大地提高了企业 IT 在延迟、性能、成本、安全性等方面的优势，助推"万物互联"时代的到来。

（4）泛智能及群体智能阶段

2019年以来，基于新一代信息技术的新模式和新业态不断涌现，多种技术的融合发展促使物联网进入泛智能及群体智能阶段。在新一代信息技术高速发展的推动下，物联网设备突破手机、电脑的局限，逐步向冰箱、自动售卖机、烟雾报警器等日常设备中渗透。

2. 技术原理

在物联网网络中，物理世界中的物品能够在无需人参与的情况下完成彼此间的"交流"，其实质是利用射频自动识别（RFID）技术，通过计算机互联网实现物理世界中事物之间的自动识别和信息的互联与共享。并且，在RFID标签中存储着从物理世界采集到的规范且具有互用关系的信息，可以通过无线通信网络将这些信息自动采集到中央信息系统，进而实现对物理世界中事物的识别，最终利用开放的计算机网络，实现信息的交换和共享，完成对物理世界中事物的"透明化"管理。从技术架构上来看，物联网可分为3层：设备感知层、网络层和应用层，如图2-5所示。

图 2-5　物联网技术架构

（1）设备感知层

设备感知层由各种传感器以及传感器网关构成，包括二氧化碳浓度传感器、温度传感器、湿度传感器、二维码标签、RFID标签和读写器、摄像头、GPS等感知终端。设备感知层是实现物联网的底层技术，是将现实世界事物链接到网络世界的纽带。各种感知技术是构成感知层的关键技术。感知技术主要包括射频识别技术、产品电子代码、传感器技术和无线传感网技术4种，

涉及产品主要包括传感器、电子标签、传感器节点、无线路由器、无线网关等。设备感知层相当于人的眼耳鼻喉和皮肤等神经末梢，它是物联网获取信息的来源，其主要功能是识别物体，采集信息。

（2）网络层

网络层把感知层数据接入互联网，供上层服务使用，包含信息传输、交换和信息整合。网络层由各种私有网络、互联网、有线和无线通信网、网络管理系统和云计算平台等组成，相当于人的神经中枢和大脑，负责传递和处理感知层获取的信息。网络层是物联网技术的神经中枢，旨在构建一个满足"万物"通信以及为支撑层、应用层提供稳定、高效和可靠保障的智能网络平台，支撑感知数据和控制信息的远距离双向传输。通信网络是物联网的技术核心，主要包括网络覆盖完善的网络通信技术（2G、3G、4G及5G）以及包括WiMAX技术、Wi-Fi、Bluetooth、ZigBee在内的网络通信协议等。在网络层一般会根据应用场景的需要采用不同技术或组合。

（3）应用层

应用层主要完成对收集、分析、处理的数据价值的应用，以达到为用户提供丰富的物联网应用服务的目的，实现智能化感知、识别、定位、追溯、监控和管理，主要包括智慧城市、智慧校园、智能交通、智能家居、工业控制等行业的子层应用平台。应用层是物联网和用户（包括人、组织和其他系统）的接口，它与行业需求结合，实现物联网的智能应用，是支撑物联网平台与其他技术应用平台之间实现跨行业、跨应用、跨系统的信息协调、共享、互通的关键，主要的应用领域包括设备管理、设备监控、引擎管理、数据开放、机器学习等。

3. 技术现状

物联网技术发展迅速，相关技术、服务、应用正在加速发展，技术向可信化和智能化的方向推进，日趋成熟，产业体系正在建立和完善过程中，标准体系正在构建。目前，我国在物联网领域已经汇聚整合了多行业、多领域的资源，建立了一批物联网技术实验室，基本覆盖了物联网技术各个方面，已成熟地运用于智能家具、智能交通、智能电网、智能物流、安防监控等重要领域。

（1）政策推动物联网高速发展

2020年5月，工信部发布《工业和信息化部办公厅关于深入推进移动物联网全面发展的通知》，明确表示，移动物联网（基于蜂窝移动通信网络的物联网技术和应用）是新型基础设施的重要组成部分，要贯彻落实党中央、国务院关于加快 5G、物联网等新型基础设施建设和应用的决策部署，加速传统产业数字化转型，有力支撑制造强国和网络强国建设。2021 年 9 月，工业和信息化部牵头发布《物联网新型基础设施建设三年行动计划（2021—2023 年）》，在理论基础、产业市场发展、信息安全、核心技术等方面作出规划，鼓励和支持骨干企业加大关键核心技术攻关力度，突破智能感知、新型短距离通信、高精度定位等关键共性技术，补齐高端传感器、物联网芯片等产业短板，提升基础共性技术和产品的产业化能力。

（2）物联网应用规模不断扩大

物联网是信息社会发展的必然产物，它借助于可互操作的远程信息处理技术及通信技术，借助于公用或专用网络接口和互联网连接构建大数据的智能网络，将各种信息传感器和系统，以物理的和虚拟的形式将各种物品连接起来，为社会提供更大的便利和服务。随着科学技术的不断发展，互联网已经渗入到每个人的生活当中，这也就推进了我国物联网技术及相关产业的发展。2006—2021 年间，物联网应用逐步实现从闭环、碎片化走向开放、规模化的发展，开始探索在智慧城市、智能家居、工业物联网、车联网等领域内的大规模应用，行业规模不断提升，全国多个省市的物联网技术的行业规模在 2021 年已经突破千亿元大关。

（3）多重技术推动物联网技术创新

从技术创新趋势来看，低功耗、广域网连接技术的全球商用化进程不断加速，区块链、边缘计算、人工智能等新技术题材不断注入物联网，为物联网带来新的创新活力。受技术和产业成熟度的综合驱动，物联网技术领域呈现出边缘的智能化、连接的泛在化、服务的平台化、数据的延伸化特点。

4. 与元宇宙结合点

物联网技术指的是通过各种传感设备将现实世界中的各种物理信号与互联网相结合的巨大网络，以实现互联网技术的用户端延伸和物理实物间的扩展，进而方便对物理世界的识别与管理。物联网技术涉及多个领域的关键技术。

（1）物联网技术是完成物理世界内信息采集的关键

从物联网的技术原理可以看出，对于元宇宙，可以通过物联网所包含的传感器技术、嵌入式识别技术等对现实信息进行感知、采集和传输，将其转

换成虚拟世界能够识别的数字信号,才能实现后续的场景建立等环节。因此,物联网技术是元宇宙中完成物理世界信息采集的必要手段。

(2)物联网技术是实现物理世界内事物在元宇宙中大连接的关键

无论是现实世界还是虚拟世界中的事物都不是毫无联系的独立个体,考虑到元宇宙本身作为一个数字平行世界,通过庞大用户群体进行参与、制作、分享以及实时交互等活动完成日常运行,因而需要保持各种物理实体的连接和感知,以及数据信息的传递,而这部分功能的实现需要依靠物联网技术。

(3)物联网技术可支持用户在元宇宙中的实时互动

实时互动是指在元宇宙中沟通双方能够实现实时性、真实性、低延时性的互动,无缝还原线下互动的场景和信息传递的体验。物联网技术通过将现实世界中的事物信息上传至网络层,可以搭建起物理和虚拟世界的接口和传输基础网络,是在元宇宙中实现数据信息实时交互的重要技术基础。

5. 现存问题

随着科学技术的不断进步,物联网技术在产业链中的各个技术环节发展异常迅猛,物联网项目持续推进。但是从技术影响现状和产业体系方面来看,当前物联网技术仍然处在发展的初创阶段,在技术成本、信息安全和技术标准等方面仍然存在着较多的问题,制约技术效能的实现。

(1)成本较高,难以形成大规模的应用

物联网技术通过采集物理世界中事物信息上传至通信网络,进而完成对物理世界中物品与物品之间的控制与管理,可以在各个环节中衍生出技术应用。但是由于当前物联网技术的电子标签与读写设备等关键设备及技术研发成本都比较高,在物理层所采集到的数据有限,数据质量也有待商榷,导致物联网技术的应用的规模相对较小,没有形成成熟的商业模式,使其尚未形成大规模的场景应用,极大地限制了物联网技术效能的发挥。

(2)物联网中的隐私安全性问题需要关注

由于在物联网中,传感网的建设要求 RFID 标签预先被嵌入到任何与人息息相关的物品中,但是人们在观念上还不能接受自己周围的生活物品甚至包括自己时刻都处于一种被监控的状态,这直接导致嵌入标签势必会使个人的隐私权受到侵犯的问题。另外,信息数据在无线信道上传输的过程中也极易发生因窃听、入侵而导致隐私信息丢失的情况。因此,如何确保标签物的拥有者个人

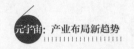

隐私不受侵犯便成为射频识别技术以至物联网推广的关键问题。

（3）技术标准尚不统一，产业发展较为混乱

物联网的产业链冗长，存在每一层技术接口和协议不统一、不规范等问题，导致当前物联网的建设成本较高，不具备大规模应用的环境。物联网领域主要缺乏对接口和数据模型的标准化规范。虽然我国早在2006年就由RFID产业联盟发布了《中国射频识别（RFID）技术政策白皮书》，但相关技术标准仍然处于空白的阶段，导致目前物联网技术相关产业的发展较为混乱，不利于产业的有序健康发展。

6. 未来预测

物联网与元宇宙是相辅相成的，物联网技术作为元宇宙发展的关键节点，能够促进元宇宙产业发展。但同时，元宇宙产业发展也能够进一步壮大物联网技术的创新和应用。

（1）技术应用将逐步统一化

物联网技术应用将由分散走向统一，大幅度降低技术成本。当前物联网发展仍然处于技术标准不统一，各公司独立作战的状态。物联网技术的不断成熟将提供技术快速发展所需要的物质基础。随着技术发展的推动，产业链上的企业将基于自身优势开展明确的技术、产品分工，在技术及产品标准的助力下各企业生产的产品将被凝聚在一起，进而大幅度提高应用效率，降低技术成本，使技术应用由分散走向统一。另外，随着物联网行业的不断扩大，定位技术已不单纯地应用于室外场景，未来对于室内定位以及多种环境下的混合定位会有越来越高的需求。

（2）技术融合进程将加快

边缘计算等数据处理技术将与物联网加速融合，推动物联网技术的大规模应用。边缘计算可以在靠近物或数据源头的一侧，快速完成对数据的分析处理，与物联网技术的深度结合将较好地实现对物联网传感器所收集数据信息的处理、分析和传输，将大幅度提高物联网技术的应用效能，催生智慧交通、智慧城市、智慧家居的发展。而且随着物联网技术与其他技术融合进程的加快，物联网技术的定位日趋精准。目前，我国的北斗导航系统也有了长足的发展，实现了包括地基增强技术、天基定位技术等的全面提升，未来的定位技术完全能够达到厘米级甚至毫米级的定位精度，应用前景更加广泛，包括交通、气象、军事等领域。

(3) 加速元宇宙实现进程

物联网技术将作为数字经济时代的第一步，加速元宇宙的实现进程。物联网是完成现实世界内信息采集的重要技术。随着物联网技术的突破和与新一代信息技术的加速融合，物联网技术将融合到人们的日常生活中，快速实现对物理世界数据信息的采集与上"网"传输，为元宇宙构建提供丰富的现实素材，保障元宇宙（虚拟世界）与现实世界的高度密切相关，加速元宇宙的实现进程。

2.1.5 区块链技术

区块链技术是一种去中心化的、基于点对点网络的、分布式账本数据库，具有去中心化、公开透明等特点的分布式记账技术，可提供元宇宙发展的认证机制，解决生产资料和资产所有权问题，实现用户虚拟资产的流转和交易，以形成庞大的经济体系。

1. 技术发展阶段

自2008年中本聪首次在《Bitcoin: A Peer-to-Peer Electronic Cash System》中提出区块链的概念，指出区块链技术起源于数据库、P2P网络技术、非对称加密算法、数字货币等技术，是构建比特币数据结构与交易信息加密传输的基础技术。通过对区块链技术发展历程的研究，大概可以将区块链技术发展划分为3个阶段，分别是区块链1.0、2.0、3.0阶段。

(1) 区块链1.0阶段

区块链1.0阶段起始于2008年比特币白皮书的诞生。在中本聪发表的《Bitcoin: A Peer-to-Peer Electronic Cash System》一文中，阐述了基于P2P网络技术、加密技术、时间戳技术、区块链技术的电子现金系统的构架理念。其主要应用是以比特币为代表的数字货币及相关基础设施，包括支付清算设施、跨境支付设施等。基于区块链的电子现金系统，利用了区块链的去中心化、安全可信和匿名性等技术特点。在电子现金系统中，居民企业可以轻松实现跨境支付，一方面保障了交易的安全，另一方面保护了使用者的交易信息。由此，这种全新的数字支付系统也对传统的金融体系产生了强大的冲击。

(2) 区块链2.0阶段

区块链2.0阶段被称为平台发展阶段，是智能合约与货币相结合的阶段，为金融领域提供了更加广泛的应用场景,推出了以区块链技术为基础的金融平台。区块链 2.0 阶段是把区块链作为一个可编程的分布式信用基础设施来支撑智能合约的应用,将区块链技术中智能合约技术引入平台内,为客户提供各种模块用以搭建应用。通过智能合约的运用,提供一个强大的合约编程环境,实现各种商业与非商业环境下的复杂逻辑,使得区块链从最初电子现金系统,开始拓展到股权、债权和产权的登记、转让,证券和金融合约的交易、执行,甚至博彩和防伪等金融领域,涌现了一批以区块链技术为基础的金融平台。

(3) 区块链 3.0 阶段

随着区块链技术的进一步发展,其去中心化功能及数据防伪功能在其他领域逐步受到重视,世界各国政府开始正视区块链广泛的应用价值,部分资本密集、技术密集型产业也逐步开始探索区块链在经济社会内开展创新应用的可能,区块链的产业也逐步进入应用阶段,产业界一般称之为区块链 3.0 阶段。目前,区块链在全球范围内的票据、证券、保险、供应链、存证、溯源、知识产权等十几个领域都有了的成功案例,部分已经进入实践阶段。未来,区块链技术还将拓展至医疗、能源等更多领域。

2. 技术原理

区块链技术的本质是一种互联网协议,其来源可归纳为拜占庭将军问题,在缺少可信任的中央节点和可信任的通道的互联网技术的大背景下,需要一种技术确保分布在网络中的各个节点信息的可信性,由此区块链技术应运而生。区块链的具体作用机理可以概述为当事务初始化时,通过区块的形式实现一组数据的随机散列,将区块链服务器放置在一个链中,并宣布随机散列,随后的每个时间戳都由前一个时间戳增强。区块链上发布的数据通过加密技术不可修改和删除,进而保证数据痕迹的准确性和真实性。在被承认为合法区块加入链上之前,网络节点首先会将发布到网络中的交易记录打包成候选区块,当这个区块被验证格式合法,就会被公开宣布,所有人都可以拿到该区块进行验证,当符合共识机制时就被确认为新区块添加到区块链上。数据层、网络层、共识层、激励层、合约层、应用层是构成区块链的完整架构,如图 2-6 所示。

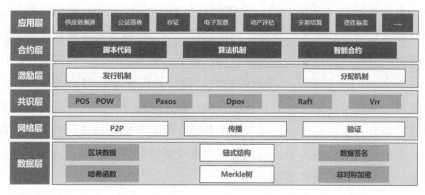

图 2-6　区块链技术架构

（1）数据层和网络层

数据层主要通过哈希算法和时间戳技术，保障数据的可靠性和不可篡改性。数据层具有交易信息全备份、数据信息不可篡改、备份积累完全平等的特点。在数据结构的设计上，现有区块链平台主要借鉴了 Haber 与 Stornetta 设计的基于文档时间戳的数字公证服务，以证明各类电子文档的创建时间。时间戳服务器对新建文档、当前时间及指向之前文档签名的哈希指针进行签名，后续文档又对当前文档签名进行签名，如此形成了一个基于时间戳的证书链，该链反映了文件创建的先后顺序。网络层主要借助 P2P 组网技术完成交易信息记录在全链上的传播与验证。交易信息在经过网络层后，通过检验的信息会被记录在下一个区块节点的同时向所有用户广而告之。

（2）共识层和激励层

共识层需要完成对工作量的证明，常用的共识机制为工作量证明（Proof of Work，PoW）机制。一般基于区块链上用户事先达成的共识验证，继而完成对信息的存储。PoW 是一种基于哈希函数的工作量证明算法，在区块链中要求只有完成一定计算工作量并提供证明的节点才可生成区块，每个网络节点利用自身计算资源进行哈希运算以竞争区块记账权，只要全网可信节点所控制的计算资源高于 51%，即可证明整个网络是安全的。激励层则主要包括经济激励的发行制度和分配制度，其功能是提供一定的激励措施，鼓励节点参与区块链中的安全验证工作，并将经济因素纳入区块链技术体系中，激励遵守规则参与记账的节点，并惩罚不遵守规则的节点。

（3）合约层

智能合约是一种用算法和程序来编制合同条款，部署在区块链上且可按照规则自动执行的数字化协议。该概念早在 1994 年由 Szabo 提出，起初被定义为一套以数字形式定义的承诺，包括合约参与方执行这些承诺所需的协议，其初衷是将智能合约内置到物理实体中，创造一种灵活可控的智能资产。由于早期计算条件的限制和应用场景的缺失，智能合约并未受到研究者的广泛关注，直到区块链技术出现之后，智能合约才被重新定义。合约层主要包括算法机制及智能合约等，是区块链可编程的基础。智能合约能够在达到某个确定条件时，无需第三方参与即可自动执行，是区块链去信任的基础。区块链的应用层封装了各种应用场景和案例。

3. 技术现状

区块链技术虽起步较晚，但其发展态势迅猛，区块链技术自身发展及赋能产业发展积极向上。

（1）核心技术自主创新能力不断增强

在技术创新方面，核心技术自主创新能力不断增强。自区块链技术"10·24讲话"之后，国家高度重视区块链自主创新能力的提高，政策环境积极向好。2021 年，我国各部委、各省政府及省会城市发布与区块链技术有关的政策、法规、方案文件，显示出我国各省市积极发展区块链产业，促进自有技术创新，鼓励区块链技术应用落地。2021 年 5 月，工信部牵头印发《关于加快推动区块链技术应用和产业发展的指导意见》，明确指出要把区块链作为核心技术自主创新的重要突破口，加大投入力度，推动协同攻关，引领区块链自主创新能力的提高。2021 年，蚁链创新"区块链高速通信网络 BTN"、百度超级链发布数字艺术品空间"希壤"、长安链生态联盟发布国内首个自主可控区块链软硬件技术体系"长安链"，支持区块链产业高效健康发展。

（2）产业链条不断延伸

区块链产业凭借其价值潜力和政策利好快速发展，区块链产业链上、中、下游三层更加完善，产业链条脉络更加清晰。目前，产业链上游主要包括硬件基础设施和底层技术平台层，该层包括矿机、芯片等硬件企业，以及基础协议、底层基础平台等企业；中游企业聚焦于区块链通用应用及技术扩展平台，包括智能合约、快速计算、信息安全、数据服务、分布式存储等企业；下游企业聚焦于服务最终的用户（个人、企业、政府），根据最终用户的需要定制各种不同种类的区块链行业应用，主要面向金融、供应链管理、医疗、能源等领域。

同时，相关服务机构围绕产业链的开发、运营、安全、监管和审计等服务，为区块链产业提供创新平台、队伍建设和运行保障等要素。随着区块链产业快速发展，我国区块链产业链条不断延伸。2018年及以前，区块链产业主要集中于金融领域。而截至目前，区块链产业不仅是在金融领域从供应链金融、跨境支付延伸至电子票据等领域，而且不断赋能工业互联网、电子商务、生态治理、医疗康养、教育培训等关注经济和民生的领域。

（3）技术应用不断深广化推进

在应用推广方面，区块链技术应用不断深广化推进，助力实体经济数字化转型。当前联盟链的技术逐渐步入成熟稳定期，同时为了适应不同的业务场景需求，技术发展不断朝着数据管理更高效、网络规模更广泛、技术运维更精细、平台安全更可控方向探索突破。另外，作为连通分散的区块链生态孤岛的桥梁纽带，跨链技术不断发展。当前业界在跨链领域已有大量的探索和积累，正成为业界技术发展的热点方向，推动区块链技术应用深广化推进。2021年，区块链在汽车生产、能源管理、智慧物流、绿色制造等领域大显身手，中汽、国网、阿里等集团纷纷上线"区块链+工业制造"平台，积极探索区块链助推工业生成的数字化转型，显著提高了实体经济的生产效率。

（4）赋能监管体系不断完善

在监督管理方面，区块链技术的监管治理体系逐步完善。我国正逐步完善区块链相关的标准、法律法规等，已经初步形成由央行、工信部、网信办为主导，公安、司法等配合主管部门完成各类监管治理活动的区块链监管基本框架。2021年越来越多的联盟链平台提供了链上的同态加密，行业内各种隐私算法技术正不断在隐私性、可用性上探索突破，支持链上密文的可计算，提供群环签名，保障节点验证交易正确性。另外，为了实现在保证链上数据隐私安全的情况下区块链技术监管，行业不断寻求发展的区块链监管技术也在不断创新，催生"以链治链"的实时自动化监管模式，能够提高监管效率、降低监管成本，推动监管手段走向自动化。

4. 与元宇宙结合点

区块链的不可篡改、透明性、可追溯性，已经为目前工业数据、政务数据等提供了数据确权、数据流通、数据共享的可能性，也促进了NFT、数字藏品等新兴数字资产的流转和交易。对于元宇宙生态，其中也必须含有一套完整的经济体系,而在这种完全虚拟的经济体系下,区块链的这些特征作用将会更加突出。

(1)支持元宇宙中的身份标识

区块链技术是元宇宙中的身份标识的关键技术。在元宇宙中的每个事物都必须有唯一的身份标识,区块链具有的防篡改和可追溯性等特点使其具备了防复制的优势。区块链技术在元宇宙中的应用,可以最大程度地避免在虚拟世界中出现复制侵权的问题,确保身份标识的唯一性。

(2)保护元宇宙中个人隐私

区块链为元宇宙带来去中心化支撑。在元宇宙中,数据大都是去中心化存在的,数据信息归用户个人所有,高度强调用户的自主性,存在对各自数据积累随意处置、篡改的风险。为确保元宇宙中用户信息的安全性和隐私性,区块链技术至关重要。区块链技术分布式存储的特点能够保证元宇宙中交易的信息可追溯性,增加了对数据信息伪造、篡改的成本,能够在保障数据公开透明的前提下,保障元宇宙的去中心化属性。

(3)保障元宇宙中数字资产的归属

区块链为元宇宙提供资产支持。真正进入元宇宙时代,人们需要在元宇宙中完成80%以上的生活、工作和学习,元宇宙中的数字化资产是其非常重要的组成部分。区块链作为不可篡改的去中心化的分布式账本,可以满足元宇宙资产数字化的要求,完成对数字资产的可信性确权,在即时交易和可信度方面具有其他技术不能比拟的优势,能够让用户的数字资产跨平台进行流转和交易,并有效保障数字资产的归属权,从而实现元宇宙经济体系运行的稳定、高效、透明和确定性。

5. 现存问题

区块链技术发展较晚,技术和产业尚处于发展的拓展创新阶段,仍然存在一些不足之处。

(1)区块链的技术性能和隐私保护能力严重不足

在性能方面,由于区块链的每个节点需存储所有交易结果和支付的完整记录信息,并要求同步到全网节点,导致数据量极大,较易出现数据的存储瓶颈,再加上区块链技术只能实现对交易信息的排队按序处理,严重影响了系统处理性能和可扩展性;在安全方面,隐私保护是区块链技术的重要环节,也是区块链技术应用的基本技术保障。区块链技术具有信息公开透明的优点，但是由于尚缺乏体系化的系统安全防护，导致较容易出现数据泄露和隐私侵权等问题。同时，对于区块链上数据的处理效率等难题，目前业界还没有明确提出有效解决方案，部分隐私保护应用场景也在不断尝试新的方法，但仍处于试点实验阶段。

（2）核心技术自主可控能力不足

当前区块链技术的大范围广泛应用，需要高速数据通信网络和超级算力的支持，但是当前的网络传输效率和算力水平都远不能支持区块链技术的大规模、深层次应用。另外，区块链底层平台过多依赖于成熟的基础技术架构，导致平台的同质化严重，极大地限制了区块链技术的突破与进步，制约了区块链技术的落地应用，限制了区块链技术的广泛推广。此外，我国区块链企业对智能合约的创新研发工作一直处于停滞不前的状态，已有的智能合约技术大多仿照国外主流区块链智能合约架构，对智能合约编写语言进行了一定的扩展，自主创新性有待进一步提高。

（3）区块链技术与实体经济的融合度不足

区块链与实体经济深度融合是新型基础设施建设时代快速实现产业升级与数字经济高质量发展的有效抓手，可以提高实体效率，降低生产融资成本。然而，近年来区块链应用领域仍需进一步扩展，区块链在公众中的普及和推广程度远低于大数据、物联网、云计算等技术，由电子货币引发的诸多安全问题，使得很多人对区块链的印象大多停留在电子货币领域。当前在区块链技术赋能实体经济的过程中仍然存在应用平台的技术标准不统一，不同区块链应用平台采用的共识算法、密码算法、账户模型、账本模型、存储类型等技术并不统一，导致不同应用平台之间兼容性及协同性较差，进而导致区块链技术难以在实体经济中广泛推广应用。

（4）复合型人才依旧不足，亟需补足人才缺口

区块链技术的发展需要与各项前沿技术深度融合，极易在技术发展的同时引发技术创新和产业变革，因此对区块链从业人员的技能要求也就更高。当前，我国区块链劳动市场供需不平衡，从业人员远不能满足区块链市场发展的需要。一是区块链基础性应用人才的供给量不足。我国的区块链发展起步较晚，人才存量少，院校及社会对区块链专业基础性人才的培养速度显著落后

于区块链技术与产业发展速度。二是区块链高端人才较少。区块链技术属于战略性前沿技术,其核心研究及技术开发岗位对人才的素质要求较高,高端区块链架构工程师、算法工程师、底层开发工程师等高端技术人才缺口较大。三是区块链复合型人才短缺性明显。当前,行业内从业人员的水平良莠不齐,大多数从业人员缺乏专业的知识储备,从行业未来发展看,区块链行业对技术、金融、法律相结合的专业人才的需求将会越来越大,急需补足区块链复合型人才的缺口。

(5) 区块链新模式新业态的安全风险监管亟待加强

目前我国的区块链监管体系仍未实现对区块链技术的规范化、有序化、高效化管理,尚无法较好应对科技进步带来的新问题。一是尚未建成完备的法律体系。数字货币、NFT、元宇宙等基于区块链技术的新模式正处于发展热点阶段,新的业态产业也吸引了大量的资本,在此环境下,极易造成隐私泄露等风险。因此,对于这些新业态的监管,还需进一步完善法律法规体系。二是监管效率仍需加强。从区块链监管的角度来看,目前国内主要聚焦于对"挖矿"和虚拟货币的监管,对于 NFT、元宇宙等新兴业务还缺乏一定监管力度。尤其是对于具有混合性、复杂性特点的元宇宙的监管,需要借助更多的科技力量,创新监管方式的同时,提升监管效率。三是对新业态的风险预判能力有待提高。基于区块链技术炒作元宇宙、NFT等新概念的诈骗、洗钱、盗窃、挖矿等犯罪案件频发,对我国的监管系统的风险预判能力提出了更高的要求。

6. 未来预测

区块链技术的不断发展与进步可以提高对元宇宙经济社会中生产资料和资产所有权的管理效率。随着区块链技术与产品市场的不断成熟,区块链领域存在的问题将逐渐改善,未来产业发展将呈现出以下发展趋势。

(1) 区块链技术对数据分析处理方式将改变,技术性能将大幅度提升

当前区块链技术对数据的处理性能大大制约了区块链技术的广泛应用,未来将重点关注区块链技术对数据的分析处理方式,改变当前只能实现对交易信息排队按序处理的局限,进而大幅度提升技术性能。随着国家对区块链重视程度的提高,对区块链核心技术创新投入的增加,像长安链这种具备国际竞争力的自主可控区块链链条将越来越多,在关键节点处理数据信息的技术、

方式将创新改变，区块链的技术性能将大幅度提升，我国的区块链技术水平将走在世界前列。

（2）区块链技术各行各业的融合应用将成为重点

随着区块链核心技术自主创新能力的增强，具有开源特点的高性能底层区块链技术平台将加快各领域内交易信息的上链，成为维护信任经济的重要内容，加快从小切口到规模化应用的转变，助推万物互联新趋势。区块链技术的广泛应用将助力社会实现万物互联，明晰数据的产生、使用、流转、存储等环节，实现数据开放、隐私保护和数据安全之间的平衡，进而促进科技与社会治理的深度融合，降低社会信任成本，显著提升社会治理效果。

（3）区块链将改变企业营运环境

随着区块链技术的发展和普及，企业的组织结构将发生变化，去中心化应用将成为趋势，个人对个人的共享经济模式将有更大的发展。未来的变化主要如下：首先，在区块链去中心化的技术支持下，一大批中心化的中介机构将不再存在，其业务将让位于区块链。其次，企业的记账、审计、对账等职能将逐渐弱化，甚至消失。另外，智能合约在企业运营中的重要性将越发突出。由于智能合约一经确定将自动执行，不受股东或者任何第三方的控制，合约履行效率将更高，违约事件将减少，所以，在达成智能合约的阶段，专业的区块链数据服务公司和律师事务所的价值将进一步凸显，地位也越发重要。

2.1.6 电子游戏技术

在元宇宙还没有大火之前，相信很多人都还不认识电子游戏技术，众所周知的更多是电子游戏，其实，电子游戏技术基本上就是针对电子游戏而产生的。随着技术的进步和时代的发展，电子游戏已经成为人类生活娱乐的一部分。

1. 技术发展阶段

在元宇宙概念兴起之前，电子游戏技术专指不断推动电子游戏产业发展进步的一类技术，大概可以划分为以下3个发展阶段：

（1）电子游戏的萌芽阶段

1958—1980年是电子游戏的萌芽阶段，期间电子游戏、商业游戏机、街机游戏机、电子游戏公司不断发展。1952年伴随着名为井字棋游戏（Tic-Tac-Toe）的第一款游戏的问世，电子游戏正式诞生，井字棋游戏是在真空管计算机上运行的,价格高昂,只适用于研究应用。1970年代后,可供大家参与的电子游戏才逐步兴起,日本、美国和欧洲走在电子游戏技术的发展前列。

(2) 电子游戏的高速发展阶段

1981—1990年是电子游戏的高速发展阶段,期间任天堂、NEC、世嘉三家游戏公司飞速发展,引领电子游戏进入快速发展阶段,各大游戏公司加快技术突破,电子游戏市场竞争激烈,超级马里奥、大金刚、坦克大战、塞尔达传说等优秀的家用电子游戏风靡全球。

(3) 新型3D电子游戏及元宇宙游戏的研发推广阶段

21世纪以来,电子游戏市场的竞争更加剧烈,为助力用户在游戏中获得更加放松、沉浸的游戏体验,电子游戏产业愈发重视和强调用户参与性的电子游戏场景构建,发展3D电子游戏。另外,在电子游戏不断发展期间,电子游戏技术不断进步,随着电子游戏技术与新一代信息技术的加速融合,强调用户自主参与性和高沉浸感的元宇宙游戏正在逐步兴起。

2. 技术原理

从基本的发展角度出发,电子游戏技术的技术框架可以简单地分为技术层、产品层和用户层,如图2-7所示。

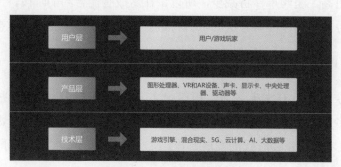

图2-7 电子游戏技术架构

(1) 技术层

技术层中主要包括与游戏引擎相关的3D建模和实时渲染,以及与数字场景相关的3D引擎和仿真技术,同时,也需要与VR、AR、5G、云计算等技术相结合,才能实现产品的供应,满足用户需求。当前,市场上的电子游戏主要包括主机游戏、掌机游戏、街机游戏、电脑游戏和手机游戏5个大类,依赖于电子设备交互平台。

（2）产品层

多元丰富的电子游戏产品内容是电子游戏技术发展的目标之一。在电子游戏技术的产品内容层中，应该重点分析用户层的需求信息，以需求为导向创作愈加丰富的电子游戏产品内容。另外，为了给客户提供更加具有娱乐参与性的沉浸式游戏体验，还需要重点突破 3D 建模技术和实时渲染技术，以提供更多加强用户自主参与性的丰富的电子游戏场景。

（3）用户层

用户层着重考虑用户的游戏体验，以用户的需求为导向，通过更为便捷的交互技术以及更加流畅的通信网络，为用户提供更具有体验感和娱乐性、社交性的游戏体验。在电子游戏技术的用户层中，客户需求至关重要，受"宅经济"影响，人们居家娱乐的需求不断扩张，所以必须高度重视对用户需求的挖掘，抓住电子游戏的目标群体。

3. 技术现状

随着社会经济的不断发展，人民对生活质量的要求在不断提升，传统的游戏方式已经不能满足越来越多年轻人的需求，电子游戏逐渐成为手捧的对象。

（1）电子游戏市场规模不断扩大

随着网络经济的日益强大，电子游戏产品作为一种娱乐消费品，已经成为娱乐产业的重要组成部分，加之受新冠疫情影响，以电子游戏为代表的居家娱乐市场火热，主机游戏、移动游戏以及 PC 端游戏的市场规模都在不断扩张，游戏市场规模超过千亿元。另外，随着移动互联网的发展、手机等智能终端价格的降低，全球手机用户仍将保持快速增长，为移动游戏的发展提供了有力的支撑。全球智能手机用户规模达已经由 2016 年的 23.17 亿人，增长至 2021 年的 39 亿人。移动游戏发展迅猛，成为当前最大的游戏细分市场。

（2）电子游戏产业链条逐步完善

随着电子游戏技术的进步和互联网技术的发展，我国游戏行业发展迅速，电子游戏消费市场不断成熟，电子游戏的产业链正不断完善，围绕游戏的相关直播、视频、电竞、媒体、培训、周边（"代打和陪练"等）产业的业态越来越繁荣，游戏更新动态、礼包、攻略、英雄介绍、玩家圈子等细分市场内容的服务越来越有价值。电子游戏产业内游戏公司对电子游戏产品的研发、销售分工愈加明确，现已逐渐形成上游电子游戏开发、电子游戏发行、电子游戏渠道分发以及包括游戏社区、广告商、游戏直播、游戏周边等在内的辅助型业务的完整产业链条。

（3）电子游戏的国际化进程加速

不同国家拥有不同的电子游戏技术优势。消费者对丰富游戏产品、内容的要求，加快了游戏产品内容的更新和产品市场的拓展。以腾讯为首的众多优质互联网公司选择以资本注资的方式引进或收购国外知名游戏及其企业。当前电子游戏市场中大多数备受欢迎的游戏产品都是游戏公司国际合作的结果，像腾讯公司代理运营的《英雄联盟》和完美世界代理运营的《DOTA2》等，都是国内外游戏公司合作的游戏产品。

4. 与元宇宙结合点

为什么将电子游戏技术列为元宇宙六大核心技术之一？这是因为电子游戏技术包含了游戏引擎、3D建模和实时渲染技术。其中，游戏引擎是用户通过核心组件参与虚拟世界开发的通道，3D建模是元宇宙中丰富场景搭建的基础，实时渲染技术是元宇宙中建立各类真实性角色的手段。这3项技术是元宇宙中提升用户满意度的关键。

（1）电子游戏技术是构建三维虚拟空间的技术基础

电子游戏技术中的3D建模和实时渲染技术是构建三维虚拟空间的技术基础。进入21世纪以来，电子游戏领域已经开启了对3D游戏场景的研发，目前电子游戏是3D建模技术应用最为广泛的领域。元宇宙实现的前提是基于现实世界构造的成熟虚拟空间，其中实现视觉上的3D效果是第一步，所以电子游戏技术是构建元宇宙虚拟空间的技术基础。

（2）基于电子游戏技术的元宇宙游戏是元宇宙应用最为广泛的投资领域

元宇宙游戏是基于电子游戏技术设计的，同时在VR、AR等技术设备的支持下，逐步突破2D游戏场景的局限，向集听觉、视觉、触觉、嗅觉等为一体的沉浸式游戏场景演进的社区生态游戏，具有多样性、社区性、开放性、高沉浸感和经济属性，是当前元宇宙最为成熟的投资领域。2021年3月初，在线创作游戏平台Roblox的上市，正式开启了元宇宙游戏投资的大门。根据摩根士丹利2021年11月的报告数据可以看出，在当前元宇宙投融资领域内，元宇宙游戏投资市场火热，游戏领域将是元宇宙投资的重要风口，预计到2024年，元宇宙的市场规模将达到8万亿美元。

（3）电子游戏技术支持下的游戏产业是目前用户数量最多的元宇宙应用内容

从电子游戏技术的特点可以看出，电子游戏技术能够为用户提供方便、快捷的参与通道，是元宇宙重要的底层基础设施。同时，电子游戏作为当前休闲娱乐的重要方式，积累了大量的用户群体。根据中商情报网数据显示，截至2021年12月，我国网络游戏用户规模达5.54亿，较2020年12月增加3561万，占网民整体的53.6%，快速增长的游戏用户群体将为元宇宙积累较好的用户资源。

5. 现存问题

在电子游戏技术产业发展热度较高的同时，也带来一些弊端和问题。

（1）技术较易受其他技术弊端的影响

由于元宇宙游戏强调与真实世界的高同步性和高保真性，除电子游戏技术本身之外，受到VR、AR、XR等交互技术的影响，同步、即时的游戏体验感还需要高水平通信技术的支持。所以，电子游戏技术的发展和内容的落地较易受到其他技术发展弊端的影响，相关技术的发展瓶颈会直接影响到电子游戏技术产品的落地和用户的体验。

（2）高质量游戏产品市场仍需进一步拓展

电子游戏领域是当前元宇宙市场中集聚投资资金最多的领域，包括Roblox、腾讯、百度、任天堂等在内的著名游戏开发公司迅速在元宇宙游戏赛道布局。另外，以米哈游、莉莉丝等为代表的游戏企业迅速升维原有的游戏场景，使其靠近虚拟世界，但是目前的元宇宙游戏产品仍不够丰富，仅百度希壤一款游戏产品算真正意义上的元宇宙游戏，且游戏内容极其简单。当前，强调用户自主参与性和高沉浸感的元宇宙游戏产品较少，为助力元宇宙赛道的搭建，急需研究扩展高质量的元宇宙游戏产品。

（3）游戏引擎市场垄断现象明显

在当前游戏引擎的开发市场中，引擎开发商的二八分化现象严重，其中，仅Unity一家在移动游戏开发引擎市场中的所占比重就高达61%，导致电子游戏技术领域的投入、变现不平衡。垄断不利于技术的创新发展，在少数游戏引擎公司的垄断下，企业人数占比多但收入占比较低的中长尾企业，难以负担自研引擎的费用，导致其减少了对游戏引擎产品的研发投入，极大地制约了电子游戏技术的进步。

6. 未来预测

电子游戏技术的进步和元宇宙游戏产业的发展将推动文创产业的跨界衍生，催生出一系列新技术、新业态、新模式，促进产业改革。

（1）电子游戏产业仍将是资本投资元宇宙的重点领域

未来，电子游戏技术领域将继续是元宇宙资本投资市场的重点关注对象。元宇宙概念的兴起增加了资本对电子游戏产业的投资。根据伽马数据显示，2021年全球电子游戏市场获投资数量同比增长高达80%。交互灵活、信息丰富的电子游戏是实现元宇宙创作平台、交互内容和社交场景的流量聚合体，是当前积累用户群体最多的产业领域。为加速元宇宙市场扩张，在未来一段时间内，资本市场仍将以电子游戏产业切入元宇宙市场投资。

（2）元宇宙游戏场景和游戏内容将不断丰富

电子游戏技术的发展将为元宇宙游戏场景的逼真展现提供最重要的技术支撑，同时为元宇宙的游戏内容提供高速、高质量的搭建平台，这意味着元宇宙的游戏场景和游戏内容将随着电子游戏技术的发展而不断丰富。由此，基于电子游戏技术的元宇宙游戏产品市场将实现元宇宙用户的爆发式增长。

（3）电子游戏市场的完善将为元宇宙积累丰富的用户群体

随着电子设备的快速普及和国际游戏公司的市场扩张，元宇宙游戏产品市场逐步完善。随着电子游戏技术的逐步成熟，基于电子游戏技术的元宇宙游戏产品将会得到越来越多的游戏用户的青睐，为元宇宙的爆发式增长奠定有力基础。

2.2 多领域分支技术的集成，是形成元宇宙整体架构的基本要素

元宇宙是一个复杂的概念，支撑元宇宙发展的网络及运算技术、人工智能技术、区块链技术、交互技术、物联网技术和电子游戏技术并不指简单的6种技术，每一个核心技术都是综合多种分支技术的复合体，如图2-8所示，各项核心技术的发展与突破，需要多学科、多领域内分支技术发展与进步的支持。

第2章 元宇宙核心技术多维拓展

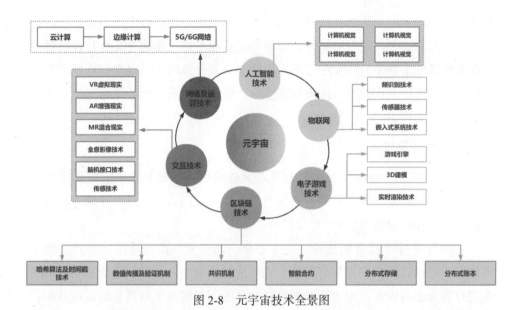

图 2-8　元宇宙技术全景图

2.2.1　网络及运算技术分支

网络及运算技术包括云计算、边缘计算、5G/6G 网络等分支技术。其中，云计算是通过网络按需提供动态伸缩的廉价计算机服务，具有超大规模、虚拟化、高可靠性、通用性强、高可拓展性、廉价性等优点。边缘计算具有高性能、功耗低等特点，是分解元宇宙算力的重要基石。5G/6G 是支撑元宇宙体系运行的基础设施。

1. 云计算技术

云计算技术是一种分布式计算技术，主要利用网络"云"先将巨大的数据计算池划分为若干个小程序后，再通过多台服务器架构的系统完成对数据的计算处理工作，最后将处理结果回传给用户。

云计算具有超大规模、高可靠性、通用性、高可扩展性、自动化等特点。超大规模是指云计算中心中的服务器和数据量庞大，数目庞大的服务器可以赋予用户对大量数据前所未有的计算和存储能力；高可靠性是指云计算在软硬件层面采取了较多的错误检测机制，并在设施层面上的网络连接点采用冗余设计，来保障服务的高可靠性；通用性是指云计算用于支撑不同应用的运行需要而较少面对特定的应用而存在；高可扩展性是指云计算的规模可以动态

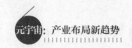

伸缩，以满足应用和用户规模增长的需要；自动化是指在云中，不论是应用、服务和资源的部署，还是软硬件的管理，主要通过自动化的方式执行和管理，也极大地降低了整个云计算中心的人力成本。云计算的作用原理和特征使其具有可以提高用户工作效率、保障数据安全、促进数据资源流通进而充分发掘数据资源价值的优点。

2. 边缘计算技术

边缘计算技术通过将网络集中节点上的应用、数据和服务放置到逻辑边界节点，从而建立与物理世界的直接联系，搭建集网络、计算、存储、应用核心能力为一体的开放平台。

边缘计算技术具有低延时、去中心化、高带宽、高安全性等特点。低延时是由于边缘计算在靠近信息源的一侧完成数据处理，节省了将数据上传至云端进行处理的时间，在大大降低网络延时性的同时提高了对信息的反馈效率；去中心化是指边缘计算让网络、计算、存储、应用从中心向边缘分发，避免了信息在云端的集聚汇总，可大大减少寡头对信息的垄断；高带宽是由于边缘计算靠近信息源，可以将数据在本地完成简单的数据处理之后再进行传输，可以减少网络传输的压力，提高信息传输效率，改善用户体验。高安全性是指边缘技术可以在接收到数据之后，对数据完成加密后再进行传输，进而从源头上提升了数据的安全性。

3. 网络通信技术

5G 技术即第五代移动通信技术，是前四代网络通信技术的升级，具有高速率、低延时和大连接等特点，是支撑国家各类行业发展的基石。2018 年 12 月，在中央经济工作会议上，国家首次提出要发挥投资关键作用，加大制造业技术改造和设备更新，加快 5G 商用步伐，加大城际交通、物流、市政基础设施等新型基础设施建设投资力度。2020 年 3 月，中共中央政治局常务委员会再次强调加快 5G 网络、数据中心等新型基础设施建设进度。2020 年 4 月，国家发改委将以 5G 等为代表的技术定义为通信网络基础设施，要以信息网络为基础，面向高质量发展需要，提供数字转型、智能升级、融合创新等服务。一系列政策举动为我国"新基建"发展奠定基调。

自 2019 年 6 月，工信部正式颁发 5G 商用牌照以来，中国移动、中国联通、中国电信三大运营商开始紧锣密鼓地布局 5G，陆续推出 5G 手机套餐，并开始进行商用。同时，各省市也将5G列为重点发展任务，多个省市相继在政策规划中提及5G的发展。根据数据显示，截止到目前，作为5G产业发展的重要载体，全国已有多个5G产业园相继宣布成立，主要分布在沿海地区及珠三角地区。

2.2.2 人工智能技术分支

人工智能技术包括计算机视觉、机器学习、自然语言处理、智能语言等分支技术。其中，计算机视觉通过模拟人类视觉系统，赋予机器"看"和"感知"的能力，可代替人眼完成对目标的识别、跟踪和测量等任务；机器学习通过编程算法让机器可以观察、分析与现实世界互动过程的数据和信息，以实现具备像人类一样自主学习和行动能力；自然语言处理和智能语言是人与机器间的通信语言，是打破人类与机器、人类与环境界限的技术手段。

1. 计算机视觉技术

计算机视觉技术是专门研究如何使用机器"看"世界的技术，具体是指用摄影机和计算机来代替人的眼睛，实现对目标识别、跟踪和测量等机器视觉的应用，通过模拟人类的视觉系统，可以赋予机器"看"和"感知"的能力，进而可以代替人眼完成对目标的识别、跟踪和测量等任务。

图像分类、目标检测、目标追踪、语义分割、实例分割是当前计算机视觉的主要应用。图像分类应用是计算机视觉应用的核心，主要根据图像的语义信息完成对不同类别图像信息的区分，是实现物体检测追踪、图像分割、人脸识别、行为分析等其他高层次应用的基础。目标检测是运用计算机视觉，完成对给定图像或视频内容指出所需要目标的位置，同时完成对目标类别的划分。目标跟踪是指对图像序列中的运动目标进行检测、提取、识别和跟踪，获得运动目标的运动参数，进行处理与分析，实现对运动目标的行为理解，以完成更高一级的检测任务。语义分割是先运用计算机视觉技术将整个图像分成像素组之后，再对像素组进行标记和分类。实例分割是目标检测和语义分割的结合，先将图像中的目标检测出来，再完成对相似的语义分割。与人类相比，机器视觉具有可以在快速识别人、物体、场景的同时，准确分析处理立体空间、距离的优点。

2. 机器学习技术

机器学习技术是由概率论、统计学、逼近论、凸分析、算法复杂度理论等多门学科支撑的分支技术，是专门研究机器如何更好地实现学习、模拟人类行为，以获取新的知识、技能，重构改善自身的性能的技术，可以通过编程算法让机器可以观察、分析与现实世界互动过程的数据和信息，以实现像人类一样自主学习和行动能力。

3. 自然语言处理技术和智能语言技术

自然语言处理技术是融语言学、计算机科学、数学为一体的科学，并不是一般的自然语言研究，而是研制能够有效实现自然语言通信的计算机系统，从而实现人与计算机之间高效交流的各种理论和方法。智能语言技术专指一类在人工智能领域和知识工程领域中，具有符号处理和逻辑推理能力的计算机程序设计语言，可以通过对智能计算机语言程序的编写，求解非数值计算、知识处理、推理、规划、决策等具有智能的各种复杂问题。自然语言处理和智能语言都是人与机器间的通信语言，是打破人类与机器、人类与环境界限的技术手段。

2.2.3 区块链技术分支

分布式存储、共识机制、智能合约、密码学、P2P 网络、区块链安全技术等技术是区块链技术的重要组成部分。其中，分布式存储技术采用可扩展的系统结构，提高了系统的可靠性、可用性和存取效率，还易于扩展；共识机制技术能够确保各主机达成安全可靠的状态共识；智能合约技术能够确保区块链上的数据透明、不可篡改、永久运行；密码学技术是区块链技术中核心的技术点，可以保护数据的隐私，是区块链的基石；P2P 网络技术用于进行网络内多个节点之间的数据分发或信息交换；区块链安全技术与密码学技术原理和作用相似，保证区块链上数据、交易安全。

1. 分布式存储技术

分布式存储是一种数据存储技术，通过网络使用每台机器上的磁盘空间，并将这些分散的存储资源构成一个虚拟的存储设备，数据分散地存储在网络中的各个角落。传统上的分布式存储本质上是一个去中心化的系统，是将数据分散存储在多台独立的设备上,采用可扩展的系统结构,利用多台存储服务器分担存储负荷,利用位置服务器定位存储信息。而基于 P2P 网络的分布式存储是区块链的核心技术,是将数据存储于区块上并通过开放节点的存储空间建立的一种分布式数据库,解决传统分布式存储的问题。

分布式存储具有以下优势:一是可靠性更高。区块链存储将数据存储到全球上千万个节点上,用的不是多副本模式,而是更先进的冗余编码模式,这有效避免了单点故障带来的负面影响,仅在硬盘故障这一项上,区块链存储的可靠性就比云存储高 10^{64} 倍,综合可靠性也至少高 1 万倍以上。二是服务的可用性更高。区块链存储同样通过把负载分散到各地的节点上,来提高可用性,在服务可用性上,区块链存储比云存储至少高 1 亿倍。三是成本更低。区块链存储成本低的根本原因在于区块链技术对降低数据重复率的问题有良好的解决能力,通过数据去重能将成本降低 5~10 倍。同时,区块链存储能降低数据冗余率,从而降低成本。此外,每个存储节点的建设成本也较低,据介绍,区块链所采用的边缘节点架构,对硬件的需求度较低,比搭建中心化数据存储中心的成本要低得多。四是异地容灾性更强。对于传统的中心化存储来说,一般两地三中心就属于最高级别的容灾,且建设成本高昂,这也是目前世界上很多大型企业、机构的容灾率都很低的原因之一。但区块链存储的"千地万中心"特征,能显著提升容灾级别,把中心化存储里是奢侈品的容灾变成标配。

2. 共识机制技术

区块链技术建立在高度分散的去中心化系统中,由于各节点受其地理位置、带宽、信息传输速度及服务器计算能力的影响,导致较高的网络延迟现象发生,进而使得各节点对于事务或信息的获取顺序存在时间差。这种通过某种计算机算法使得各节点对某一时间窗内事务的顺序形成共识的算法被称为共识算法。共识机制,是一种多方协作的机制,旨在保障多方在安全可信、难以欺诈的模式下,最终达成相互认可的一致性结果,从而解决多方信任问题。区块链中的共识机制,是用来决定多节点参与的情况下最终由哪个节点参与记账的技术手段与机制。

区块链作为分布式系统需保证系统满足不同程度的数据一致性,共识算法则是以去中心化方式维护分布式账本数据的一致性算法。根据解决的问题是否为拜占庭错误情况,共识算法大致可以分为两类:一类是解决非拜占庭普通错误（non-Byzantine Fault）情况的共识算法，目前已有的经典算法包括Paxos、Raft及其变形算法等；另一类是解决拜占庭错误（Byzantine Fault）的共识算法，目前常用的包括以PoX系列算法、BFT（Byzantine Fault Tolerance，拜占庭容错）及其变种为代表的共识算法。目前，区块链技术中主要使用解决拜占庭容错的共识算法，即PoX系列、BFT系列等。PoX系列算法包括PoW（Proof of Work，工作量证明算法）、PoS（Proof of Stake，股权证明算法）、DPoS（Delegated Proof of Stake，授权权益证明算法）等。PoW算法是比特币在区块的生成过程中使用的，最原始的区块链共识算法，其作用在于通过计算SHA256密码学问题的工作量证明确定记账节点。PoS和DPoS算法是针对PoW能耗高的缺点的创新共识，其思想是根据持有Token的总量和时间来确定记账人投票权。BFT算法是分布式计算领域的容错技术，最常见的PBFT、DBFT等多种变种是BFT算法的优化版本。其他如Paxos算法是一种基于消息传递且具有高度容错特性的一致性算法，用于解决分布式的系统，在有系统故障但不存在恶意节点的情况下，如何使各节点达成共识的问题。Raft算法（Replicated and Fault Tolerant）是适用于管理一个副本日志的分布式一致性协议/算法，本质上说其内核或思想是Paxos的变种。它提供了Paxos的容错和性能，但更容易被理解。

3. 智能合约技术

智能合约的概念最早在1994年出现，被学者尼克萨博（Nick Szabo）定义为一套以数字形式定义的承诺，包括合约参与方可以在上面执行这些承诺的协议。区块链的出现深化了智能合约的定义，即智能合约是区块链2.0的标志性技术之一。它是由事件驱动的、具有状态的、运行在可复制的共享区块链数据账本上的一段计算机代码程序。该程序代码由现实世界中合约和规则的算法实现，能够实现主动或被动地处理数据，控制和管理各类链上智能资产。智能合约的设计条件包括可确定性和可终止性。可确定性可以从"程序=算法+数据结构"的思路进行理解。一是算法的可确定性，例如比特币中的脚本系统只提供了为数不多的操作，避免可能导致节点间差异的功能；以太坊采用了虚拟机（EVM）来屏蔽不同节点的实现差异，同时只提供确定性的系统函数。二是数据的可确定性，链上数据通过限制读取已共识后的账本信息，以此来达到使数据来源相同的目的；链下数据采用预言机（Oracle）的方式，

将外部数据提供给智能合约进行读取，并保证数据的一致性。可终止性则通过有限命令方式（比特币图灵不完备的脚本语言）、Gas 方式（以太坊采用 Gas 限制算法执行次数）、资源控制（EOS 中需要购买 CPU、RAM 以及带宽等使用资源）、准入限制方式（Hyperledger Fabric 身份认证方式）等方式进行实现。

目前，支持智能合约的技术方案主要有脚本方式、容器化方式、虚拟机方式等。例如，比特币的 UTXO 模型采用了一种类似 Forth 语言的签名脚本体系；Hyperledger Fabric 采用启动在 Docker 容器中独立运行的链码进程的方式运行智能合约。虚拟机是运行智能合约最多的方式。例如，以太坊系统采用 EVM（以太坊虚拟机）；星云链采用 NVM；量子链采用 QVM 等改进虚拟机。此外，WebAssembly 技术越来越多被应用于实现智能合约引擎，WebAssembly 技术存在编译体积小、兼容性高、多语言支持、加载速度快、性能较高等优势，但目前还不太成熟。

4. 密码学技术

为保障区块链数据构造、传输、存储的完整和安全，区块链技术使用了大量的密码学技术和最新研究成果，诸如密码学哈希函数和椭圆曲线公钥算法。以哈希函数为基础构造的哈希算法在现代密码学中扮演重要角色。比特币系统中使用了两个密码学哈希函数，分别是 SHA256 和 RIPEMD160，RIPEMD160 用于比特币地址生成，SHA256 算法则用于区块链中"块"的头部信息和交易数据校验，以保证数据完整性。此外，比特币系统通过寻找给定前缀的 SHA256 哈希值，设计了工作量证明共识机制。Merkle 树是一类基于哈希值的二叉树或者多叉树，叶子节点为数据块的哈希值，在区块链系统中，Merkle 树被用于进行区块链数据完整性验证处理。

公钥密码算法（非对称密码算法）是现代密码学体系中最重要的组成部分。非对称加密算法主要用于公钥和私钥对数据的存储和传输的加密和解密。非对称加密技术在区块链的应用场景主要包括信息加密、数字签名和登录认证等。区块链系统中涉及的非对称加密算法主要有 RSA、D-H、ECC（椭圆曲线加密算法）。在区块链系统中，基于非对称加密算法生成公钥和私钥的密钥对，公钥用于数据信息加密，对应私钥用于对数据解密。反之，用私钥加密的数据信息进行数字签名，对应的公钥对其进行解密，即验签。其中，椭圆曲线算法是区块链技术中重要的非对称加密算法，比特币应用了 Certicom 推荐的

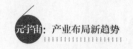

secp256k1 椭圆曲线算法用于数据签名，保证用户账号无法被冒名顶替，也确保用户无法否认其签名的交易。

此外，区块链大量应用密码学最新成果，诸如零知识证明、群签名、环签名、同态加密、多方安全计算等算法，尝试解决区块链的隐私和安全问题。值得注意的是，量子计算技术飞速发展，可在秒级时间内破解非对称密码算法中的大数因子分解问题，例如破解 1024 位密钥的 RSA 算法只需数秒，对公钥密码体制将带来颠覆性冲击，密码学发展任重而道远。

5. P2P 网络技术

P2P 网络（Peer-to-peer Network）即点对点网络，P2P 网络作为分布式网络，网络上的各个节点可以直接相互访问而无需经过中间实体，同时共享自身拥有的资源，包括存储能力、网络连接能力、处理能力等。

区块链技术应用中的各节点通信和交互即是运用了较为成熟的 P2P 网络技术。比特币设计了种子节点、地址广播、地址数据库三种节点发现方式，稳定的网络接入，实现对频繁进出节点的地址列表维护，无须中心机构的存在即可保持节点可以自由加入网络。以太坊采用结构化 P2P 网络，通过分布式散列表（DHT）技术实现结构化。DHT 将 P2P 网络节点通过 Hash 算法散列为标准长度数据，整个网络构成一个巨大的散列表。DHT 支持节点自由地加入或退出，但 DHT 的复杂维护机制，使其无法适应高频的节点变化。如以太坊使用 Kademlia（DHT 协议的一种）协议快速准确地查找地址。IBM 超级账本 Hyperledger Fabric 采用 Gossip 作为 P2P 网络传播协议，该协议负责维护新节点的发现，循环检查节点，剔除离线节点，更新节点列表。为了适应不同应用场景的需求，区块链的 P2P 网络协议也在持续演进，以便在节点接入效率、安全、隐私方面取得突破。

6. 区块链安全技术

目前，区块链安全技术主要包括数字签名技术、匿名通信技术、加密通信技术等。

区块链中数字签名技术已成为很多组织安全策略的关键技术。它通过使用证书和加密算法来保证数据的真实性，防止数据被篡改。日常生活中，人们经常需要在合同、票据、通知等文件上签名，来证明其真实性，同样在信息世界中传输的信息也需要使用签名来证明信息的真实性，这时使用的签名就是数字签名，数字签名又可称为电子签章，是一种利用公钥加密领域技术，用于鉴别数字信息的方法。一套数字签名通常定义两种互补运算，一个用于签名，另一个用于验证，即信息发送者产生的任何人无法伪造的一段数字，这段数字同时也是发送信息者对所发送信息真实性的一个有效证明。数字签名技术涉及区块链的认证机制，有两个作用，第一是确认消息的确是由信息发送方签名并发送的，第二是确认消息的完整性。

匿名通信技术指通过一定的方法将业务流中通信实体的网络地址、实体间的通信关系等隐私信息隐藏，使攻击者无法直接获知或推知双方的通信关系或通信一方的身份。其目的为使通信双方的身份或通信关系隐蔽，保护用户隐私。经典的匿名通信模型有基于广播和多播技术的匿名模型、基于mix的匿名模型、基于P2P的匿名模型、基于叠加发送的匿名模型以及基于简单代理的匿名模型。在网络通信中，通信双方分别为发送方和接收方，发送的内容为消息，通信内容安全和保密问题是传统网络安全研究的重点，而匿名通信的重点在于对发送方和接收方身份的保护。区块链，尤其是公链具有很高的透明性，链上用户的账户、余额及交易详情等信息都是公开的，任何人都可基于用户名查看到该用户的所有交易，这将导致用户隐私完全暴露。因此区块链中使用匿名通信技术为用户的隐私提供安全保障。

区块链安全技术中加密通信技术是保证区块链网络中通信安全的关键技术。加密通信技术，即利用密码学技术解决信息安全中的保密性、完整性、可用性和可控性等问题。密码学通过对存储或者传输的数据使用密码算法运算转换来避免无权限用户非法窃取数据，保障信息通信安全。信息加密方式有很多，加密算法有Hash算法、对称加密算法和非对称加密算法。

2.2.4 交互技术分支

交互技术是元宇宙中包含最多分支的技术，如虚拟、增强、混合（VR、AR、MR）三大现实技术以及全息影像技术和脑机接口技术等。其中，VR、AR、XR技术可统称为虚拟现实技术，能够为用户提供完全逼真的沉浸式交互体验，是连接元宇宙（虚拟社会）和现实社会间的桥梁；全息影像技术是采用激光作为照明光源，利用衍射原理快速还原物体的三维图像，与VR等技术相比，全息影像不需要佩戴头显设备即可观看，观看体验更加优秀，成本也更低；脑机接口技术是在人/动物脑与外部设备间建立的直接交流和控制通道，

是元宇宙体验的硬件入口,通过脑机接口人们直接在元宇宙中实现大脑中的想法,不需要语言和动作,更不需要借助操作设备。

1. 虚拟现实技术

虚拟现实技术(VR)最早提出于20世纪60年代,是一种新型的人机交互仿真技术,通过计算机运算变化空间影像,提供给使用者一个可以任意观察事物,如身临其境一般的三维空间,用户可在这个空间内随意发生位置位移,并获得视觉、听觉、触觉等感官模拟体验。

增强现实技术(AR)是一种将虚拟信息与真实世界巧妙融合的技术,广泛运用了多媒体、三维建模、实时跟踪、注册、智能交互、传感等多种技术手段,在将计算机生成的文字、图像、三维模型、音乐、视频等虚拟信息模拟仿真后,应用到真实世界中,两种信息互为补充,从而实现对真实世界的"增强"。

混合现实技术(MR)是一组技术组合,不仅提供新的观看方法,还提供新的输入方法,而且将所有方法相互结合,从而推动创新。VR、AR和MR技术是连接元宇宙(虚拟社会)和现实社会间的桥梁,能够为用户提供完全逼真的沉浸式交互体验。

2. 全息影像技术

全息影像技术的应用能够记录并再现物体光波振幅和相位的全部信息,可以获取从各个视角看都与原物完全相同的立体像,使全息图的任何局部都能再现原物的基本形状。与VR等技术相比,全息影像不需要佩戴头显设备即可观看,观看体验更加优秀,成本也更低。全息影像技术当前正被广泛应用于珍贵历史文物的影像再现,橱窗内物品的展示等领域,其成像的立体感更强,更加接近实物的真实形象,能够以假乱真,未来在元宇宙中可以用其构建宴会厅、KTV、酒吧、餐厅、展览会等虚拟场景的呈现。

3. 脑机接口技术

脑机接口技术是活的神经组织和人造设备之间的直接连接,是在人/动物脑与外部设备间建立的直接交流和控制通道,通过设备从大脑中读取和破译"脑信号",获取脑细胞对意识的反应曲线,再把这种反应曲线转化成指令去控制机器,在真实世界中执行人的意志。

当前的脑机接口主要可以分为完全侵入式脑机接口、部分侵入性脑机接口和非侵入性脑机接口3个大类。完全侵入式脑机接口是指将装置直接植入大脑的灰质，从而实现从大脑中获取信号的目的，此种接入方式下的神经信号质量较高但容易引发免疫反应和愈伤组织，导致信号质量的衰退；部分侵入性脑机接口只是将装置植入颅骨内，以减少对大脑中关键组织的损害；非侵入性脑机接口是仅将装置置于头皮表面实现对大脑中信号活动变化的观测，这种非侵入式较为方便，但由于颅骨对信号的衰减作用，导致记录到信号的分辨率并不高。脑机接口技术是元宇宙体验的硬件入口，通过脑机接口人们直接在元宇宙中实现大脑中的想法，不需要语言和动作，更不需要借助操作设备。

2.2.5 物联网技术分支

物联网技术原理分为感知层、网络层和应用层。其中，感知层包括各类传感器，要用到传感器技术，为元宇宙感知物理世界万物的信号和信息来源提供技术支持；网络层是连接并管理元宇宙中万物的重要层级，为元宇宙感知物理世界万物的信号提供技术支持，如射频识别技术、传感器技术等；操作系统是应用层的重要组成部分，如嵌入式系统技术，是连接并管理元宇宙中万物的重要层级，是元宇宙万物虚实共生的重要支撑。

1. 射频识别技术

射频识别技术（RFID）是自动识别技术的一种，是一项集射频技术和嵌入式技术于一体的综合技术，可通过无线电信号识别特定目标并读写相关数据，而无需在识别系统与特定目标之间建立机械或光学接触。

RFID系统通常由射频标签、射频识读器和计算机网络系统三要素组成，具有可非接触识别可识别高速运动物体，抗恶劣环境，可重复利用，可同时识别多个识别对象，具有可读写能力等特点。由于利用射频识别技术下的信号可以穿透纸张、木材和塑料等非金属，可以在不需要用肉眼观测的情况下实现对运动物体的快速识别，并且RFID在读取上并不受尺寸大小与形状限制，不需要为了读取精确度而配合纸张的固定尺寸和印刷品质，可以更加灵活地控制物品的生产和控制，特别是在生产线上的应用。而且由于RFID为电子数据，可以反复读写，因此可以回收标签重复使用，提高利用率，降低电子污染。

2. 传感器技术

传感器技术，即通过各类元器件，将物理、化学、生物等信息，转换成可观测的电量信息。从传感器技术发展到现在，已经产生了多种多样的类型，如压力传感器、数字式传感器、电阻式传感器等。其中，为方便快捷使用，应用最多的是无线传感器。

无线传感器网络主要由数据获取网络、数据分布网络和控制管理中心3部分组成，主要存在无中心、自组网、网络拓扑的动态变化、传输能力的有限、获取信息的不安全等问题。首先，因为在无线传感器网络中的所有节点的地位平等，各节点一般是通过分布式算法来实现所获取数据的协同处理，导致自组网络的处理效能较低。其次，由于传感网络中节点所处的环境是不断变化的，导致节点处的信息状态也发生相应变化，极易加大无线通信信道的不稳定性。然后，虽然无线传感器网络通过无线电波完成数据的传输可以节省布线的成本，但是低带宽的特点大大制约了对传感器网络中信息价值的深度挖掘。最后是安全性的问题，在无线信道、有限的能量、分布式控制等方式下的传感网络，极易被窃听、入侵，导致数据信息的丢失。

3. 嵌入式系统技术

嵌入式系统技术是以计算机软硬件、集成电路、电子应用等为一体的复杂技术，是一种完全嵌入到受控器件的内部，并为特定应用而设计的专用计算机系统，是一个控制程序存储在ROM中的嵌入式处理器控制板，相当于物联网的智慧大脑，能够完成对物联网感知层、网络层和应用层的各类数据分类处理，以适应不同用户的不同需求，发现新的应用领域和应用模式。

嵌入式系统技术具有系统内核小、系统精简、专用性强等优点。首先，由于嵌入式系统一般是应用于小型电子装置的，资源相对有限，所以内核较传统的操作系统要小。其次，因为嵌入式系统没有系统软件和应用软件的区分，所以不要求其功能设计及实现上的复杂化。最后，因为嵌入式系统的个性化强，所以要保证其中软件系统和硬件的结合紧密，在对硬件系统要进行移植时，即使同一品牌、同一系列的产品中也需根据系统硬件的变化和增减进行修改。

2.2.6　电子游戏技术分支

上节提到，电子游戏技术主要包括游戏引擎、3D建模和实时渲染技术，能够为元宇宙世界带来丰富多彩的"内容"和"服务"。

1. 游戏引擎技术

游戏引擎技术是指一些已编写好的可编辑电脑游戏系统或者一些交互式实时图像应用程序的核心组件，通常包含渲染引擎、物理引擎、碰撞检测系统、音效、脚本引擎、电脑动画、人工智能、网络引擎以及场景管理等，支持用户参与编程自建游戏的核心组件，是开发虚拟世界和实现大众参与生产的关键性技术。

目前较为主流的游戏引擎有Unity3D、虚幻引擎、CryEngine3、HeroEngine等。Unity3D是目前用户量最大的游戏引擎，拥有业内最具竞争力的授权条款，只需要一次付费就可持续性使用，并且游戏引擎几乎可以与所有的游戏平台兼容使用，开发者社区支持强大，应用门槛较低。虚幻引擎是针对高端EA游戏的引擎，其开发商的使用率较高，开发商社区支持强大，是当前创作最多著作的游戏引擎，但是创作工具复杂，应用门槛较高。CryEngine3游戏引擎以出色的游戏视觉而著名，可以最大程度地实现游戏场景的优美性，但是目前的应用门槛相对较高，开发者社区还不够强大。

2. 3D建模技术

3D，即三维立体空间；建模，即建立模型。组合起来，3D建模技术就是通过一定的制作软件建立一个实物的三维立体模型。3D建模技术根据建模方式，主要分为多边形建模、曲面建模、参数化建模、逆向建模。

多边形建模是当前在三维软件中较为流行的建模方法，建模对象一般由点、边、面、体构成，利用两点成边、三条边成面、两面成形，多形成体的基础原理。

曲面建模是专门针对曲面物体的建模方法，一般由曲线组成曲面，再由曲面组成模型表面，曲面建模更适合光滑物体的创作。参数化建模方式下，可以通过特征和约束捕获设计意图，支持用户完成自动执行和重复性更改，且设计更改后模型可以自动更新，能够轻松捕获设计意图，可以与制造工艺完美结合。

参数化建模成果可以导出到三维软件中完成可视化渲染，但是需要精确的尺寸辅助设计，目前多用于产品设计、室内设计、建筑、工业设计等。

3. 实时渲染技术

实时渲染技术可以想象成为一副元素已经成型,但却缺少色彩,需要用颜料为不同元素填上色彩,构成一个更加美观的画。也就是实时渲染技术可以理解为将计算机中的数据,通过某种"颜料"渲染成一幅画或者画面,让人能够体验更真实的感受。

实时渲染可以分为网格渲染和阴影渲染两种,目前可应用于游戏、工业设计、影视动漫、虚拟现实、灾难模拟和产品展示等领域。以影视动漫下的实时渲染为例,EpicGames 公司展示的《TheHumanRace》广告片就采用了虚幻引擎制作的实时渲染基地,其效果达到了使用特效流程生产的水平。另外,像电影《阿凡达》《奇幻森林》等也是在实时渲染技术支持下而完成的影视巨作。

2.3 各项技术的融合发展,是不断加速元宇宙技术集成创新的驱动力

元宇宙发展的相关技术并不是相互独立、毫无关系的个体,无论是核心技术还是分支技术间都具有相辅相成、密切联系的关系,核心技术及分支技术层的融合发展能够充分整合各项技术优势,显著增强技术效能,促进技术进步。当前,在元宇宙基础支持层中的信息基础、硬件、基础软件以及虚实交互层中的虚实交互、自然交互和动感交互等技术都在不断发展演进,资本助推下新一代信息技术市场持续火热,市场规模逐年增长,多种技术加速融合,数字经济生态版图逐渐成熟,推动元宇宙技术融合不断加速,如图 2-9 所示。

2.3.1 分支技术不断融合,推动产业技术高效进步

1. 边缘计算与云计算融合可大幅提升算力水平

边缘计算与云计算的协同发展,可大幅提升算力水平。云计算擅长全局性、非实时、长周期的大数据处理分析,边缘计算则更适用局部性、实时、短周期数据的处理,可以弥补云计算的短板以更好支持智能化决策,云计算和边缘技术的融合能够推动工业互联网、车联网等产业快速发展。

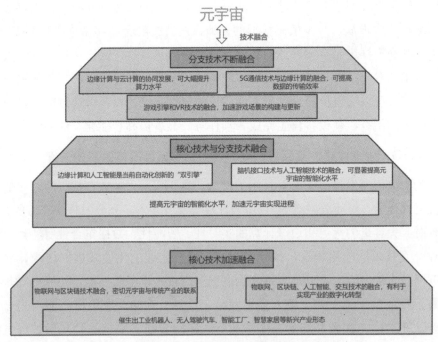

图 2-9　元宇宙技术融合情况

2. 5G 通信技术与边缘计算的融合可提高数据传输效率

5G 通信技术与边缘计算的融合，可提高数据的传输效率。5G 网络通信技术具有传输速度快、传输信号稳定和传输频率高等优点，边缘计算技术和 5G 网络通信技术的融合，可利用边缘计算技术完成对需要通过 5G 通信网络传输的数据进行预处理，以改善当前原始数据传输量过大导致传输效果不好的问题。

3. 游戏引擎和 VR 技术融合加速游戏场景的构建与更新

游戏引擎和 VR 技术的融合，加速游戏场景的构建与更新。游戏引擎是编辑游戏的核心组件，VR 技术是用户获得沉浸性体验感的关键，《Roblox》《我的世界》《百度希壤》等游戏，均是多种信息技术在游戏领域融合的结果，技术融合支持用户的内容创造，具有多样性、沉浸感、社区性、开放性等特点。

2.3.2　核心与分支技术的集成创新，加速元宇宙实现进程

1. 边缘计算、脑机接口、人工智能是推动自动化创新进程的"引擎"

首先，人工智能模型的更新迭代需要边缘计算的支持，边缘计算提高了

数据端的采集处理能力,能够显著增强人工智能端输入数据的质量,支持数据在本地端完成推演,减少敏感数据的外泄,两者的融合能够带来"1+1>2"的效果,有利于推进元宇宙产业的智能化发展进程。其次,脑机接口技术与人工智能技术的融合,可显著提高元宇宙的智能化水平。通过硬件芯片将人脑与机器相连接,可以实现机器设备与人脑意识的直接交流,设备可通过脑机接口感知人脑中的指令,使设备自主完成各项任务,显著提高智能化交流效率。

2. 5G、边缘计算、交互技术成为加深元宇宙沉浸体验感的关键

为更大限度发挥虚实交互技术的潜力,真正实现"多人在线、即时对战"的沉浸性体验,可充分融合 5G、边缘计算与交互技术,充分发挥 5G 高速率、低延时、大容量的优势和边缘计算的实时性、智能性、数据聚合性等特点,以增加交互技术的应用场景,推动游戏、电竞等产业的飞速发展。边缘计算与物联网技术的融合,可以显著提高物联网(LOT)设备的性能。边缘计算是指在靠近物或数据源头的一侧,采用网络、计算、存储、应用核心能力为一体的开放平台,能够较好满足在实时业务、应用智能、安全与隐私保护等方面的基本需求,与物联网技术的结合能够较好实现对物联网传感器所收集数据信息的处理和分析,提高物联网技术的应用效能,加快智慧交通、智慧城市、智慧家居的发展。

2.3.3 核心技术融合优化,赋能产业高质量发展

1. 物联网与区块链技术融合密切元宇宙与传统产业的联系

区块链技术能够较好解决在物联网中,因大规模传感器网络采集而导致海量数据交易处理速度过慢的问题,通过产业端物联网数据采集与服务端区块链数据处理相结合,以便捷传统产业中的"数据上链+数据存证验真"的服务。

2. 物联网、区块链、人工智能、交互技术相互融合有利于实现产业的数字化转型

物联网技术架起传统产业与虚拟网络之间的桥梁;区块链技术有利于打破传统经济中不同主体、不同应用间的信息壁垒,明确多方权益关系,保障数据要素的安全流通;人工智能和交互技术的发展是实体经济领域实现智能化生产的关键。这些技术的充分融合有利于链接实体经济与虚拟世界,形成赋

能实体经济发展的合力，催生出例如工业机器人、无人驾驶汽车、智能工厂、智慧家居等新兴产业形态，可显著提高现实世界经济体的经营效率，降低生产经营成本，推动产业的数字化转型。

2.3.4 当前元宇宙技术融合面临的主要问题

1. 各类专业人才相对稀缺，产教融合亟需加强

元宇宙相关的各项技术均属于新兴的高新技术领域，区块链、人工智能、虚拟现实和电子游戏相关的行业处于发展早期，从业人员远不能满足技术市场发展的需要，存在各类专业人才市场供给不足，学校培养缺位，企业储备不够等问题。

首先，新兴技术人才的培养体系尚不够完善，政府相关部门缺少对元宇宙相关高新技术人才培养的支持政策，高校、社会培训机构等较少开设具有专业性和延展性的技术专业课程，行业缺乏统一的人才技能标准，导致市场基础性应用人才的供给量不足。其次，由于在技术融合发展的过程中各领域人才需要及时接触学习各项前沿技术，需要快速应对在技术融合过程中引发的技术创新和产业变革，因此对各技术领域内从业人员的技能也就提出了更高的要求，导致高端技术架构工程师、算法工程师、底层开发工程师等高端技术人才缺口较大。最后，在技术融合的过程中，缺少懂技术、明应用、善变通的复合型人才。当前，行业内从业人员的水平参差不齐，大多数从业人员缺乏专业的知识储备，从行业未来发展看，要实现元宇宙各技术的融合发展，需要行业从业人员同时懂得各项技术原理，并明晰各应用领域的市场情况，市场急需补足复合型人才的缺口。

2. 基础性支撑建设较薄弱，规模应用难以落地

元宇宙技术产业尚处于发展的初级阶段，基础性技术支撑建设较薄弱，应用领域较多集中于游戏、虚拟人等与休闲娱乐产品相关的领域，尚未出现真正意义上的元宇宙技术应用，技术应用需求不足有碍于元宇宙技术融合。

首先，元宇宙核心技术及相关分支支持技术的性能有待提高。元宇宙的落地实现并完成大范围的广泛应用，需要高速数据通信网络和超级算力的支持，需要能够实现更强沉浸感的虚实交互技术的支持，需要溯源确定性能更强的区块链技术的支持，然而当前我国的网络传输效率和算力水平远不能支持元

宇宙技术的大规模深层次应用，尚不能实现多层次的虚拟沉浸感体验。其次，国产技术底层平台不统一，严重影响技术的协同发展。当前，我国大多数的技术底层平台仍过多依赖于国外基础技术架构，被核心技术"卡脖子"的风险依然存在。另外，由于技术标准体系尚未建成，导致元宇宙各项技术之间不能实现较好的协同进步。最后，当前元宇宙技术的应用推广成本较高，应用落地困难。由于元宇宙技术研究成本较大，同时元宇宙技术的应用对网络条件、后台设备、技术水平的要求都比较高，所以成本问题极大地阻碍了元宇宙技术的落地应用，限制了元宇宙技术的广泛推广，影响技术间的融合发展。

3. 元宇宙技术产业发展的安全风险监管亟待加强

元宇宙作为新兴技术领域，在当前发展过程中仍然存在着较多的技术和发展问题，关键技术突破性不足导致市场上打着"元宇宙"名号的非法诈骗、集资行为较多，导致社会对元宇宙技术产业的认知存在偏差，影响技术融合发展。

元宇宙的监管，与区块链的监管有着相似的地方。首先，尚未建成与元宇宙技术产业发展相关的完备法律体系。随着各类虚拟产品的不断涌现，对于元宇宙热点带来的隐私泄露等风险需要加大警惕。其次，对元宇宙相关投资领域的监管仍需加强。元宇宙概念的火爆，吸引了资本界的眼球，但也带来了盲目跟风、投机取巧的现象，因此，还应重点关注元宇宙投资和应用领域，确保元宇宙朝着健康的方向发展。最后，对元宇宙新兴产业发展的风险预判能力有待提高。由于资本市场元宇宙概念股跌宕起伏，不法分子假借元宇宙之名进行非法集资和炒作事件等现象频发。当前某些主管部门与市场投资群体对元宇宙应用价值的认知较为模糊，对投资市场风险的研判能力严重不足，导致元宇宙技术资本投资市场的理性严重不足，对我国的监管系统的风险预判能力提出了更高的要求。

2.3.5 未来元宇宙技术融合方向

未来，随着相关技术在元宇宙领域内应用的逐步规范，技术的兼容性将进一步提高，会进一步加深与元宇宙相关的技术融合。

1. 实时渲染和交互技术作用目的相似，有望实现技术融合

实时渲染技术带来的是空间上的体验，而交互技术的本质是通过声音、手势等多种方式实现人与机器间信息的传递，提高用户从机器设备中获得的智能沉浸体验感。实时渲染和交互技术的融合能够最大限度地提高虚实交互技术中对图形、声音的捕捉和还原，为用户提供更多满足感官的、高度真实的虚拟场景，最终实现完全的沉浸体验。

2. 边缘技术和区块链技术融合，利于实现数据分析优势互补

边缘计算技术通过在网络边缘侧部署节点，实现数据的实时处理，具有可靠性高、资源消耗少等优势。区块链技术，通过分布式记账、分布式存储技术让链上交易的参与者准确把握交易信息，确保链上数据的真实性可追溯性，但由于当前所有交易结果和支付记录都要同步到全网节点，且交易数据处理仍采用排队按序处理的方式，所以严重影响了区块链系统对数据的处理效率性能。未来，可以考虑在区块链技术中综合边缘技术的优势，重点突出对区块链边缘节点重要信息的处理，在确保区块链上信息真实可溯的基础上，增强系统的效能。

3. 共识机制与通信技术加速融合，利于隐私保护

共识机制和网络通信技术是看似不相关的技术领域，但技术融合有望在确保通信网络传输速率的同时，做好隐私信息的保护工作。

共识机制要求在区块计算最后一步求解一个随机哈希值，并借助哈希运算结果的随机性和不可逆性，确保各分布式的节点高效地达成不可逆转的共识。网络通信技术是利用物理链路，将孤立的工作站或计算机主机相连在一起，组成数据链路，从而达到资源共享和通信的目的，在数据链路间的信号传递极易被攻击、泄露，与共识机制的融合可以较好防御黑客的攻击。

另外，智能合约与电子游戏技术、频时算法技术、传感器技术、VR 技术、AR 技术等看似无关的技术之间，也会存在千丝万缕的联系。随着技术的突破和标准化，元宇宙技术领域的融合进程将不断加速。

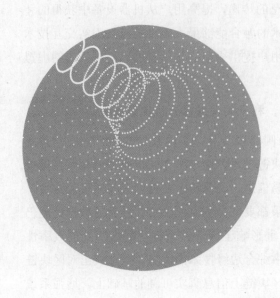

第 3 章
元宇宙产业生态版图正在建立

目前，在元宇宙产业生态构建上，美国科技巨头抢先布局元宇宙，中国企业抢抓元宇宙机遇，日本着重发展虚拟世界+社交网络，韩国以"元宇宙联盟"为支撑强化数字内容产业培育。全球各国正在从发展理念、技术进步、产品应用、体系搭建等不同角度，积极探索元宇宙发展方向，构建元宇宙产业生态版图。

3.1 体系架构逐渐成形

在国内外研究机构、专家学者的引领下,元宇宙在理论支撑、底层逻辑、技术架构等方面取得了突破性的进展,元宇宙体系架构渐渐清晰,研究基础日益牢固,发展方向逐渐清晰。

3.1.1 理论框架开始构建

近年来,国内外专家学者对于元宇宙基础理论的研究逐渐深入,平行世界、虚实互融、数字社交以及技术先行四大流派奠基元宇宙理论。其中,平行世界流派强调元宇宙的"独立性",元宇宙空间与现实世界平行,人类在其中成为具有独立身份的个体,并以新的身份参与社会活动;虚实互融流派强调元宇宙与现实世界的"协作性",将虚拟空间与现实世界叠加,实现两个中间形态的互相补强;数字社交流派是基于企业自身发展的业务特长或需求,将虚拟社交场景为切入点,在元宇宙之中寻找新的公、私域流量增量;技术先行流派从元宇宙核心技术的一条或多条路径为出发点,优先对企业现有业务进行扩充,并为探索元宇宙奠定技术基础。四大流派分布从不同角度对元宇宙进行了解析,但尚未提出完整的元宇宙理论框架。

直至2021年,清华大学沈阳教授团队提出了"六理"框架,即数理、物理、地理、心理、事理、伦理,如图3-1所示。数理是指元宇宙本身是由数学逻辑支撑,在其构建过程中,不论是逻辑的、非逻辑的、超逻辑的、反逻辑的思想与实践,均可以通过构建数学模型的方式加以实化,呈现出事物的虚拟状态。物理是指元宇宙对现实

图 3-1 元宇宙理论框架

世界的模拟和超越，是一种有选择的解放。元宇宙逼真地模拟了现实世界的一些时空规定性，玩家有的时候需要通过模拟现实世界的走、跑、跳等动作来移动，有时候又可以飞翔或进行瞬时的地理迁移，正是这种有选择的解放带来了自由感。地理是指元宇宙由 AI 生成，用户参与，具有时间的规定性。元宇宙具有庞大的地理空间供用户选择和探索，一种发展方向是由 AI 生成现实世界所没有的地图，另一种是以数字孪生的方式生成与现实世界完全一致的地图。元宇宙是完全开放的可编辑的世界，用户可以购买或租赁土地，修建建筑物，甚至改变地形，元宇宙与现实地理的重合可产生大量虚实结合的融合场景。心理是指元宇宙里的时间流逝与现实世界不同，过度沉浸在虚拟世界可能难以辨别真实世界与虚拟世界，这就需要人类对元宇宙从认知转向认同。事理是指元宇宙中的事物需要构建起流动、转化与关联逻辑。伦理是指元宇宙中存在诸多风险，需要立法监督。

要想构建一个标准的、完整的元宇宙，第一步就要从数字孪生开始，逐步向虚拟原生、虚实共生发展，最终实现虚实联动。从哲学意义上来说，数字孪生的过程也就是人类从实体世界向虚拟世界迁移的过程。元宇宙实现了生存空间的拓展、多感官体验的扩展、视角维度的扩展与思想领域的拓展，从这个属性来看，必须要遵循数理、物理、地理、心理、事理、伦理的"六理"逻辑框架，才能够构建一个真正开放的元宇宙世界。

3.1.2 底层逻辑基本明确

构建元宇宙虚拟世界，首先要对参与者的行为活动、经济体系等生活所需要素进行网络虚拟化，为虚拟世界的建设打造基础设施与规则，基于现有互联网要构建起完整统一的三维虚拟世界，并能够模拟自然环境规律、人类社会基本规则，元宇宙形态才可以基本成形，如图 3-2 所示。

从元宇宙构建的底层逻辑来看，数字孪生构筑的虚拟世界，是对物理世界的孪生仿真，其中包括自然环境和人造环境的孪生仿真，也包括人类社会主体及其行为（政府主体、市场主体、社会主体）的孪生仿真。物理世界的传统媒介（包括互联网），仅是离散碎片化的信息传递和简单交互，而孪生地球将可实现时空统一的拟真世界，充分体现"媒介与社会的一体同构"的理念。孪生媒介的底层逻辑设定，是对自然规律及社会文化的拟真实现。自然规律的拟真，可完全拟真地球上的自然规律，也可提供突破自然限制的"道具"；社会文化的拟真则以基本仿真模型为手段表达社会治理、法律规范、道德伦理等社会基本规则，而坚守主流价值观的底线，则是其最基本也是最重要的要求。底层逻辑是上层应用的基础和约束。孪生媒介应用，均可共享孪生媒介基础平台的各类共享服务能力和资源，也可借助孪生媒介实现数据化描述、知识化洞察、算法化预测、智能化决策。孪生应用产生的决策执行作用于虚拟世界的对象，同时也平行执行作用于物理世界的实体对象。元宇宙构建的虚拟世界，本质是新一代的传播媒介——孪生媒介。元宇宙对信息的组织方式要求更加直观可视化，易于语义理解，利于逻辑推理，便于自然交互式沟通。过往离散碎片化的信息，将更大程度上趋向形成一致的知识图谱；过往以平面展现和功能实现为主的应用，也将趋向更加人性化的3D孪生应用；过往许多割裂的、独立的业务系统，也将趋向于开放融合，孪生应用相互连接，形成平行世界的社会生态巨系统。

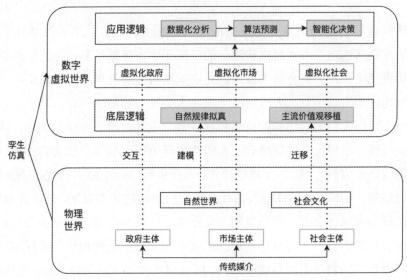

图 3-2　元宇宙体系参考模型

3.1.3　技术架构日益清晰

从当前来看，元宇宙正处于虚拟世界构建的萌芽阶段，各界对于元宇宙的研究与探索相对不足。随着元宇宙理论研究的逐步深入与应用场景的初步探讨，基于现有的信息通信技术、基础软硬件技术、交互技术、数字孪生与云计算等支撑技术，元宇宙技术架构日益清晰。元宇宙技术架构的整体逻辑与元宇宙构建的底层逻辑保持一致，大致可分为基础支撑、交互层、现实世界、元宇宙（虚拟世界）4大部分，如图3-3所示。

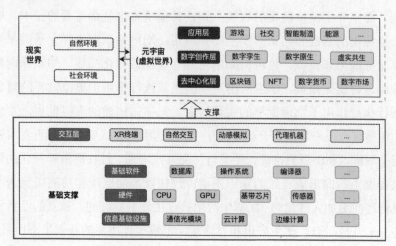

图3-3　元宇宙技术架构

现实世界是孪生地球元宇宙生成的物理原型基础，二者相互作用。基于现有的互联网基础，构建起完整统一的三维元宇宙虚拟世界，并能够模拟现实自然环境规律、人类社会基本规则，元宇宙架构才能真正成型。真实的现实世界可分为自然物质环境、人造物质环境、人类社会环境3部分。其中，自然物质环境主要指人们能够感知的自然物理世界，包括河流、海洋、土壤、植被、动物、气候、山川、自然规律等。人造物质环境指人类以自然物质为基础，通过人为改造形成的环境，例如城镇建筑、道路桥梁、水利工程、交通设施、工业、文化设施等。人类社会环境指人类社会运行所遵循的基本规则，包括政治经济、法律法规、市场、金融、行业规则、文化道德、社交准则等。元宇宙虚拟世界依托现实世界的自然环境进行建模及二次创作，元宇宙的构建与运行同样离不开现实世界中的物质生产与能源供给。同时现实世界中的法律法规、市场规则、社交准则、政治经济等社会环境也会进一步影响虚拟世界的社会规则制定。在这个过程中，模型构建（包括基于3D GIS引擎的场景模型构建、整合与渲染）与数字孪生是依照现实世界构筑虚拟世界的重要手段，通过对物理世界的孪生仿真并进行建模来搭建虚拟世界，其中涵盖自然环境及人造环境的仿真建模，也涵盖人类社会主体（政府主体、市场主体）的孪生仿真。

交互层是实现用户从自然世界进入元宇宙世界的终端，其包括XR终端、自然交互、动感模拟、代理机器等内容。用户需要通过各类接入访问终端才能进入元宇宙的虚拟世界中。交互层主要为用户提供视、听、嗅、触等全方位的感官沉浸体验与自然的交互方式，必要时还需提供代理机器作为物理身体的替代或延伸。其中，XR 终端当前主要指 VR/AR/MR 终端设备，也涵盖传统的 PC/TV/PAD/Phone/LED 屏等终端产品。自然交互则是指摆脱传统的键盘鼠标，通过语音、动作等指令，以更加自然的方式获得视、听、味、嗅感官信息的交互方式，具体分为语音交互、动捕交互、表情捕捉、眼动跟踪、气味模拟、触觉模拟、脑机接口等。动感模拟是 VR 模拟仿真应用创新的重要支撑技术，为 VR 用户在虚拟环境中的快速运动提供位移感知乃至全方位移动感知的模拟体验。运动模拟可以通过电缸驱动搭建 2Dof/3Dof/6Dof 动感平台来模拟运动位移感受。代理机器可以是人形服务机器人、仿生机器人，也可以是工业机器人。代理机器的主要用途是作为人的物理替身去完成特定任务。人形机器人形象似人，用户的接受度较高，可以用于陪伴、教育、服务、娱乐等多种场景。仿生机器人主要模拟各类生物，替代人来完成人无法完成或难以完成的任务，如模拟飞鸟、昆虫、鱼类等的代理机器人，可用于科学研究、勘探、侦查等多个场景。工业机器人主要用于生产线，替代传统劳动力从而提升流水线作业效率与准确性。

基础支撑层是支撑元宇宙运行的基础，只有依托于 ICT（Information and Communication Technology）的创新和进步，才能逐步构建元宇宙的基础支撑平台，为元宇宙各类活动提供基础支撑。元宇宙互联网系统与当下的互联网类似，是新一代 ICT 的综合性应用，但要求却更为苛刻，其中 5G 泛在网、IoT 传感网、边缘计算、云计算、云存储/数据库、区块链、信息安全等都是元宇宙体系中必需的基础支撑技术，同时随着元宇宙与 ICT 的创新和进步，各类基础支撑技术还将不断迭代更新，融合发展。从硬件方面来看，当前的 CPU、GPU、基带芯片、人工智能芯片等芯片处理速度尚未达到元宇宙需求，尚待进一步提升。从软件方面来看，现有的操作系统、数据库、编译器并不适用于元宇宙，未来元宇宙可能会诞生全新的操作系统与数据处理模式。同时云计算、通信网络、边缘计算等作为元宇宙的信息基础设施，将持续为元宇宙提供性能、安全等方面的支撑。

元宇宙（虚拟世界）主要涵盖去中心化层、数字创作层、应用层。去中心化层主要解决数字身份、数字资产、数字货币和数字交易问题，从当前阶段来看，解决此类问题的最好的办法就是采用区块链技术，未来 NFT、数字资产等产业将成为关注的热点。数字创作层包括数字孪生、数字原生和虚实共生。数字孪生是现实世界、物理世界的数字化映射，把现实世界通过数据采集等方式映射到虚拟世界中。但仅仅实现数字孪生是不够的,这就涉及另一种技术,即数字设计技术,通过对元宇宙中的数字对象进行编辑设计,构建完整的、可编辑的虚拟产品。未来元宇宙最核心的东西不是数字孪生,而是数字原生。数字世界里原生出来的很多东西和现实世界没有对应关系。当数字原生足够强大,必然会反过来影响现实世界,最终实现虚实共生。应用层涵盖了当前现实世界中的各类产业以及未来产业。在元宇宙里,可能会优先实现的应用就是游戏、社交、媒体、广告等。随着元宇宙的不断发展,未来每一个行业、产业都会元宇宙化。

3.2 产业链条不断延伸

元宇宙涉及的技术和领域较多,其产业链铺陈也较为广泛、复杂。目前,根据现阶段元宇宙包含的底层技术、硬件设备、服务对象、应用领域等,元宇宙产业链已初步形成,元宇宙产业链大致可划分为硬件、软件、服务、应用4大板块,如图3-4所示。

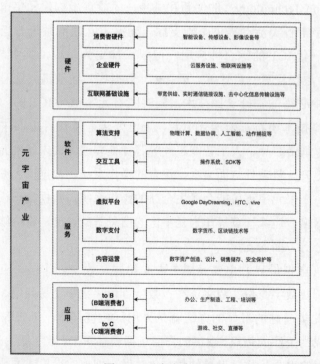

图3-4　元宇宙产业链

3.2.1 产业链上游

元宇宙产业链上游涵盖硬件板块与软件板块。硬件板块主要包括上游核心器件、网络基础设施、终端设备等。上游核心器件包括光学镜头、显示面板（LCD、OLED、微显示器）、主控芯片（CPU和GPU）、传感器（图像和声音）等；终端设备主要包括各类VR/AR等前端设备（PC端设备、移动端设备和一体机）。硬件元器件作为元宇宙产业的底层支撑，其产业水平将直接影响终端产业的发展质量与水平。从现阶段发展来看，元宇宙入口终端设备基本采用让用户沉浸入虚拟现实的VR/AR/MR/XR眼镜，或直接用手机或电脑的键盘或独立游戏机PS5/xBOX的遥控器，来操控虚拟化身（Avatar）行动。高速图像3D显示技术可以让元宇宙的世界更真实，当然还需要各种感测器如手势感测、皮肤感测、感测手套、感测脚套、体感设备、脑机接口设备、味觉感测器芯片等。除了感测器之外，当然每个器材都大体需要电源管理芯片、GPU、CPU/MCU、高容量DRAM/HBM内存、高容量NAND/NOR闪存芯片等。以VR终端为例，其硬件部分主要由处理器、存储、屏幕、光学器件、声学器件、壳料、辅料构成，其中处理器、存储、光学显示器件合计占比超80%。在计算芯片方面，高通为VR/AR开发了独立专用芯片，骁龙XR2成为市场主流，国产VR芯片起步较晚，全志科技、瑞芯等厂商提供了虚拟现实解决方案，但性能与主流芯片尚有差距。

软件板块为硬件提供支持与赋能，实现物理计算、渲染、数据协调、人工智能等功能，同时元宇宙需要借助大量的算法、渲染、3D建模等软件以及应用层面的操作系统。从整个软件生态技术演进方向来看，通过技术智能化的手段如数字虚拟人、传感器升级、软件驱动与硬件传感技术结合等使软件更加轻量化，同时又能够承载更复杂的效果，逐步SaaS化成为软件发展的主流趋势。当前各大厂商积极投身于适用于元宇宙的软件开发，英伟达在2021年8月宣布成立Nvidia Omniverse数字孪生平台，而开源3D动画工具Blender将支持通用场景描述，与Adobe合作开发Substance 3D外挂程序，设计者可以打造一个共通的虚拟环境。

3.2.2 产业链中游

中游为要素和服务集成，主要用于提供承载用户线上身份存在的平台。

服务包括平台分发、渠道销售、内容运营,核心要素包括NFT、虚拟货币等经济系统交易及一些独立身份、社交场景等。从当前发展阶段来看,以我国为例,涉及元宇宙中游的服务厂商,包括但不仅限于华为、紫光股份、中兴通讯、浪潮信息等ICT设备厂商,中国移动、中国联通、中国电信、中国广电等通信运营服务商,提供云服务的阿里云、腾讯云、华为云、天翼云等服务商,万国数据、宝信软件、奥飞数据等IDC数据中心,奇安信、深信服、启明星辰、天融信等网络安全服务商。除此之外,腾讯、字节跳动等平台内容厂商也依托其业务基础逐步拓展元宇宙要素服务集成业务。未来元宇宙数字资产、数字法币、虚拟货币的大量出现与全新经济系统运转还将催生一批全新的服务厂商,其范围可能拓展延伸至金融、数据服务、网络安全等更多领域。

3.2.3 产业链下游

下游应用板块提供医疗、教育、游戏等应用场景下的产品。当前元宇宙还处于较早期的阶段,由于底层架构、技术支撑、网络环境等方面尚未成熟,因此当前应用主要集中在游戏、影视、社交等娱乐领域。2021年各类游戏应用大量出现,任天堂、Roblox、Com2Us等游戏公司分别推出了原创元宇宙游戏;字节跳动推出元宇宙游戏《重启世界》;腾讯的天美工作室也推出了以《头号玩家》为标准的虚拟社区"绿洲"。同年,社交领域应用百花齐放,Meta推出主打"行为社交网络"的远程办公应用程序,利用VR设备可以实现在虚拟现实中进行会议;Yalla声称正在开发一款尖端的社交应用,该应用将成为首个为中东和北非地区定制的元宇宙社交应用;2021年11月,微软宣布将在2022年上半年推出Mesh for Microsoft Teams预览版,让该聊天协作平台进入元宇宙的世界。未来,伴随着底层架构的不断成熟与对实际应用的探索试验,元宇宙应用场景将会渗透至生活中的各个领域,如教育、交通出行、办公、金融投资、医疗健康等。

3.2.4 产业链总体发展趋势

元宇宙的构建涉及硬件、软件、服务、应用等多个领域,随着元宇宙市场空间的不断增长,元宇宙产业将在上、中游基础产业环节和技术研发环节及下游市场拓展环节不断延伸,必将与更多产业交叉融合,产业链持续延长。从底层架构来看,元宇宙经济系统的构建带动了区块链、数字货币与NFT(非同质化代币）等新兴行业的发展；从后端基建来看，除了框架与协议，底层技术支撑还包括通信基础设施、GPU、云计算、AI、算力与网络等涵盖软硬件的基础设施；从前端设备来看，增强现实（AR）、虚拟现实（VR）、脑机接口等是实现让用户持续稳定接入元宇宙、获得沉浸式体验的基础，硬件核心环节涉及芯片、传感器、显示屏、光学设备等，随着交互技术的不断演进，新的接口技术与交互产品不断出现，相关产业链将持续延长；从场景内容来看，当前元宇宙概念不再局限于游戏娱乐，逐渐向社群交流、内容创作、虚拟经济、教育、医疗等多领域拓展，未来全景社交将成为虚拟现实终极应用形态之一。

从我国的元宇宙产业链布局情况来看，当前我国在产业链上游硬件制造与开发、后端基建，中游软件集成及技术服务，下游产品与应用领域均有涉及，现阶段主要布局集中在上游硬件研发与中游技术服务领域，下游内容及应用领域虽有涉及但落地项目较少，尚需进一步拓展延伸。当前中国市场的元宇宙硬件设备以中国厂商自研产品为主，围绕 XR 核心器件及其他硬件，我国拥有舜宇光学、韦尔股份、歌尔股份、长盈精密、利亚德、惠牛科技等一批技术企业；在算力芯片领域，全志科技、上海贝岭、瑞芯微等企业不断推出创新产品；人工智能领域，技术研发持续发展，并不断与各种创新科技实现深度融合，越来越多的 AI 公司业务范围也随之扩大，实现了各类创新 AI 产品和应用案例落地；在云计算与边缘计算领域，我国三大运营商已经展开广泛探索；在下游内容与应用领域，相较于其他国家，中国具备领先的 5G 基建、数字化建设，且在创意红利背景下，中国"to C"端内容消费优势明显，产业延伸潜力巨大。随着元宇宙核心技术的突破与产业高速发展，我国元宇宙产业图谱将加速完善，产业链条将进一步延伸。

3.3 产品种类日渐丰富

随着技术融合不断加速，产业架构逐渐明晰，元宇宙产品种类正在日渐丰富。在元宇宙产品创新上，国内外的巨头们都在紧锣密鼓地研发自己的产品，全球科技企业持续在元宇宙领域加大布局与投入，AR、VR、脑机接口等虚拟终端产品，虚拟人、仿生机器人、虚拟土地、数字藏品类服务产品，游戏、社交等内容及应用产品不断涌现。整体来说，国外科技巨头处于行业领先地位，引领行业风向，国内科技巨头正加快探索，布局逐步加快。

3.3.1 虚拟终端设备——VR/AR产品

以当下应用最广、提到最多的虚拟终端设备为例，国外方面，技术领先为其产品发展提供先天优势。目前在VR终端厂商中处于全球领先的Meta（Facebook），2021年第二季度其全球VR设备出货量同比增长了51%。2021年，Meta发布了Oculus Developer Hub、Presence Platform等一系列适用于VR开发的平台和工具，助力VR技术发展和产品创新。同时，Meta与雷朋合作推出了智能眼镜产品——Ray-Ban Stories，并预计于2023年发布。在MR领域投入较多的微软，于2021年4月与美军正式签订MR产品HoloLens订供货合同。同年5月，微软已经确认正在开发下一代产品HoloLens 3，该版本更加适用于消费者。此外，Google正在加紧研制采用其最新处理器，全自研的Tensor芯片的AR眼镜产品——Iris，并表示该产品将于2024年上市。

国内方面，当前VR/AR相关企业更加侧重硬件产品研发。歌尔股份是全球中高端VR产品的主要代工厂商，在VR/AR设备上的结构件、3D立体声学、传感器等方面具备行业优势，占据Facebook Oculus产品以及PSVR等主流VR头显的绝大部分代工份额。瑞芯微是VR一体机市场的芯片厂商，目前旗下拥有RK3399、RK3288两款分别针对高中端及入门级市场的VR一体机解决方案，可供客户用于VR类产品开发。全志公司目前针对VR市场主要有H8和H8vr两颗芯片，2021年四季度针对移动VR游戏市场推出全新的VR9，其性能提升了4倍，2022年还将推出采用全新架构，集成LTE、AI模块的VR10，其性能相比VR9将提升2倍。影像传感芯片是AR及VR等设备的核心环节之一，晶方科技是大陆首家、全球第二大能为影像传感芯片提供晶圆级芯片尺寸封装（WLCSP）量产服务的专业封测服务商。睿创微纳是专业从事非制冷红外热成像与微机电系统（MEMS）传感技术开发的集成电路芯片公司，主要产品包括非制冷红外热成像MEMS芯片、红外热成像探测器、红外热成像机芯、红外热成像仪及光电系统等。

3.3.2 仿生机器人

随着元宇宙融合技术的不断发展，尤其是人工智能技术的突破攻关，近年来仿生机器人产品不断出现，产品品类不断增多，功能越发强劲。

从国外方面来看，美国在仿人机器人进行布局的主要有 Boston Dynamics（波士顿动力公司），其旗下主要的产品是 Atlas 人形机器人和机器狗，Atlas 可以在复杂的地形处自主导航，从而帮助识别位置。它们都非常的灵活，可以帮助人们做许多的事情，例如，机器狗可以收拾家里的衣物，也可以托运货物，还可以写字。韩国布局的企业主要是 SAMSUMG（三星），目前其正在开发两类机器人，分别是家庭护理机器人和零售机器人。如 2021 年 1 月，三星发布了两款新的机器人，分别是 Bot-Care 以及 Bot-Handy。其中，Bot-Care 是个人助理机器人，它拥有强大的学习能力，既可以当机器人的小助手及其伴侣，也可以记录主人的日常习惯，从而为主人提供叫醒等服务；Bot-Handy 是一款可以做清洁的机器人，它的高度可以自由调节，从而可以拿取或者放置不同高度位置的物品。德国布局机器人的企业是 FESTO，和以上的公司都不一样，它主要是做仿生物机器人，旗下的产品有仿生蝴蝶机器人、仿生蜘蛛机器人、仿生雨燕机器人、仿生鱼、仿生袋鼠等，且每一款机器人做得都非常的精美，看起来活灵活现。

与此同时，国内仿生机器人公司不断发力，也推出了一系列具有代表性的仿生机器人产品。汉森机器人公司旗下的索菲娅（Sophia）可以模仿人类 62 种表情，可以唱歌、哭泣等，索菲娅还安置了强大的学习算法，能学习很多人类的行为。在今年，汉森机器人还推出了索菲娅的妹妹——格蕾丝，它是一位机器人护士，里面安装了传感器和热像仪，不仅拥有记录病人体温以及脉搏的能力，还可以和病人聊天，从而减轻医生和护士负担。优必选则推出了两大类机器人，分别是熊猫机器人优悠和大型仿人服务机器人 Walker X。优悠是以大熊猫为原型所制造出来的机器人，样子十分可爱，它拥有 41 个"关节"，不仅会打太极，还会用毛笔写字等，是一个多才多艺的机器人。Walker X 是服务型的机器人，它拥有主持、按摩，以及陪用户下棋等功能，是一个功能很强大的服务型机器人。康力优蓝旗下的机器人主要是运用在家用、商用、教育等方面。2021 年 9 月，康力优蓝发布了最新的多功能的 AI 烹饪机器人，这一款机器人会炒菜、焖炖、蒸煮、称重、识物等 18 种做饭需要的功能，内置了 3000 多种菜品，它做菜的手艺堪比星级大厨。

3.3.3 虚拟人产品

与此同时，交互更加自然，兼具多种功能性的虚拟人在多种技术加持下，创新产品不断推出，功能逐步完善，虚拟人产品在虚拟演出、虚拟带货、虚拟教育、生活陪伴、虚拟情人、文旅导游，以及品牌的虚拟人格化等应用场景不断拓展深入。

国外方面，2021年初，虚幻引擎缔造者Epic Games发布超逼真角色创建工具MetaHuman Creator，可以制作高度逼真的人脸并支持人体动作和面部动画，大幅缩短虚拟人的制作时间。2021年11月，英伟达亦推出Omniverse Avatar平台，用于开发AI驱动的交互式虚拟形象，该平台提供集成的建模、渲染方案，结合AI技术，大大减轻了开发者的开发负担。

国内方面，各方技术的突破和优质引擎的推出均为虚拟人产业提供坚实的底层技术支持，虚拟人产品持续丰富。2021年12月，百度正式推出名为百度智能云曦灵的智能数字人平台，提供一站式的虚拟人的创建与运营服务，实现AI技术赋能。2021年，腾讯通过投资Epic Games、Snap等公司创新3D渲染、镜像模拟等应用。同年，字节跳动在东南亚地区上线一款主打AI捏脸功能的Pixsoul产品。通俗地讲，Pixsoul产品是现实人物的一个虚拟化身，以虚拟化身的视角将现实人物带入游戏世界。此外，新型渲染技术的出现使虚拟人皮肤纹理变得真实，突破了恐怖谷效应，虚拟人的真实性和实时性实现大幅提升。2021年，燃麦科技打造了国内首个MetaHuman（超写实数字人）——AYAYI，区别于虚拟偶像，AYAYI有着更贴近真人的虚拟形象，在皮肤质感上做到了对真人的高强度还原，并且可以依据不同光影条件做出相应的模拟和渲染。同年，创壹视频推出了超写实虚拟人——柳夜熙，其运用的引擎建模、渲染、运动捕捉、真人CG等技术已能完成高度仿真。

3.3.4　元宇宙游戏

在元宇宙内容与应用领域，游戏作为元宇宙的雏形，已具备元宇宙所拥有的虚拟身份、社交、经济系统等特点。随着底层支撑技术及VR/AR等设备技术的加速发展，国内外元宇宙游戏得到长足发展，各类产品不断涌现。

国外方面，Meta、微软、WIMI.US等互联网巨头在元宇宙领域中的投资均涉及游戏领域，任天堂、Roblox、Com2Us等游戏公司分别推出了原创元宇宙游戏。元宇宙热门游戏如表3-1所示。

国内方面，2021年，字节跳动推出元宇宙游戏《重启世界》。网易重点投资以游戏为核心的相关生产力技术，如Netvios（虚拟现实）和Quantic

Drea。2021年，腾讯在相关游戏发布会上公布了《ZPLAN》等4款元宇宙概念游戏。此外，一些企业也在技术侧为中国游戏产业元宇宙发展提供支撑，如元境、Unity等，通过与游戏企业的深入合作来推动元宇宙的发展。元宇宙相关技术的发展将助力游戏持续创新，在显示技术、交互技术、通信传输技术等的驱动下，游戏的显示效果、交互体验、功能范围不断拓宽，影响范围也持续扩大，围绕核心游戏产业将拓宽出竞赛、社区、IP等更丰富的形式。云计算及相关技术的出现让游戏娱乐场景覆盖更广成为可能，在游戏机平台阶段，游戏发行商通过将游戏与非游戏相结合，在虚拟世界进行音乐会、时装秀、IP联动和媒体联名等活动，能够为玩家呈现更自由、开放和真实的环境。

表 3-1　全球热门元宇宙游戏简介

序号	游戏名称	公司名称	发布时间	简介
1	Decentraland	DCL	2017年	Decentraland基于以太坊区块链为用户构建了一个居于链上的虚拟世界，用户可以在Decentraland的主体世界里参观其他玩家拥有的建筑，参与位于各建筑内的活动与游戏，触发一些特殊剧情（如捡到收藏品等），和其他偶遇的玩家通过语音或文字对话，操纵自己的Avatar在这个虚拟世界里尽情畅游
2	Axie Infinity	Axie Infinity	2018年	该游戏是一种数字化宇宙，该宇宙拥有14万Axie，每个Axie都有独有的特征，这些特征决定Axie在战场上的行为。Axie和Land plots（土地地块）由非同质化通证（non-fungible tokens, NFT）构成，用户在Axie Marketplace或Uniswap上可以使用不可替代的代币、游戏资产和原生代币进行交易
3	Alien Worlds	Alien Worlds	2020年	Alien Worlds是一款基于区块链技术开发的DeFi Metaverse游戏，玩家可以通过挖矿赚取Trilium（TLM），每次挖矿时还有一定的几率挖到NFT

续表

序号	游戏名称	公司名称	发布时间	简介
4	星链	SpaceX Starlink	2020年	星链是以太链上一个100%由社区拥有的去中心化的虚拟空间元宇宙与NFT结合的项目，Starl是星链元宇宙生态系统的唯一治理代币，该游戏涉及虚拟太空游戏，NFT拍卖，交易虚拟卫星、航天器，购买卫星土地，交易宇宙空间中的生活用品，通过社交来探索整个宇宙
5	The Sandbox	TSB Gaming Ltd.	2020年	The Sandbox是一个虚拟游戏世界，通过基于以太坊的功能型代币SAND，游戏玩家可以创建和拥有不同的游戏体验，并从中获得收益。游戏玩家可以通过The Sandbox Game Maker创建数字资产（非同质化通证，也称NFT），将其上传到商店
6	Illuvium	Illuvium	2021年	Illuvium是基于以太坊网络构建的开放世界GameFi游戏。该游戏的原生货币ILV用于通过游戏的赚取功能奖励游戏玩家，并作为项目的治理代币
7	My Neighbor Alice	My Neighbor Alice	2021年	My Neighbor Alice是一款多人合作的农场游戏。玩家在游戏中建造自己的虚拟土地，与邻居互动，进行刺激的日常活动，并获得奖励 My Neighbor Alice通过区块链，让玩家参与游戏并获得奖励，对游戏资产进行分发
8	My DeFi Pet	TopeBox	2021年	My DeFi Pet是一款虚拟宠物游戏，结合了DeFi（分布式金融）、收藏品和个性化设计。DPET代币被用作My DeFi Pet游戏中的主要货币，它存在于BSC、KardiaChain以及未来的以太坊和Polkadot。主要用于交易、交换、提升宠物及其特殊品质

数据来源：赛迪区块链研究院整理

3.3.5 数字藏品

2021年以来，众多数字藏品映入大众眼帘，并引入元宇宙概念，热潮轮流席卷而来，各类数字藏品平台也崛地而起。一位国外的 12 岁少年通过数字藏品在两个月内收益 34 万美元，一幅名为 The Merge 的数字藏品卖出 9180 万美元高价。NBA 著名球星库里花 10 万美元购买的数字藏品头像火遍社交媒体，引发了一阵换头像风潮。数字藏品逐渐成为数字文创领域的热点话题，路易威登、巴宝莉、奥迪、保时捷、可口可乐等国际大牌也纷纷推出了自己的数字藏品。2021 年 7 月，可口可乐和数字可穿戴设备设计平台 Tafi，联合推出了 NFT 数字藏品，这组名叫 Coca-Cola Friendship Box 的作品包含四个稀有的单版动态 NFT 和一个隐藏惊喜：一款金属红色的泡泡夹克，其灵感来自可口可乐的旧送货制服，可在 Decentraland（一个虚拟世界的平台）里穿戴；一张友谊卡，仿照 1940 年代的可口可乐游戏卡设计；一款声音的模拟器，包括可口可乐开瓶的声音、饮料倒在冰块上的声音、气泡发出的声音等；还有一台复古的冰箱，仿照 1956 年老式自动售货机重新设计后上线元宇宙；以及在赢得拍卖和打开可口可乐友谊战利品盒后隐藏的彩蛋。2021 年 5 月，古驰发布了首款数字虚拟运动鞋——Gucci Virtual 25，这双鞋不能转售，只能在线上世界穿，买了之后可以在虚拟世界"穿"上它拍照或录制小视频，然后分享出去。

随着数字藏品越来越火，诸多的品牌、名人也开始参与到这一新兴领域，甚至出现了专门的交易市场。如全球最大的 NFT 交易平台 opensea，每天都有大量的交易产生，其平台上卖的东西五花八门，包括艺术品、音乐、球鞋、卡片、虚拟土地等。同时，国内的数字虚拟产品也大量涌现。2021 年 11 月，央视动漫联合第三方支付平台发行了两款 3D 数字藏品，分别是国漫的经典形象——小龙女和哪吒，两款产品在开售后不久就被抢购一空。2022 年 1 月，国内首个网文 IP 数字藏品《大奉打更人之诸天万界》开启预约，限量 2000 份，于 1 月 8 日正式发售，这是基于腾讯云至信链技术协议发行的加密数字商品，是阅文集团入局数字藏品的首期项目。2022 年 1 月，B 站官方认证号"哔哩哔哩数字藏品"发布一条动态，宣布旗下首款数字艺术头像《鸽德》正式开放报名，全网限量 2333 个，这意味着 B 站正式进入了发行数字藏品的大军。2022 年 2 月，小米对外发布数字藏品《芯纪元》3D 模型，腾讯几乎在同一时间上线了《2021 年度·关心画布》数字藏品，OPPO 也推出了《Find N 元宇宙奇旅》数字藏品限定礼盒。

3.3.6 其他创新产品

不仅仅在 VR/AR、虚拟人等当前发展较为迅速的产品领域，在云服务、操作系统、脑机接口、医疗健康应用、交通出行等领域中的各类元宇宙产品也均有创新。如 2021 年，哈佛大学创新实验室的华人团队 BrainCo 在康复领域推出了 BrainRobotics 智能仿生手和智能仿生腿，让伤残人士可以完成正常工作活动，同时，该团队还推出了 StarKids 产品，探索开发用于治疗自闭症的数字治疗手段，此外，BrainCo 正在研发 Focus 专注力训练等多款基于脑机接口横跨不同领域的产品。特斯拉推出的双足仿人机器人 ART-2，使用 Linux 操作系统，搭载机器人"运动脑"，采用双腿行走的步态设计和算法，解决多种仿人机器人核心零部件的自主研发，以实现机器人全身 36 自由度（DOF）转动，并在应用上取得了双足行走、物体抓取等类人运动功能的突破性进展。微软也表示将持续在云服务、操作系统、应用程序等方面强化 Mesh、Azure、Dynamics 等产品研究，为用户提供多功能、优体验的创新产品。

国内方面，2022 年 3 月，浪潮信息发布了首款元宇宙服务器 MetaEngine，为元宇宙数字空间的创建和运行提供强大算力，目标是构建软硬一体化基础设施，服务于大规模、高复杂、高逼真数字场景的协同创建和实时渲染仿真，成为连接现实世界和数字世界的坚实底座。单台 MetaEngine 元宇宙服务器即可支持 256 位元宇宙架构师协同创作，每秒 AIGC（AI Generated Content，利用 AI 技术自动生成）2000 个数字场景，实现 1000 位 VR/AR 用户共享 10K 超高清 3D 数字世界的顺畅体验。

3.4 产业规模持续扩大

从产业发展角度来看，元宇宙在某种程度上象征了新一代数字经济。而在数字经济的大背景下，随着科技发展的日新月异，社会发展也产生了新产业、新业态、新商业模式，元宇宙的出现能够满足社会发展的新需求，带动相关产业发展，促进社会经济提升。

从现阶段的元宇宙产业发展特点和趋势来看，元宇宙产业涉及多个领域，是由多个核心产业链条共同组成的全产业链生态体系。赛迪区块链研究院认为，目前元宇宙的产业规模指的是新阶段中以区块链、AR/VR、虚拟数字人、机器人等核心产业为整体的产业规模，如图 3-5 所示。因此，赛迪区块链研究院重点关注信息与通信技术产业及基础软硬件产业，以及连接与组成元宇宙数字虚拟世界的重要核心产业，总结分析了从 2021 年以来元宇宙整体产业发展中最为活跃强劲的核心产业发展情况，即作为构建元宇宙经济及规则基础的区块链产业、连接虚拟与现实世界通路的 AR/VR 产业、打造元宇宙虚拟化身的虚拟数字人产业、拓展人类能力与体验的机器人产业，通过分析核心产业链的产业规模及市场情况，进一步了解预测元宇宙产业发展现状与发展态势。伴随着元宇宙底层技术不断完善，元宇宙应用服务场景逐渐拓展，市场规模逐渐扩大，极大带动了核心产业综合实力的不断增强与产业规模持续攀升。

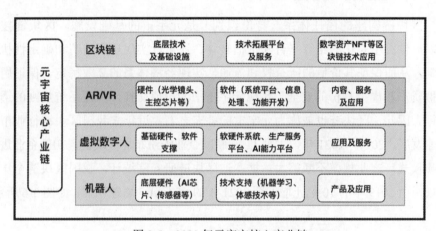

图 3-5　2021 年元宇宙核心产业链

综合统计元宇宙所包含的核心产业规模及其他支撑技术产业规模，2021年中国元宇宙产业规模约为 2500 亿元。同时，从各大核心产业的企业发展、产品更新以及应用推广来看，元宇宙产业规模将持续扩大。目前，外界已经有相关研究机构对元宇宙市场规模进行初步判断，如据彭博行业研究预计，元宇宙市场规模将在 2024 年达到 8000 亿美元，在 2030 年将达到 15 000 亿美元，10 年的 CAGR（复合增长率）达 253%。与此同时，Gartner 研究表示，通过从数字业务转向元宇宙业务，企业将能够以前所未有的方式扩大和加强其业务模式，到 2026 年，全球 30% 的企业机构将拥有用于元宇宙的产品和服务。摩根士丹利发布的研报称，中国的元宇宙市场规模在 2025 年可能达到 52 万亿元，约 8 万亿美元。当前元宇宙市场正在加速拓展中，伴随着产业元宇宙的发展与完善，元宇宙应用领域与应用深度将不断拓展，产业发展潜力巨大。

以下分别介绍元宇宙各核心产业发展情况。

3.4.1 区块链产业

首先以区块链产业链为例，自 2009 年至今，区块链走过了以数字货币为代表的区块链 1.0 时代和以智能合约为代表的区块链 2.0 时代，到如今进入到区块链技术全面应用的区块链 3.0 时代，区块链技术不断发展创新，产业生态逐步完善。伴随着近年来的元宇宙概念的兴起，作为重要支撑技术之一的区块链技术及其相关产业引发了新一轮的发展热潮。

1. 产业规模不断增长

区块链构建的信任体系（身份识别）是元宇宙的基础设施，区块链技术可以提供去中心化的结算平台和价值转移，还可以实现规则透明和确定性执行机制，从而保证其价值的所有权和流通，实现经济体系的高效稳定，保证用户虚拟资产和虚拟身份的安全，实现元宇宙中的价值交换，保证系统规则的透明执行。因此，区块链也被称为元宇宙的补充之石。近年来我国区块链行业市场加速发展，2017—2021 年，大型 IT 互联网企业纷纷布局区块链，初创企业进入井喷模式，产业规模不断扩大。据赛迪区块链研究院统计，我国区块链全年产业规模由 2019 年的 10 亿元增加至 2021 年的 65 亿元，增速明显，如图 3-6 所示。

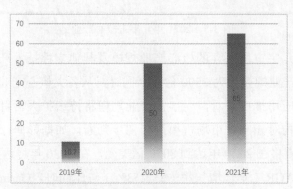

数据来源：赛迪区块链研究院整理

图 3-6 2019—2021 年中国区块链产业规模（亿元）

2. 企业规模增速较快

在企业规模方面，赛迪区块链研究院调研相关厂商和业内专家，同时对国家工商总局企业信息查询平台、企业公共信息查询平台中专业从事区块链底层技术、应用产品、技术服务方面的企业进行查询统计，截至2021年底，我国提供区块链专业技术支持、产品、解决方案等服务，且有投入或产出的区块链企业超1600家，其中2021年新增区块链企业超200家，如图3-7所示。从2021年新增区块链企业情况来看，同比2020年，产业链中游数据服务、下游领域应用与产业服务企业占比大幅增加，聚焦行业领域应用的区块链企业数量开始增多。随着2010—2021年资本大量投入，我国区块链产业已初具规模。2021年我国区块链产业稳步发展，区块链产业生态系统初步形成，上游产业布局基本具备，中下游产业布局迅速扩展，融合上下游产业的行业服务性产业布局逐步加快。

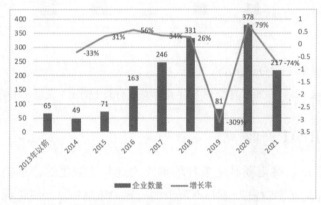

数据来源：赛迪区块链研究院整理

图3-7　我国历年区块链企业新增数量及增长率

3. NFT产品发展势头较猛

NFT作为2021年风头正劲的元宇宙产品，发展前景广阔。市场调查机构Chainalysis的报告显示，2021年NFT市场规模至少达到269亿美元，折合人民币达千亿。根据NFT数据公司Nonfungible.com的一份新报告，如图3-8所示，2017—2021年全球NFT产品交易额不断攀升，2021年NFT产品市场交易额达到2.36亿美元，比2020年的6128万美元飙升了285%。最受欢迎的NFT类别是收藏品，销售额约为8000万美元，其次是游戏NFT，销售额达到4000万美元。据摩根士丹利预测，到2030年，全球数字藏品市场将增长到3000亿美元。

在国内，出于严格的监管要求，NFT市场还在进一步发展中。根据元宇宙 Meta 洞见，以蚂蚁链的销售额以及全球 NFT 增长率为基础，2020 年，中国 NFT 市场规模为 3.02 亿元，预测中国 NFT 市场规模在 2026 年将达到 295.2 亿元，年平均增长率约为 150%，未来发展潜力大。根据 150% 的年增长率，预计 2021 年中国 NFT 市场规模约 7.55 亿元。

数据来源：NonFungible

图 3-8　2017—2021 年全球 NFT 市场总交易额（美元）及增长率情况

3.4.2　VR/AR产业

无论元宇宙最终需要具备怎样的形态变迁与要素更迭，连接现实与虚幻的连接设备都是元宇宙发展中必不可少的一环，VR/AR 以其三维化、自然交互、空间计算等完全不同于移动互联网的特性，被认为将是下一代通用计算平台。

1. 产业规模快速增长

从 VR/AR 产业来看，2016—2021 年，VR/AR 产业在完成市场出清、硬件迭代、内容积累之后，逐渐克服硬件和内容生态的核心短板。随着消费级硬件出现，爆款内容不断增多，产业将打破"爆款内容匮乏－硬件销售萎靡－内容厂商不敢投钱制作"的恶性循环，进入复苏期。从国内来看，在技术发展与政策支持的大力推动下，我国 VR/AR 行业产业规模近年来保持高速增长。赛迪数据显示，2020 年我国 VR/AR 行业产业规模达到 413.5 亿元，同比增长 46%，2021 年产业规模超过 500 亿元。随着技术日趋成熟，VR/AR 在各领域的应用逐步展开，预计 2023 年我国 VR/AR 行业产业规模将超过千亿，如图 3-9 所示。

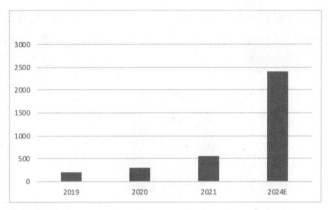

数据来源：IDC

图 3-9　2019—2024 年中国 VR/AR 产业规模（亿元）统计及预测

2. 企业规模正在扩大

从企业规模来看，企查查数据显示，截至 2021 年底，我国注册的 VR/AR 相关企业超 23000 家，2021 年全年新增 VR/AR 硬件制造、服务平台、应用服务以及相关服务的企业超 2400 家。2021 年，我国 VR/AR 企业产业链分布将更趋均衡。据 2021 年世界 VR 产业大会云峰会发布的中国 VR50 强企业榜单资料显示，2021 年中国 VR 产业 50 强企业中，年销售额超亿元的企业占比首次超过 50%，达到 27 家，2019 年仅为 14 家。北京沃东天骏、京东方、北京达佳互联、歌尔股份、科大讯飞位列前五位。2021 年销售额为 1 亿 ~10 亿元的企业数量增长明显，从 2019 年的 7 家猛增至 17 家同，具有代表性的有百度、爱奇艺、影石创新科技、NREAL、亮风台、上海影创、青岛小鸟看看、当红齐天、凌宇智控、联想新视界、深圳市虚拟现实技术、千种幻影等企业。

3. 市场规模前景可观

从应用市场层面来看，当前 VR/AR 在贸易、工业制造、地产建筑、医疗健康、教育培训、休闲娱乐等领域已经得到广泛应用。未来随着 VR 产业链条的不断完善以及数据累积的不断丰富，VR 将充分与行业结合，由此展现出强大的"飞轮效应"，快速带动行业变革，催生出更多商业模式并创造更多的商业价值。同时，根据 IDC 数据，虚拟交互的游戏、视频等内容已经成为 B to C 大众消费领域的主要方面。B to B 商用消费领域增长速度较快，随着 VR/AR 技术的进步，VR/AR 有望在商用消费领域产生更多应用场景。从国内市场看，到 2025 年，AR/VR 消费级应用市场规模预计将不低于 296 亿元，企业级应用市场规模将不低于931亿元,目前中国VR/AR行业领域支出中,B to B商用消费占比52%,B to C大众消费占比48%,如图3-10所示。

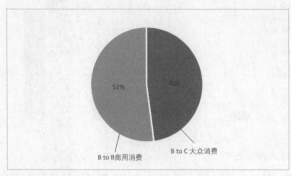

数据来源：IDC

图3-10　中国VR/AR行业领域支出占比

3.4.3　虚拟数字人产业

虚拟数字人指存在于非物理世界中,由技术手段创造及使用,并具有多重人类特征（如外貌特征、娱乐互动能力、表达能力等）的综合产物。

1. 市场发展火热

近年来元宇宙的热潮加速推动虚拟人产业的发展,企业在持续构建多样性的虚拟人IP矩阵外,还开拓虚拟人智能化、场景化发展。随着泛娱乐生态的繁荣发展,虚拟人物形象在音乐平台、游戏、直播等更多线上场景出现。元宇宙为虚拟人发展提供了契机,资本的入场将使得虚拟人的商业价值不断被挖掘和释放。同时,虚拟数字人产业的发展涉及众多技术领域,涵盖AI技术、实时渲染技术、3D建模技术以及动作捕捉技术等。数据显示,截至2021年,中国开通5G基站超139万个,5G技术的创新进一步推动了中国虚拟数字人产业发展。在技术与市场的双重驱动下,虚拟数字人产业蓬勃发展。与此同时,虚拟人作为元宇宙时代的重要代表产品,其市场发展潜力不可限量。根据《虚拟数字人深度产业报告》中的相关数据,预计到2030年我国虚拟数字人整体市场将突破2500亿元。

2. 整体规模增速迅猛

从虚拟人相关企业来看,2021年,互联网巨头、上市公司、投资机构、新闻媒体纷纷出手，加速投注并布局虚拟人产业。仅 2021 年国内新增虚拟人相关企业超 6 万家，领域涵盖虚拟人技术平台类，如虚拟人相关动作捕捉、画面渲染、AI 算力等软硬件系统和技术平台；虚拟人服务运营类，如虚拟人形象策划、应用场景设计、IP 包装运营、商业推广等服务机构；以及虚拟人产业应用类，如数字员工、智能客服、虚拟主播、影视替身、歌舞偶像等。虚拟偶像是虚拟数字人较早被认可的细分赛道之一，属于身份型虚拟数字人。在群众娱乐需求持续增长以及网络和影像音频技术不断迭代的环境下，我国虚拟偶像产业逐渐走入发展的高峰期。数据显示，2020 年，我国虚拟偶像市场规模为 34.6 亿元，较上年同比增长 68.8%；2021 年，我国虚拟偶像市场规模约为 62.2 亿元，较上年同比增长 79.8%。iiMedia Research（艾媒咨询）数据显示，虚拟偶像产业将保持稳定增长态势，2021 年，虚拟偶像的带动市场规模和核心市场规模分别为 1074.9 亿元和 62.2 亿元，预计 2022 年将分别达到 1866.1 亿元和 120.8 亿元，如图 3-11 所示，虚拟偶像产业发展已进入"快车道"。虚拟主播则属于代表性服务型虚拟数字人，虚拟主播能够降低主播行业成本，为存量市场降本增效，且随着其趣味性优势凸显，虚拟主播规模快速增大。目前我国主播账号累计超 1.3 亿，其中虚拟主播占比 40%。

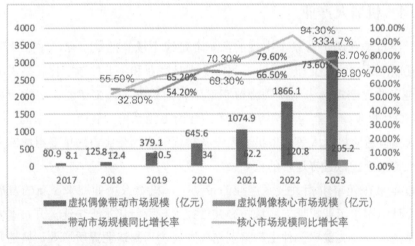

数据来源：艾媒咨询

图 3-11　2017—2023 年中国虚拟偶像核心市场和带动市场规模及预测

3. 应用市场态势良好

从市场方面来看，虚拟人产业链内基础层和平台层格局相对稳定，应用层仍有较大拓展空间。基础层主要包括制作虚拟人所需的硬件和软件，平台层主要包括相关技术（动作捕捉系统、AI 能力平台等），目前或已形成相对较为稳定的市场格局。而在应用层，主要包括影视（数字替身等）、传媒（虚拟主播/主持人等）、游戏（数字角色等）、金融（数字员工等）、文旅（虚拟导游/讲解员等）等，目前虚拟人仍未实现大面积应用，将有较大的市场发展空间。其中值得注意的是，我国移动互联网发展迅速，元素多元，应用端创新能力较强，在触达用户的广度上更具优势，直播场景是我国特有的虚拟人落地场景。根据快手和阿里巴巴的公告，2020 年快手和淘宝直播的 GMV 分别为 3812 亿元和超 4000 亿元，预计到 2025 年虚拟人直播带货或能为 MCN 公司贡献 1591 亿元收入。未来，除了 IP 型虚拟人，随着 NLP（自然语言处理）、XNR（深度神经网络渲染技术）等 AI 技术的成熟，越来越多的服务型虚拟人将在具体行业中找到自己的明确位置。虚拟人的 B 端市场将不断拓宽，服务型虚拟人将成为虚拟人产业发展的一大趋势，未来，虚拟人在文旅、影视、综艺、金融等服务占比较高的行业中将大有作为，借助虚拟人带来旅游场地讲解、数字替身、AI 虚拟主持人、数字员工等服务场景，在有限成本的情况下将给用户带来更沉浸、更有新鲜感的体验。

3.4.4　机器人产业

元宇宙是在两个背景下出现的，一个是线下场景的数字化，主要体现在消费互联网领域的社交和娱乐上，另一个则是产业和工业的数字化转型需求，也就是工业元宇宙。未来，融合数字孪生、大数据、人工智能、边缘计算、XR、5G、北斗、卫星互联网等新技术的智能工控系统、智能工作母机、协作机器人、自适应机器人等新型机器人设备将逐渐成为元宇宙的重要组成部分，成为维持数字虚拟世界运转的重要一环。

近年来在元宇宙相关技术产业的带动下，机器人产业迎来了新的发展。随着全球范围内工业机器人领域核心共性技术与智能化水平快速提升，本体研发、系统集成、关键零部件生产得到充分发展，为制造业提质增效、换挡升级提供了全新动能。此外，依托人工智能、云计算、大数据、物联网等技术的普及使用，服务机器人的功能场景不断拓展，带动相关产业规模的高速增长。

1. 市场规模稳定增长

当前，我国机器人产业规模进入稳定增长期。如图 3-12 所示，目前我国机器人市场分为服务机器人、工业机器人、特种机器人。虽然在2019年至2021年期间受市场需求波动的影响，我国机器人市场规模出现轻微下滑，但由于率先突破疫情影响，机器人市场呈现加速复苏趋势，大量"非接触"式服务也为机器人提供了更为广阔的应用空间。2021年，我国机器人市场规模达到839亿元，其中工业机器人445.7亿元，服务机器人302.6亿元，特种机器人90.7亿元，预计2016—2023年的平均增长率达到18.3%。从工业机器人产业规模来看，据IFR统计，2020年在全球机器人市场受疫情影响出现下滑时，我国工业机器人市场已经开始复苏，相比于2019年装机量提升18.8%。2021年，我国工业机器人市场规模达到445.7亿元，到2023年，国内市场规模进一步扩大，预计将突破589亿元。从服务机器人市场来看，2020年，我国服务机器人市场快速增长，医疗、教育、公共服务等领域需求成为主要推动力。在市场需求波动的影响下，我国服务机器人市场规模及总体占比持续增长。2021年，我国服务机器人市场规模达到302.6亿元，高于全球服务机器人市场增速。到2023年，随着视觉引导机器人和陪伴服务机器人等新兴场景和产品的快速发展，我国服务机器人市场规模有望突破600亿元。2016年以来，我国服务机器人市场年平均增长率达到27.5%。2021年，我国特种机器人市场规模达90.7亿元，增速达到36.3%，高于全球水平。到2023年，特种机器人的国内市场规模有望突破180亿元。

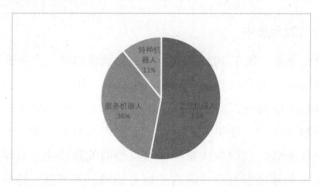

数据来源：IFR

图3-12　2021年我国机器人市场结构

2. 企业规模整体庞大

如图3-13所示，从机器人相关企业来看，企查查数据显示，我国目前现存机器人相关企业超30万家。2020年我国新增机器人相关企业6.98万家，同比增长77.36%，是近10年新增机器人相关企业最多的一年，2021年，我国共新增机器人相关企业超9万家。从各省市来看，广东省的机器人企业数量居全国首位，共有6.81万家，江苏省和山东省分别有机器人相关企业4.36万家、2.73万家，位居前三，此后依次为浙江、上海、福建等省市。企查查数据显示，从城市分布来看，广州市拥有最多的机器人相关企业，有2.60万家，深圳市、苏州市分别拥有机器人相关企业2.38万家、1.73万家，位居前三，此后依次为西安、杭州、东莞等城市。

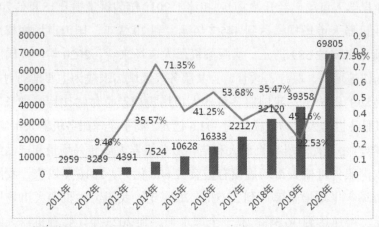

数据来源：IFR

图3-13　2011—2020年我国机器人企业注册数量及增长率

3.区域分布较为集中

从区域分布来看，截至2021年底，长三角地区机器人企业数量超过4200家，尽管受疫情蔓延及全球制造业增速下滑影响，2021年长三角地区机器人销售收入仍超过190亿元，产业规模领跑全国。长三角地区有较为完整的工业机器人产业链条布局，在引入国际巨头研发基地与产品中心的同时，依托区域内本土龙头企业，实现以大带小、以点带面的规模化发展路径。服务机器人方面，长三角地区拥有众多国内外知名品牌，其产品广泛分布于餐饮、商超、安防、医疗等需求较强、使用频次高的应用场景，逐步占据主流市场。长三角地区机器人产业园区数量全国领先且布局合理，重点聚焦于"机器人＋智能制造"领域，集研发、应用、博览、服务、培训于一体，逐步打造活跃的创客文化并孵化生态圈，综合配套设施日趋完善，持续吸引创新企业入园。

3.4.5 其他产业

除区块链产业、VR/AR产业、虚拟数字人产业、机器人产业等连接构建元宇宙虚拟数字世界的核心产业链外，元宇宙产业同样还是芯片、CPU等基础设施，人工智能、信息通信、云计算等底层技术，游戏、社交等应用和产品的"总和"。不论是基础设施端、技术端抑或是产品端、应用端，其市场规模都在持续扩大，呈高速增长态势。

1. 基础设施相关产业

首先，从基础设施市场来看，智能芯片、安全硬件、云计算等产业规模在近两年迎来了新一轮爆发。以AI芯片为例，由于元宇宙中的大量AI计算任务具有单位计算任务简单，逻辑控制难度要求低，但并行运算量大、参数多的特点，因此，对于芯片的多核并行运算、片上存储、带宽、低延时的访存等性能提出了较高的需求，传统x86架构CPU处理器虽然在处理一般负荷工作方面性能较为突出，但已经难以满足AI算法的并行计算要求，因此AI芯片成为元宇宙的重要基础硬件之一。当前GPU、FPGA、ASIC以及Arm架构的CPU已在数据中心、高性能计算机群领域展现出了实力。目前，在集成GPU市场，英特尔、英伟达、AMD三分天下，独立GPU领域几乎是英伟达和AMD的天下，前者市场份额甚至超过三分之二。我国GPU技术领域起步较晚，厂商数量并不多，既有面向云端市场、人工智能的厂商，也有在图形GPU领域寻求突破的创业者。当前面向云端市场的企业获得了资本市场更多的关注。表3-2为国内主流GPU厂商及产品。

表3-2 国内主流GPU厂商及产品

公司名称	产品进展	应用方向	融资进展
天数智芯	云端7 nm GPGPU产品卡天垓100进入量产	数据中心、服务器等领域	2021年3月获C轮12亿元融资
摩尔线程	全功能GPU	内置自主研发的3D图形计算核芯、AI训练与推理计算核芯、高性能并行计算核芯、超高清视频解码计算核芯等	累计融资超30亿元
壁仞科技	通用GPU芯片BR00即将发布	AI训练和推理、通用计算等众多计算应用场景，可广泛应用于公有云、智慧城市、自动驾驶、云游戏等领域	累计融资50亿元

续表

公司名称	产品进展	应用方向	融资进展
景嘉微	JM9系列已经完成流片、封装、初步测试工作	地理信息系统、媒体处理、CAD辅助设计、游戏虚拟化等有高性能显示和AI计算需求的领域	已上市
登临科技	2020年6月Golewasser系列流片成果，台积电12 nm 工艺 Full Mask（全掩膜）	互联网、智慧安防等	2021年11月新一轮融资
芯动科技	服务器级GPU风华1号测试成功	数据中心、云游戏	金额未知
沐曦	拟采用5 nm 工艺，研发全兼容CUDA及ROCm生态的高性能GPU芯片	HPC、数据中心及AI等方面计算需求	2021年完成Pre-A轮、Pre-A+轮，数亿元

数据来源：赛迪区块链研究院整理

图3-14为2018—2021年中国智能芯片市场规模统计，呈逐年上升趋势。从全球市场规模来看，目前英特尔几乎垄断了全球CPU市场，但以飞腾、鲲鹏、海光、龙芯、兆芯、申威等为代表的国产CPU也正处于奋力追赶的关键时期。

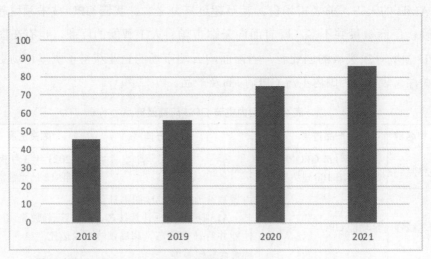

数据来源：iiMedia Research（艾媒咨询）

图3-14　2018—2021年中国智能芯片市场规模统计（亿元）

如DPU（Data Processing Unit）是近年来发展起来的一种专用处理器，2020年英伟达发布的DPU产品战略中将其定位为数据中心继CPU和GPU之后的"第三颗主力芯片"，掀起了一波行业热潮。从市场需求侧来看，我国拥有强大的互联网产业和生态，元宇宙时代数据的爆发，进一步推动了对算力的需求，数据中心与云计算领域将成为DPU最大的应用市场。相关数据显示，我国DPU市场规模呈现逐年增长的趋势，预计将在2022—2023年迎来爆发式增长，并在2024—2025年保持平稳，预计到2025年规模将超过565.9亿元。同时，新的FPGA（Field Programmable Gate Array，现场可编程门阵列）芯片驶向加速计算蓝海。FPGA在数据中心主要用作加速处理，通常与CPU搭配，起到加速卡的作用，把CPU的部分数据运算卸载至FPGA，部分实时处理或加速定制化的计算由FPGA执行。Frost&Sullivan数据显示，应用于加速计算领域的FPGA芯片，在中国市场需求量全球最大，占全球市场的30%以上，市场空间约为100亿元。仅2020年在中国销售额达到5.8亿元，预计2025年将增长至12.5亿元。主要应用于数据采集和接口、高性能视频解码等领域，伴随5G、AI、自动驾驶、医疗、工业等技术发展，FPGA未来具有较大的增长空间。

此外，人工智能芯片市场规模也在不断增长。人工智能芯片不仅可以部署在云端，还可以应用于多种网络边缘设备，如汽车自动驾驶以及智能摄像头等。应用于网络边缘设备的人工智能芯片多为推理芯片，且专业程度越来越高。从人工智能芯片整体市场规模来看，Gartner数据显示，全球AI芯片市场规模在2019年达到140亿美元，2021年达343亿美元，预计在未来几年内将有显著增长，到2025年将达到711亿美元，复合年均增长率为25.3%。iiMedia Research（艾媒咨询）数据显示，2016—2019年我国智能芯片的市场规模从19.0亿元增长至56.1亿元，复合年均增长率为43.5%，2021年中国人工智能芯片市场规模超86亿元。随着人工智能技术日趋成熟，数字化基础设施不断完善，人工智能商业化应用将加速落地，推动AI芯片市场高速增长，未来五年全球AI芯片市场将保持高速增长态势，如图3-15所示。

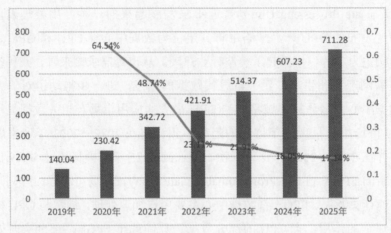

数据来源：Gartner 数据

图 3-15　全球人工智能芯片市场规模统计与预测（亿美元）

除人工智能芯片市场规模不断攀升，元宇宙基础设施其他领域市场规模也在近年来取得新突破。行业分析机构 IDC 最新发布的《2021 年第四季度中国 IT 安全硬件市场跟踪报告》显示，2021 年第四季度中国 IT 安全硬件市场厂商整体收入约为 15.4 亿美元，同比涨幅为 9.25%。综合全年数据，2021 年中国 IT 安全硬件市场规模达到 37.7 亿美元，同比增长约 15.2%。与此同时，作为元宇宙的重要基础设施，云计算产业市场规模稳步提升。Canalys 发布的 2021 年中国云计算市场报告显示，中国的云基础设施市场规模已达 274 亿美元。由阿里云、华为云、腾讯云和百度智能云组成的"中国四朵云"占据 80% 的中国云计算市场，稳居主导地位。其中，百度智能云全年同比增速 55%，位于"中国四朵云"阵营前列，增长势头超行业平均水平，市场份额稳步提升，"云智一体"大见成效。据 analys 预计，中国云计算市场规模将在 2026 年达到 847 亿美元，2021—2026 年的复合年均增长率（CAGR）有望维持在 25%，云计算市场潜力巨大。

2. 底层支撑技术相关产业

从人工智能等元宇宙底层支撑技术产业来看，行业市场规模呈高速增长态势。赛迪顾问数据显示，2021 年，中国人工智能市场规模达 818.7 亿元，未来三年中国人工智能市场规模仍将保持 30% 左右的增长速度。2021 年，智能硬件的市场规模达到 515.9 亿元，占比 63.01%，智能软件的市场规模达到 302.8 亿元，占比 36.99%，人工智能市场中的智能硬件相比于软件仍将保持较高的占比。2021年，人工智能在互联网、金融和安防领域仍然拥有较高的市场占比，在互联网行业的市场规模达到161.1亿元，占比为19.68%；在金融领域的市场应用规模达到155.66亿元，占比为19.01%；在智能安防市场规模达到123.61亿元，占比为15.10%。同时，据IDC预测，全球AI市场规模将在2021年达到885.7亿美元，并在2025年增至2218.7亿美元，5年复合年均增长率（CAGR）约为26.2%。2025年，中国AI市场规模约占全球总规模8.3%，位列单体国家第二。

3. 细分领域及相关应用产业

最后，从细分领域产品及云游戏等元宇宙应用来看，相关行业市场规模也迎来了跨越式增长。以云游戏产业为例，随着全球迈入数字经济新时代，云计算、网络、大数据、人工智能等信息技术得到了长足发展，技术基础的逐步完善带动了云游戏产业的快速发展。从云游戏初次提出到如今，云游戏经历了从理论可行走向技术可行（2000—2009年）、技术可行走向技术成熟（2010—2018年）、技术成熟走向商业可行（2019—2020年）、商业可行走向商业腾飞（2021—2025年）4个阶段。2021—2023年，云游戏产业将进入从云化到云原生的重要过渡阶段，在元宇宙概念的催化下，云游戏核心技术有望再次产生突破性发展。从当前市场来看，2021年国外市场云游戏收入73.5亿元人民币，受游戏巨头公司早期布局的持续影响，北美市场仍是收入组成占比最高的区域，占国外总体市场的51%。随着未来5年云服务相关基础设施的持续完善，全球范围内服务器基础设施的改进、云游戏硬件数据中心部署增多、软件和服务的优化升级，将持续推动厂商在未来进入商用云游戏的服务领域，进一步助力云游戏市场规模增长。移动网络及智能终端连接技术的升级将直接推动云游戏收入的增长，全球5G移动互联网技术及其相关智能终端的更新换代，都将持续改进接入云游戏用户的游戏体验。由于当前云游戏产业格局与商业模式尚未固定，随着5G、3D渲染等技术的发展，其市场规模还将持续扩大。据Newzoo预测，在2024年，全球游戏市场将产生2188亿美元的收入，其中仅移动游戏一项就将通过消费者支出产生1164亿美元的收入，云游戏将产生65亿美元的收入，电子竞技将产生16亿美元的收入。图3-16为2018—2021年全球云游戏行业市场规模。

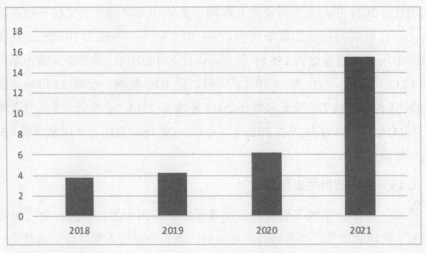

数据来源：Newzoo

图 3-16　2018—2021 年全球云游戏行业市场规模（亿美元）

从国内市场来看，中国云游戏市场商业模式与国外市场存在一定差异，在云游戏盈利模式上我国更具多元化优势。当前国外云游戏平台收入主要由时长贡献，中国云游戏平台收入结构更加丰富，内购、云试玩转下载都是关键组成部分。同时得益于国内网络基础设施建设及移动互联网生态的成熟发展，国内玩家相较于国外玩家更加倾向于由移动端接入云游戏，未来国内云游戏市场将在很大程度上获得移动设备端释放的巨大基数红利，获得巨大增量收入。因此，2019 年及以前云游戏厂商处于入场阶段，2020 年为云游戏行业转折年，云游戏厂商活动密集，大规模开展行业布局，2021 年游戏领域投资加速，云游戏行业正式进入快车道。2021 年中国云游戏市场收入已达 40.6 亿元人民币，同比增长 93.3%，增幅迅猛。2021 年中国云游戏月活跃用户数已达 6220 万个，同比增长 64.1%。如当前腾讯、网易等游戏头部厂商凭借内容及技术储备逐渐完成行业布局，字节跳动、快手等新生势力也纷纷加入，行业竞争日渐激烈，逐步转入围绕内容和技术竞争的新阶段。随着云游戏核心技术的突破及流量平台的用户转化，到 2025 年，中国云游戏月活跃人数有望达到 2.5 亿人左右，云游戏市场收入将达到 342.8 亿元。未来 5 年内，云游戏行业将逐渐步入新阶段，主要表现为以家庭娱乐为突破口，由小屏走向大屏；由手机触摸屏到专用外设转变，回归游戏内容，探索多种玩法；由游戏上云到打造体验三大发展趋势。

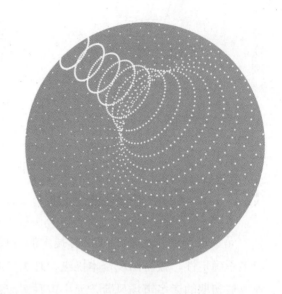

第4章
元宇宙技术产业发展环境不断优化

产业发展环境是影响技术进步,加速产业发展的重要因素,包括与产业发展相关的宏观政策和法律以及影响产业发展的市场竞争环境和产业内部结构。在产业内部结构方面,为抵御产业发展初期市场的诸多不确定风险,元宇宙产业选择抱团发展,逐步推进元宇宙产业联盟和产业园的建设。在宏观政策环境方面,为进一步提升元宇宙技术水平,各地纷纷制定元宇宙政策规划,通过发展规划和专项支持政策来不断优化元宇宙技术产业的发展环境,争夺在元宇宙新赛道的话语权。当前,有利于初创期元宇宙企业抱团发展的产业联盟已经涌现,集聚优势资源并推动产业转型升级的产业园正加紧建设,规范元宇宙产业有序健康发展的标准规范正积极制定,具有产业基础的优势城市正加紧布局元宇宙赛道,为元宇宙技术产业提供了较好的发展环境。

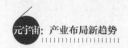

4.1 产业联盟快速发展

元宇宙产业作为新一代信息技术的发展方向，融合多种新兴技术，具有较多不确定性，极易出现资本操纵、寡头垄断、不正当竞争等风险，为抵御产业发展初期的诸多市场风险，元宇宙联盟应运而生。相较于企业并购等模式而言，元宇宙联盟的建立可以以较低的风险实现较大范围的资源调配，能够在元宇宙产业发展初期形成强大的合力，助力企业实现优势互补，扩大发展空间，提高产业竞争力。

4.1.1 联盟数量快速增加

产业联盟是为确保联盟内各方的市场优势，出于共同应对市场竞争或者推广新兴业务领域的目的，而由同一产业链上各个组成部分结成的，能够互相协作并实现产业资源整合的合作模式。联盟成员之间是地位平等，独立运作的关系，一般不涉及资本关联。最早的产业联盟产生于在 20 世纪 70 年代中经济较为发达的欧美发达国家，我国的产业联盟直到进入 20 世纪 90 年代后才初见端倪。当前，产业联盟已经成为各行业在发展初期实现企业抱团取暖，信息传递，资源共享的重要团体，成为打通上下游产业链条，优化市场资源配置，实现产供销一体化的关键，对产业发展和企业成长特别是高新技术企业的快速成长具有重要意义。

当前，各地的元宇宙产业正快速发展，基于元宇宙的产业联盟已经逐渐涌现。如表 4-1 所示，根据赛迪区块链研究院的统计，截至 2022 年 2 月底，在全国 7 个省市内共成立 10 个元宇宙产业联盟，分别是交子大道元宇宙中心、深圳元宇宙数字产业联盟、元宇宙创新联盟、长三角地理信息与元宇宙产业创

表 4-1　元宇宙产业联盟城市分布表

时间	城市	名称	主要内容
2021-12-18	成都	交子大道元宇宙中心	成都市高新区为促进城市、企业间的技术融合和多元发展，号召来自深圳、西安、武汉等城市的腾讯、交子好乐、中国电信、中国移动等科技公司，参与"万物互联·重构边界"元宇宙城市产业联盟成都发布会，宣布构建交子大道元宇宙中心，实现元宇宙产业发展平台的"产融、产城、产教、科教"功能，打造公平、公开、互通、互联的元宇宙生态空间，结合国家新基建和5G技术、卫星互联网技术、区块链技术、数据安全存储、智能算力技术、边缘计算、智能计算中心、产业云开发、工业物联网等智能协同和系统优化，加强市域数字治理，竭力开展数字城市、智慧城市、智能城市建设
2021-12-29	深圳	深圳元宇宙数字产业联盟	深圳市将通过该联盟，加快高新技术科技成果研发，形成高质量数字产品，打造完成数字产业链，提高产业发展水平，争取将元宇宙打造成为深圳市数字产业发展的"新增长极"，同时，为企业和产业发展提供资源力量
2022-01-11	无锡	元宇宙创新联盟	无锡市元宇宙创新联盟旨在汇聚政府、企业、专家力量，加大无锡市多年来已有的物联网技术发展特色，探索元宇宙包含的人工智能、云计算等技术创新，强化政策布局，促进与元宇宙相关的产品发展、项目落地、生态建设等，为无锡市在数字化转型提供解决方案，致力于将无锡市打造成为全国乃至全球新兴产业示范城市
2022-01-22	浙江德清	长三角地理信息与元宇宙产业创新联盟	长三角地理信息与元宇宙产业创新联盟旨在以德清县"地信"小镇为依托，以区域内重点企业为抓手，加强资源整合，加大政策扶持，提升产业交流，强化人才培养，加速推进元宇宙与地理信息的融合发展，促进德清县地信产业数字化升级
2022-01-22	上海	康桥元宇宙联盟	为响应上海市元宇宙产业发展的号召，康桥镇人民政府和上海元空间信息科技有限公司正式合力推出元宇宙相关产业联盟，康桥元宇宙联盟是在上海市浦东新区康桥镇人民政府的支持下成立的，是康桥镇紧跟数字经济发展潮流的见证

续表

时间	城市	名称	主要内容
2022-01-22	上海	元宇宙生态联盟	元宇宙生态联盟是由河马股份联合星挞科技成立的,未来几年,双方将重点在NFT数字藏品的发售、元宇宙游戏及电影的发行制作与推广、虚拟世界平台构建、虚拟空间应用场景等方面展开合作,共建元宇宙技术生态和商业生态
2022-02-15	江西	江西元宇宙联盟	江西省聚集省内现有科创平台、龙头企业等创新力量,探索成立元宇宙联盟,打造国内一流的元宇宙研发平台,重点布局元宇宙硬件入口、底层架构、人工智能、内容与场景四个方向的规范标准制定和开发工具监制,重新梳理并完善虚拟现实关键核心技术和"卡脖子"技术目录,开展元宇宙发展重点和发展路径探索
2022-02-16	上海	虹口区元宇宙产业党建联盟	中国科学院上海技术物理研究所、上海北外滩集团、上海万向区块链股份公司等9家机构联合成立虹口区元宇宙产业党建联盟,虹口区元宇宙产业党建联盟是虹口区顺应城市治理和经济数字化发展的大势,布局元宇宙新赛道,奋力打造北外滩元宇宙发展和应用示范区,构建上海数字经济发展新高地的举措之一,旨在整合上海市虹口区的优质元宇宙资源,助力区内新兴科技企业的建立与发展
2022-02-18	南京	江北新区元宇宙生态创新联盟	江北新区元宇宙生态创新联盟力求通过集聚区域内利于产业发展的优势资源,孵化新企业,构建新场景,推动新应用,培育新生态,打造新动能,旨在构建逐渐完善的数字生态,以数字蓝海布局打造元宇宙"长三角样本",以更高水平的企业服务、更加优化的生态环境、更多样化的政策配套,吸引更多优质人才、企业和资本来到新区,共同打造协同发展的数字经济生态集聚区,共享数字经济发展的强大优势
2022-02-19	上海	元宇宙医学联盟	元宇宙医学联盟旨在为梳理我国医学环境发展现状、面临的问题、对策建议提供一个可交流的平台,方便从业者共同探讨人工智能、VR/AR、物联网、区块链等技术在医学中的应用,推动虚拟面诊、透视检测、远程手术等医学难题,助力提升国内医疗信息化、智慧化水平

数据来源:赛迪区块链研究院整理

新联盟、康桥元宇宙联盟、元宇宙生态联盟、江西元宇宙联盟、虹口区元宇宙产业党建联盟、江北新区元宇宙生态创新联盟和元宇宙医学联盟。

4.1.2 部分城市抢先布局

从当前成立的元宇宙产业联盟整体来看，以城市发展角度来说，2021年，成都市和深圳市就已率先着手推进区域内元宇宙产业联盟建设。2021年12月，成都市高新区举行元宇宙城市产业联盟发布会，号召来自深圳、西安、武汉等城市的腾讯、交子好乐、中国电信、中国移动等10余家公司联合搭建交子大道元宇宙中心，以实现元宇宙产业发展平台的"产融、产城、产教、科教"功能。同月，深圳市为加速推动数字产业进程，发挥创新城市优势，成立元宇宙数字产业联盟，助力深圳市打造具有创新性的数字标杆城市。同时，由此助推以深圳市为核心，辐射粤港澳大湾区的数字产业集群式发展，提升粤港澳大湾区数字产业领先地位。2022年伊始，多地的元宇宙产业联盟如雨后春笋般不断涌现，上海、江苏的元宇宙产业联盟数量居全国领先地位。上海市先后成立康桥元宇宙联盟、元宇宙生态联盟、虹口区元宇宙产业党建联盟和元宇宙医学联盟四个元宇宙产业联盟，行业细化至医学领域，是全国范围内元宇宙产业联盟布局最完整的城市。江苏省工业制造基础雄厚，且VR、AR、新型制造及其他光电、机械等高科技产业也居全国领先地位，为发挥现有高新技术产业优势，提升传统工业制造效率，江苏积极推进省内元宇宙产业联盟的建设工作。截至2022年2月底，全省共成立两家元宇宙产业联盟，主要围绕省内现有的物联网、人工智能、5G、区块链、VR/AR、云计算等智能技术，整合优势产业基础，吸引更多优质人才、企业和资本，促进区域内元宇宙产业生态发展。

4.1.3 长三角地区发展活跃

以区域分布位置角度来说，元宇宙产业联盟分布主要集中于长三角地区。元宇宙产业联盟需要在一定的科技产业基础上建立，长江三角洲作为中国经济发展最活跃，开发程度最高的地区，积聚了全国近1/3的研发经费支出和重大科技基础设施，是中国经济、科教创新发展的引擎，是我国最早布局元宇宙产业的地区。从目前统计到的数据来看，长江三角洲地区聚集了全国70%的元宇宙联盟，其中上海市作为全国首个将元宇宙写入"十四五"规划的城市，凭借雄厚的科技基础，成为全国元宇宙联盟数量最多的城市。

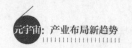

4.1.4 政府推动力量强大

以主体地位角度来说,政府是现阶段元宇宙产业联盟的主要推动力量。根据现阶段成立的元宇宙联盟组成结构,几乎所有的元宇宙产业联盟都是在政府号召下成立的。这是由于元宇宙产业联盟的建立可以充分整合区域内的新兴产业基础,具有集聚区域内优势资源,推动经济高效发展的正外部作用,再加上目前元宇宙市场尚处于起步阶段,仍不能达到经济自洽的理想状态,需要政府的规范和引导,确保元宇宙产业联盟的有序健康发展,所以在产业起步阶段,政、企合作是建设元宇宙产业联盟的主要方式。

4.1.5 重点产业联盟介绍

以下举例详细介绍部分元宇宙产业联盟的成立背景、目标定位、产业发展以及未来规划。

1. 成都交子大道元宇宙中心

(1) 背景信息

成都交子大道元宇宙中心于 2021 年 12 月 18 日成立于被誉为成都市"华尔街"的高新区交子大道,是成都市的首个元宇宙产业联盟。近 10 年来,交子大道是成都市金融总部商务区发展的原点与中轴,周边汇集了众多的大型的金融企业和世界 500 强龙头企业,是整座城市中产业、经济、技术最为活跃的区域。成都交子大道元宇宙中心以交子大道为起点,以天府双塔、交子之环以及周边 5km² 的所有经济业态为基础,结合成都市高新区 CBD "交子大道商圈"的绝佳地理位置,从交子大道的娱乐、商业、社交、办公、教育、房产等领域入手,在配合成都科技、潮流新文化的基础上,力求打造出全新的多元化科技、文化、潮流的元宇宙生活消费场景矩阵。

(2) 目标定位

成都市交子大道元宇宙中心联合众多主体,积极推动区域内智能化和数字化产融、产城、产教、科教、双创、文创等元宇宙产业发展平台的建设,积极探索元宇宙的新理念、新思想,稳健安全实践元宇宙的新模式、新业态,旨在打造公平、公开、互通、互联的元宇宙生态空间。

(3) 产业发展

成都交子大道元宇宙中心凭借在交子大道的优势位置,计划涵盖深圳、西安、武汉、合肥、沈阳、烟台、南充等多个城市伙伴，以及腾讯、交子好乐、中国电信、中国移动、vertu 手机、一起智能等相关领域的 10 余家优势科技公司，并结合国家新基建和 5G 技术、卫星互联网技术、区块链技术、数据安全存储、智能算力技术、边缘计算、智能计算中心、产业云开发、工业物联网等前沿技术，发展与元宇宙相关的底层技术、硬件设备、服务对象、应用及内容等多领域内的产业内容。

（4）未来规划

未来，成都交子大道元宇宙中心将进一步推动元宇宙与不同产业、文化之间的高度融合，支持在各大产业及现代服务业领域的自主研发，不断增强联盟内元宇宙产业在各行各业中的科技创新能力，为联盟内成员发展提供一套集规划、投资、建设、运营、服务为一体化的解决方案，实现开拓产业应用市场需求，加强市域数字治理，助力实现数字城市、智慧城市、智能城市建设的发展目标。

2. 无锡元宇宙创新联盟

（1）背景信息

无锡元宇宙创新联盟于 2022 年 1 月 11 日成立于江苏省无锡市。无锡跻身国家创新型城市，产业创新能力跃升，适宜投资营商，宜居环境质优，发展成为长三角一体化、苏南国家自主创新示范区、国家传感网示范区等国家布局战略支点。无锡市充分发挥其在技术创新与产业发展方面的优势，鼓励产业通过通力合作、优势互补等方式提高市场竞争力，同时大力实施以科技创新为核心的发展战略，聚焦元宇宙核心技术的突破，加速完成在车联网、5G、虚拟现实、人工智能、区块链、量子计算等未来产业的布局，积极探索元宇宙技术在各个产业中的创新应用，为无锡元宇宙创新联盟的成立打下基础。另外，无锡市拥有利于无锡元宇宙创新联盟发展的优越政策环境。2021 年 12 月 2 日无锡市颁布江苏省首部科技创新立法——《无锡市科技创新促进条例》，2022 年 1 月 1 日，无锡市又制定江苏省首部元宇宙专项规划——《太湖湾科创带引领区元宇宙生态产业发展规划》。优越的政策环境成为无锡元宇宙创新联盟的重要支撑，产业联盟将依托无锡先进技术研究院、国家超算中心等重大研发载体，开展区块链、人工智能等与元宇宙相关的应用理论和核心技术研究，引领无锡市的元宇宙技术高速发展。

（2）目标定位

无锡市从发布元宇宙生态产业规划到成立元宇宙创新联盟，再到设立元宇宙招商中心，通过抢先布局元宇宙来开拓新的经济增长点，无一不显示出无锡市领军元宇宙产业发展的雄心。无锡市为推动滨湖创新优势，以太湖湾科创带为核心，以已有的物联网技术基础为依托，持续加大物联网技术研究，积极推进人工智能、区块链、虚拟现实、5G等新一代信息技术创新和攻关，为实现太湖湾科创带及长三角一体化区域协同发展提供有力支撑，旨在加速推动无锡市数字政务、智慧城市建设、智能制造、数字文创等产业高质量发展。

（3）产业发展

目前，无锡市元宇宙创新联盟已经聚集了无锡宝通科技股份有限公司、无锡国家数字电影产业园管理处、中国移动通信集团江苏有限公司无锡分公司等多家核心单位，以及近120家联盟成员。产业联盟主要聚焦于工业散货物料的智能运输与生活娱乐等场景的应用，联合领域内知名院校、企业，汇聚物联网、计算机、信息技术、人工智能、大数据等领域高端人才，打造以元宇宙智库、元宇宙基础技术研究中心、元宇宙产品开发中心、元宇宙产品推广中心为主体的创新载体，推进物联网技术、虚拟现实、裸眼3D、人工智能、电子游戏技术等相关技术产品的开发与应用落地，实现元宇宙相关技术在矿山、钢铁、港口等各类工业场景中的应用，以及在游戏、文旅等各类生活娱乐场景的推广。

（4）未来规划

无锡元宇宙创新联盟的建设将打开江苏省无锡市的元宇宙产业入口，在推动无锡智慧政务、智能制造、数字生活文旅等数字化转型方案，探索数字经济发展道路上，形成无锡特色的示范案例。未来无锡元宇宙创新联盟将重点关注工业互联网、云计算、大数据、人工智能等新兴领域，为推动区域内元宇宙等相关新兴产业的有序发展积极建言献策，引领长三角区域内元宇宙产业的发展，努力建设成为长三角区域内元宇宙产业发展高地，制定"元宇宙滨湖方案"。

3. 江北新区元宇宙生态创新联盟

（1）背景信息

江北新区元宇宙生态创新联盟于2022年2月18日成立于江苏省南京市

江北新区，由江北新区研创园、江北新区科技投资集团联合南京纯白矩阵科技有限公司、南京芯视元电子有限公司、鲲鹏·昇腾创新中心、南京联成科技发展股份有限公司等多家知名企业和机构共同发起成立。江北新区作为江苏省唯一的国家级新区，始终坚守产业技术创新，紧紧把握"双区叠加"独特优势，积极推动以"两城一中心"为主导的产业建设，持续构建越来越完善的数字生态。江北新区在主导产业蓬勃发展的同时，不断培育并前瞻布局以数字安全为代表的新兴产业，支持新区内数字产业生态体系的构建，为元宇宙等数字经济新业态的发展提供了优越的生态环境。

（2）目标定位

江北新区元宇宙生态创新联盟旨在通过完成对区域内利于元宇宙产业发展优势资源的集聚，实现"孵化新企业，构建新场景，推动新应用，培育新生态，打造新动能"的发展目标，试图以数字蓝海，布局引领元宇宙"长三角样本"，打造江北新区数字安全产业高地，设立江北新区数字安全创新中心。

（3）产业发展

江北新区元宇宙生态创新联盟的首批成员企业包括：纯白矩阵、鲲鹏·昇腾创新中心、芯视元、同城票据网、星落科技、数字金融研究院、科投集团等，其中，同城票据网是元宇宙生态创新的典型代表。江北新区元宇宙生态创新联盟充分整合联盟企业的产业、技术及资金优势，同时依托江北新区在集成电路、大数据、云计算、人工智能、智能制造等领域的产业优势，探索元宇宙和物联网结合发展的"南京特色"，关注工业互联网、云计算、大数据、人工智能等新兴领域，充分与联盟会员和行业专家交流研究，推动南京在智慧政务、智能制造、数字生活文旅等方面的数字化转型。

（4）未来规划

南京江北新区元宇宙生态创新联盟领跑江北新区的元宇宙赛道，为更好发挥联盟优势，江北新区将继续以更高水平的企业服务、更加优化的生态环境、更多样化的政策配套，吸引更多的优质人才、企业和资本入驻新区，共同打造协同发展的数字经济生态集聚区，共享数字经济发展的强大优势。同时，该联盟将围绕Web3.0、5G、AR/VR、区块链等智能技术，打造生态发展、创新应用、标准和政策研究等产学研合作交流平台，并与数字安全创新中心携手，全力促进新区数字经济持续发展。

4. 长三角地理信息与元宇宙产业创新联盟

（1）背景信息

长三角地理信息与元宇宙产业创新联盟于 2022 年 1 月 22 日成立于浙江省湖州市德清县，由风语筑、脉策科技、千寻位置、知路导航、阿尔法创新研究院等 26 家企业共同发起，是由从事与地理信息相关领域产品及技术的研发、制造、应用、服务的企事业单位及有关高校、科研机构、产业园、投资和中介等服务机构自愿组成的、非营利性的联盟组织，是全国首个探索"地理信息＋元宇宙"的产业联盟。从企业发展角度来讲，德清县地理信息企业已超 400 家，充分显示出德清县在地理信息产业方面的优势，在促进"地理信息＋元宇宙"融合发展上占据有利地位。目前，该联盟在聚集了包括上海、江苏、浙江、安徽等地区在内的 100 余家优秀企业的同时，还联合多地高校和科研院所，共同推进技术、产业、应用、人才等方面的全方位发展。

（2）目标定位

长三角地理信息与元宇宙产业创新联盟聚焦于"地理信息＋元宇宙"融合发展的产业研究、政策建议、产业合作、人才培养等重点领域，助力地理信息产业迭代升级，高质量发展。创新联盟力求结合长三角地理信息产业发展特色，整合区域内的地理信息企业、科研机构、政府部门等优质资源，能够更好地实现优势互补，资源共享，抢抓机遇，应对挑战，在推进长三角区域高质量一体化发展的过程中更好地推动地理信息产业的发展，提升长三角区域内地理信息产业的创新能力，打造长三角地理信息产业生态链，共同推进长三角地理信息产业一体化发展。

（3）产业发展

长三角地理信息与元宇宙产业创新联盟将充分发掘德清县在地理地信、文化旅游等产业领域的领先优势，团结多方资源力量，加快促进地理信息产业高质量协同发展，更好打造长三角地区地理信息产业链生态，加速提升长三角区域地理信息产业国际竞争力。同时联盟将充分发挥以风语筑为代表的科技企业优势，整合联盟成员在 AR、VR、动作捕捉、实时渲染等技术领域的研发和应用成果，促进元宇宙上下游产业成员之间的供需对接，进而推动技术创新，加强应用推广，推进产业发展，实现资源共享。

（4）未来规划

未来，长三角地理信息与元宇宙产业创新联盟将更加突出创新发展理念，围绕促进产业发展，推广应用示范，开展科技创新，推进国际合作，研究政策课题，加速人才培养，监测产业发展，推动跨界融合等重点内容，致力于以地理信息产业为核心特色，推进其数字化进程，发掘新型产业价值，增强地理信息服务能力，构建全国特色型元宇宙产业发展城市。

5. 上海元宇宙医学联盟

（1）背景信息

元宇宙医学联盟（International Association and Alliance of Metaverse in Medicine，IAMM）于 2022 年 2 月 19 日成立于上海市，是全国首个在细分产业领域内成立的元宇宙产业联盟。上海是中国最大的经济、金融、贸易城市，也是中国重要的医疗城市，医疗实力处于世界领先水平。在中国的 30 强医院中有 8 所来自上海，数量甚至超过北京，与此同时上海还承担着为中国各大医院培养优秀的医疗人才的重要任务。上海市在医学领域的领先地位为元宇宙医学联盟在上海落地奠定了较好的产业基础。

（2）目标定位

上海元宇宙医学联盟将以新型数字技术为支撑，破解传统医疗模式存在的看名医难，住名院难，高端技术掌握度低，高端设备覆盖率低，患者认可度低等问题，更好地提高国内医疗健康服务水平。同时，上海元宇宙医学联盟将成为医疗健康产业和新一代科学技术之间连接的纽带，充分发挥物联网、区块链技术在医药生产、溯源等领域的应用。同时利用 CV 技术、AI 医疗影像产品等技术协助医生出具对疾病的诊断结论与治疗方案，利用虚实交互技术以及 AI 手术机器人等技术提高诊疗效率，探索元宇宙技术在医学领域的广泛应用。

（3）产业发展

上海元宇宙医学联盟由上海呼吸物联网医学工程技术研究中心、元宇宙医学联盟筹委会联合主办，同时由国际呼吸病学会、国际智能健康协会和联盟、中国肺癌防治联盟、上海市呼吸病研究所和复旦大学呼吸病研究所协办，复旦大学附属中山医院呼吸科教授、上海市呼吸病研究所所长白春学任主席。考虑到目前我国在医疗健康领域所面临的诸多问题，白春学教授团队将元宇宙产业技术与医学产业相融合，提出元宇宙医学的概念，通过 AR 技术实施物联网医学，以改善优秀医生匮乏，医院资源不足，不同地域间医疗水平差距过大等诸多问题，达到助力医学产业的高效平衡发展的目的。

（4）未来规划

上海元宇宙医学联盟引领元宇宙产业技术在医学领域的应用，未来将依托元宇宙医学共识 ——Expert Consensus on the Metaverse in Medicine，进一步规范元宇宙在医学领域的应用方式，通过在医学界设立元宇宙的"云 + 端"平台模式，将其应用于医药知识的教学和科普，疾病方案的会诊和分级诊疗以及临床医学研究等方面，逐步解决当前在医疗健康产业中出现的诸多问题。同时，上海元宇宙医学联盟将进一步促进全息构建技术（全面感知）、全息仿真技术（智能处理）、虚实融合技术（质量控制）、虚实联动技术（人机融合）等在医学界的广泛应用，力求实现"物联健康新契机，直面名家零距离，虚实联动加质控，人机融合谁能敌"的元宇宙医学联盟愿景。

4.1.6　元宇宙相关技术产业联盟介绍

元宇宙包含复杂的技术，各项核心技术的发展，对于推动元宇宙产业也具有重要意义。

1. 区块链产业联盟

继"互联网+"和共享经济之后，"区块链+"毫无疑问地成为各个行业关注的热点，与区块链技术相关的产业项目、企业逐步赢得了市场以及投资机构的高度关注，区块链技术产业联盟的建立为实现区块链产业的高效发展提供了有力支撑。

近年来，各级政府高度重视区块链产业发展，尤其是 2021 年区块链顶层设计的发布，为区块链产业带来了福音。各地政府、企事业单位、专家学者积极组建联盟协会，寻求发展契机，推动实体经济更进一步。根据赛迪区块链研究院统计，区块链产业联盟数量已达 60 余个，表 4-2 所示为部分区块链产业联盟介绍。从联盟成员数量分布来看，联盟组织成员数量近 2000 家，反映出区块链技术在短短几年之内的发展程度。随着区块链技术的不断成熟，区块链落地应用的数量不断增加，越来越多的组织、机构重视区块链相关资源共享，区块链产业联盟为区块链发展提供了一个良好的交流平台，未来联盟组织成员的数量将会进一步提高。从联盟涉及领域来看，其中数量最多的为产业服务平台，该领域的联盟致力于打造集约高效的区块链生态圈，为区块链技术研发及应用推广创造良好环境，将建设成为一个跨越国界，融合技术、资本、应用各方资源于一体的基于区块链的合作共同体。其次为技术创新领域，该类型联盟以联盟技术资源为公共平台，攻关共性、关键性技术问题，探索区块链技术创新商业模式，共享技术和产业化成果。第三为金融领域，区块链与金融的契合度高，该领域联盟组织占比排名靠前，在金融领域开展技术难点、业务场景、风险管理、行业标准等方面的研究，跟进国内外区块链技术发展及在金融领域应用创新，密切关注创新带来的金融风险和监管问题。

表 4-2 部分区块链产业联盟介绍表

时间	城市	名称	内容
2016 年 6 月	北京市	中关村区块链产业联盟	中关村区块链产业联盟是在中关村管委会，公安部、工信部等国家部委的指导下，由清华大学、北京大学、北京邮电大学、北京航空航天大学、中国信息通信研究院、中国互联网络信息中心、中国移动研究院、中国联通研究院、微软、北京世纪互联宽带数据中心有限公司、点亮投资管理有限公司、布比（北京）网络技术有限公司、北京太一云科技有限公司等 30 多家单位自愿联合发起成立的社团，是全球首家专注网络空间基础设施创新的区块链产业联盟
2016 年 8 月	深圳市	前海国际区块链联盟	前海国际区块链联盟前期筹备工作由前海管理局直属企业——深圳市前海联合发展控股有限公司主导，由来自美国的知名区块链应用研发及产业投资企业 iBlockchain 负责联盟的顶层设计、目标定位、章程起草等工作。同时，iBlockchain 利用其在国内外，尤其是在美国区块链研发、金融资本及孵化器行业的广泛影响力，邀请到了包括世界一流区块链技术研发企业，微软区块链战略合作伙伴 ConsenSys 以及 IBM 区块链战略合作伙伴 Blackridge，国内外区块链领军企业太一云科技、BlockApps，全球最大的投资机构之一 IDG，美国著名孵化器企业 500 Startups 等一批区块链领域的行业翘楚、业界先锋，共同发起成立该联盟

续表

时间	城市	名称	内容
2017年5月	贵阳市	贵州省区块链产业技术创新联盟	贵州省区块链产业技术创新联盟是在贵州省科技厅和贵阳国家高新区的指导下，依托国家大数据（贵州）综合试验区、国家大数据产业技术创新试验区等国家级平台，由高新区内多家区块链研究与应用企业联合国内外知名企业、重点院校和权威科研机构联合成立的区块链技术创新体系。联盟旨在通过区块链技术搭建多个政用、民用、商用场景，引领区块链技术进步，提升贵州区块链产业技术创新与应用能力，支撑贵州打造大数据产业发展2.0版。联盟成员单位已吸纳蚂蚁金服等国内外知名企业107家，国内外专家224余名，联盟各成员单位已在智能制造、政务、金融、民生、旅游、征信、教育等方面开展实际研究与应用
2017年6月	成都市	中国西南区块链创新发展联盟	中国西南区块链创新发展联盟旨在3~5年内将成都打造成为中国区块链研究和发展的中心。该联盟将建立区块链创新发展服务基地，提供创业孵化、业务对接、公司投融资等一条龙服务，促进区块链产业的发展，并为区块链相关企业落户成都，开辟中国西南市场提供便利。该联盟已同电子科技大学、南方科技大学达成合作意向，计划通过定向培养、企业培训等形式提供区块链专业人才，打破区块链高端人才被国外垄断的现状，为国内区块链企业的发展提供人才保障
2017年11月	青岛市	中国区块链生态联盟	中国区块链生态联盟是由中国电子信息产业发展研究院联合区块链上下游企业以及高校、科研院所等多家单位共同发起的非营利性社会组织，是目前国内首家获得行业主管部门认可的区块链生态联盟。联盟包含中国软件评测中心、中国软件行业协会、中国安全产业协会等100多家成员单位，覆盖了区块链行业上下游顶尖的专家、企业和优秀人才。未来联盟将致力于中国区块链产业发展标准制定，推动技术创新，聚焦应用需求，并推动区块链国际产业交流

续表

时间	城市	名称	内容
2018年11月	广州市	粤港澳大湾区区块链联盟	广州市区块链产业协会、香港区块链产业协会和澳门大学创新中心三方携手成立了粤港澳大湾区区块链联盟。联盟定位为面向粤港澳大湾区的区块链技术高端行业性组织,联盟总部设在黄埔区和广州开发区。粤港澳大湾区区块链联盟,是黄埔区、广州开发区继2017年12月推出"区块链十条"扶持措施之后,持续发力构建区块链特色的中国软件名区的举措。未来,联盟将依托广州、香港、澳门三地形成"铁三角"的发展模式,建立合作平台和交流机制,共同推动粤港澳大湾区区块链技术和产业的发展,实现区块链与粤港澳大湾区战略的融合,区块链与创新驱动发展战略的融合
2018年11月	深圳市	深圳区块链产业联盟	深圳区块链产业联盟主要发起单位包括中国质量认证中心、深圳大学区块链技术研究中心、深圳市农业科技促进中心、深圳市标准技术研究院、中国国际资本有限公司等企事业单位,其产品和服务均达到国内甚至世界先进水平,广泛应用于区块链、互联网、计算机科技、物联网等行业。深圳区块链产业联盟旨在以国家政策为导向,以市场为驱动,以企业为主体,搭建政、产、学、研合作交流平台,围绕区块链技术研究、成果转化、应用推广、标准制定、产业发展等方面,构建我国区块链技术产业生态,并积极开展国际合作,提升我国区块链的国际影响力
2019年1月	广州市	广东省区块链产业联盟	广东省区块链产业联盟是由广东省政府推动,广东省工信厅支持和指导下,由广东省云计算应用协会、广东省电子政务协会等牵头,联合广东省区块链企业、研发机构、上下游产业链组成的社会组织。以区块链技术联合研发、应用培育为依托,以产融结合为纽带,以行业内交流、技术协作和应用讨论为基本形式,全力构建技术资源共享,应用交流频繁的广东省区块链产业生态圈,不断提升广东省区块链技术应用在全球的领先地位

续表

时间	城市	名称	内容
2019年11月	合肥市	合肥市区块链产业创新战略联盟	合肥市区块链产业创新战略联盟是由合肥市区块链产业相关的企事业单位、社团组织、高等院校、科研院所等机构自愿结成的跨行业、开放性、非营利性的社会组织。联盟将聚合产业生态各方力量，聚拢区块链行业资源，加快推进区块链关键技术的发展，从而推进行业管理，实施标准制定，推动技术创新，加快应用推广，组织行业交流，催生区块链在金融、物联网、公共服务、知识产权保护、供应链、教育、公益慈善等重点领域内的应用创新，推动区块链应用落地，促进产业生态健康发展
2019年12月	深圳市	深圳区块链技术与产业创新联盟	由深圳大学区块链技术研究中心牵头，联合行业代表性企业、陀螺财经等媒体、学院及政府机构发起成立的深圳区块链技术与产业创新联盟，联盟旨在加强政府、企业、院校间交流，为政、产、学、研、资搭好桥梁，也为区块链初创项目及上下游产业链搭建区块链产业多元展示以及对接服务平台，陀螺财经作为首批加入成员单位，致力于让更多人正确认识区块链行业，助推区块链赋能实体经济，首批加入联盟成员包括：深圳大学区块链研究中心、南方科技大学、中国科学院先进技术研究院、工信部信息通信研究院、百度、招商证券、阳光保险、众安科技等
2019年12月	杭州市	区块链服务网络发展联盟	区块链服务网络发展联盟是以技术研究、标准制定和产品创新等为纽带，由积极推动区块链服务网络（简称"服务网络"或"BSN"）发展的机构自愿组成的合作组织。联盟以整合及协调联盟各成员在技术研发、云资源、金融产品和媒体宣传等领域的资源和能力，形成联盟内服务网络全方位发展的合力与协调机制，确保服务网络的长期稳定发展和运营，并逐步形成以能够持续降低区块链应用的开发、部署、运维、互通和监管成本的全球性基础设施网络为宗旨

续表

时间	城市	名称	内容
2020年3月	昆明市	云南省区块链产业联盟	云南省区块链产业联盟作为由区块链相关企事业单位、社团组织、高等院校、科研院所等机构自愿组成的跨行业、开放性、非营利性的社会组织，吸引了国内外38家企业加盟
2020年4月	重庆市	重庆市区块链应用创新产业联盟	重庆市大数据发展局联合渝中区人民政府，指导110余家国内外知名企业成立重庆市区块链应用创新产业联盟。联盟由浪潮、IBM、华为、腾讯、三大运营商等110余家国内外知名企业组成。联盟将加强重庆市区块链行业企、事业单位和个人之间的合作、联系和交流，加速区块链技术在实体经济中的应用，开拓国内外区块链市场，发展重庆市区块链产业
2020年7月	郑州市	河南省区块链产业联盟	联盟将围绕区块链理论基础研究、区块链核心技术攻关、区块链解决方案更新、区块链应用项目落地、区块链人才培养等内容，由河南省工业和信息化厅联合河南区块可信链技术研究院、郑州盛见网络科技有限公司等100余家企业、高校、科研院所，共同推进河南省区块链产业发展，共建河南省高质量数字经济
2020年8月	赣州市	江西省区块链产业联盟	江西省区块链产业联盟是在江西省工信厅具体指导下，由江西联通任理事长单位，携手华为、腾讯、蚂蚁金服、南昌大学、先锋软件等40余家成员单位共同成立，汇聚基础研究、技术支撑、应用单位、人才培训、产业孵化、高等院校等多方优势资源，以"打造万物上链、促进区块链产业发展"为宗旨，提升区块链核心技术创新能力，推广区块链在工业互联网、金融征信、司法存证、综合治理等各领域应用，完善和繁荣区块链产业发展生态环境，致力于整体提升江西区块链发展站位，助力江西数字经济高质量跨越式发展
2020年12月	北京市	区块链与数字经济研究国际联盟	区块链与数字经济研究国际联盟旨在汇聚世界范围内政府、高校以及产业多方力量，推动全球范围内区块链研究、技术应用、产业发展、智库建设、人才培养等，形成高效的区块链培养体系、强有力的师资力量与完备的教材体系

续表

时间	城市	名称	内容
2020年12月	深圳市	观火新基建产业服务联盟	观火新基建产业服务联盟是国内首个新基建技术服务联盟，由火讯财经倡议发起，首批入驻技术服务商包括网易区块链、远光软件等30余家国内知名技术公司。联盟未来将与所有入驻技术服务商一起，持续举办区块链、数字化等科普活动，并深度服务地方政府、实体产业，目标是成长为新基建领域最具影响力的技术联盟组织
2021年12月	上海市	中国证券期货业区块链联盟	中国证券期货业区块链联盟由中国证监会科技监管局指导，上交所、深交所牵头，联合证券公司、基金公司、技术厂商、高校等行业核心机构共同发起，旨在进一步整合行业资源，加强行业信息基础设施建设，探索基于区块链技术的科技监管和科技赋能

数据来源：赛迪区块链研究院整理

2. 虚拟现实产业联盟

VR/AR是当前的经济热点之一，早在2016年就已被列为国家"十三五"发展规划，成为推动人类生产、生活方式发生革命性转变的动力之一，作为实现元宇宙虚实交互体验的重要技术内容。产业联盟的建立有利于推动VR/AR产品、内容更新迭代，助力元宇宙的实现。根据赛迪区块链研究院统计，VR/AR产业联盟数量已超20个，表4-3为部分虚拟现实产业联盟。从成立时间来看，VR/AR产业联盟成立主要集中于2016年，主要原因在于VR/AR产业在2016年正式成为国家战略规划产业。随着VR/AR技术的发展和进步，产品市场逐步完善，进入2016年，VR/AR技术及相关新兴产品，从尖端技术领域逐步走向公众视野，各方均迫切需要一个权威的跨界平台，将企业、资源、人才全部汇聚起来，共同解决行业面临的技术、标准、政策等问题。在此背景下，尤其是北京市的技术企业抢先布局VR/AR技术产业联盟，引领VR/AR技术产业的发展。

表 4-3 部分虚拟现实产业联盟（不完全统计）

时间	城市	名称	内容	性质
2021 年 6 月	南昌市	江西省虚拟现实（VR）产业技术创新战略联盟	联盟将致力于推进江西虚拟现实产业发展和相关技术研发、产品生产、内容创作等。联盟的主要任务是跟踪虚拟现实技术发展趋势，研究制定并实施产业创新行动计划，编制产业核心关键技术目录，确定重点技术攻关领域，牵头制定行业规范和标准化文件等	学校、企业
2021 年 5 月	上海市	上海虚拟与现实融合创新联盟	将致力于构筑上海市虚拟现实等产业的技术和生态平台，制定虚拟现实等技术在数字生活等领域的应用标准，引导商家、文创、内容制造产业的对接和项目合作，助力黄浦打造数字新生活创新体验高地	企业
2020 年 10 月	南昌市	江西省虚拟现实教育联盟	将有效统筹政府、高校、企业的各方力量，为教育和虚拟现实产业搭建互通交融的桥梁，为高校和虚拟现实企业搭建沟通和合作的平台，促进形成江西省教育和VR产业统筹融合、良性互动的发展格局，有效解决江西省高校和企业在虚拟现实人才培养过程中遇到的问题，从而为推动江西省高质量、跨越式发展提供重要的产业人才支撑	企业、高校
2020 年 10 月	昆明市	官渡区 VR/AR 产业联盟	联盟将促进VR/AR产业科学技术成果的迅速转化，优化VR/AR产业链，推动官渡区VR/AR产业快速健康发展	企业
2020 年 9 月	昆明市	昆明市 VR/AR 产业发展联盟	联盟将以共同的发展需求为基础，以先进的产业技术创新为目标，联合研发、优势共享、风险共担。联盟还将以相关技术企业为技术依托，共同开展VR/AR关键技术的公关与开发，解决产业发展中的共性、关键技术问题，促进产业科学技术成果的迅速转化,优化产业链，推动产业快速发展	企业

续表

时间	城市	名称	内容	性质
2020年9月	南京市	江苏AR/VR产业联盟	联盟将集各家所长，碰撞出激烈的火花，一起推进AR/VR技术的发展，一起开拓江苏乃至国内外的AR/VR市场	企业
2019年7月	重庆市	重庆市虚拟现实技术创新战略联盟	联盟将为重庆市虚拟现实产业打造更高效的信息服务平台，从而推动重庆市大数据智能产业化的长远发展	企业、高校
2019年6月	杭州市	浙江省虚拟现实产业联盟	联盟的业务范围包括按照中国虚拟现实与可视化行业标准推进行业规范化发展，建立相关知识产权保护平台，开展投融资对接服务，打通上下游产业链共同开拓市场，帮助联盟成员申报国家或地方相关扶持政策与奖项等	企业、高校、科研院所
2019年1月	温州市	中国（温州瑞安）AR/VR产业联盟	联盟的成立将突破地域界限和行业界限，集合软件商、硬件商、运营商、平台商等众多企业，实现上下游产业资源整合，促进盟员内部信息交流、商务对接、合作投资的联合，携手打造中国AR/VR产业链	企业
2017年6月	东营市	山东省虚拟现实（VR）产教联盟	联盟以"合作、共赢"为核心价值观，致力于打造山东省产、学、研合作的服务平台，以推进山东省虚拟现实（VR）与可视化的技术创新和产业化为目标，将通过联合VR行业产、学、研、用等各领域单位，建立从课程、教学、研发、服务到就业和创业一体化的VR教育生态，打造VR全产业链的人才培养，引领VR行业学科研究，支持VR行业企业创新发展	企业、高校

续表

时间	城市	名称	内容	性质
2017年6月	常州市	江苏VR/AR产业联盟	将为江苏搭建起竞争与合作的平台，形成共鸣、共振、共进的良好发展环境，推动江苏VR/AR产业发展，改进和提升传统制造业	企业
2017年6月	重庆市	中国（重庆）虚拟现实产业联盟	联盟将围绕政策布局方向、加强技术创新、完善产业生态链建设，通过相关产业合作、研讨论坛、技术交流、推广应用、人才培养等方式，推动虚拟现实产业健康发展	企业
2017年1月	上海市	上海虚拟现实和增强现实产业联盟（VAIA）	联盟将充分利用VR/AR行业产、学、研结合机制，实现企业、大学和科研机构在战略层面的有效结合，为整个VR/AR产业提供长效的驱动力，举众人之力，一起向VR/AR的未来之路进发	企业、高校
2017年	广州市	广东省虚拟现实产业技术创新联盟	联盟将整合优化资源，完善虚拟现实产业链，加强产业链上下游配套合作，促进产业有序良性发展	企业、高校、科研院所
2017年	广州市	广州虚拟现实与增强现实技术创新联盟	以企业的发展需求为基础，以提升产业技术创新能力为核心，整合协调产业资源，建立产业上下游产、学、研信息和知识产权等资源共享机制，建立政府沟通渠道，拓展市场应用和国内国际合作平台，推动行业标准、质量检测体系建立，提升整体行业竞争力，从而达到推动虚拟现实与增强现实产业发展的目的	企业、高校
2017年	上海市	长三角虚拟现实创新联盟	联盟将聚焦VR虚拟现实产业领域，开展产教融合的校企合作	企业、高校
2016年12月	成都市	成都VR产业发展促进联盟	联盟将整合利用多种渠道、多种资源为成员提供信息服务体系、专家服务体系、联盟成员自助体系，在联盟成员单位间开展考察活动，交流经验，共同提高	企业

续表

时间	城市	名称	内容	性质
2016年12月	北京市	中关村品牌协会VR国际产业联盟	将开展虚拟现实行业标准化和应用等工作，协会将一如既往地为政府相关部门提供规范行业的指导性文件及政策制定等专业服务，为成员单位提供市场开拓，企业转型升级等专业服务	企业、高校
2016年10月	沈阳市	沈阳VR产业联盟	联盟将汇聚沈阳企业、人才、产业资源，围绕技术、应用、人才等方面，构建覆盖VR全生态的产业链条，加强虚拟现实技术研究和产业发展	企业
2016年9月	北京市	虚拟现实产业联盟（IVRA）	以促进虚拟现实技术研发、产品制造、标准制定、应用推广以及其他关键共性问题的解决，推动我国虚拟现实产业健康发展	企业、研究机构
2016年9月	北京市	VR产业互助联盟	联盟将围绕VR产业从业者的实际需求，提供各种针对性及实战式公益服务，帮助企业应对其发展过程中碰到的各类问题，提升发展速度和健康指数	企业
2016年9月	北京市	中国VR虚拟现实产业创新联盟	联盟将聚集国内虚拟现实产业链上的各个创新元素，共同完善行业生态体系的建设，推动VR行业内相关标准的建立和实施，加快从创新源头到技术商业化的落地转化步伐	企业、高校
2016年4月	深圳市	中国虚拟现实产业联盟（CVRIA）	联盟将以市场需求为导向，以用户体验为理念，采用产、学、研结合的方式，促进虚拟现实产业创新发展	政府、企业
2016年3月	北京市	中国AR/VR创投联盟	联盟致力于构建VR/AR全产业生态网络，服务和扶持VR/AR领域的创新创业，推动产业快速发展	企业

数据来源：赛迪区块链研究院整理

3. 机器人产业联盟

为了把握新一轮科学技术革命的契机,在国际上争取更多的话语权,在2013年德国政府提出"工业4.0"战略之后,我国就加紧布局机器人产业,以实现我国传统工业的转型升级蓄力,助力我国智能生产制造的实现。根据赛迪区块链研究院统计,我国最早的机器人产业联盟成立于2013年,分别是济南的山东省机器人产业技术创新战略联盟和重庆市机器人与智能装备产业发展联盟。2018年以来,未统计到新的机器人产业联盟,原因可能在于经过多年的发展,机器人产品市场逐步趋于成熟。另外机器人产业受人工智能、物联网、大数据等技术应用的影响,其他新兴技术产业联盟的兴起,同样有利于机器人产业的有序健康发展。表4-4为部分机器人产业联盟。

表4-4 部分机器人产业联盟(不完全统计)

时间	城市	名称	内容
2013年1月	济南市	山东省机器人产业技术创新战略联盟	联盟由山东省科学院自动化研究所牵头,汇集了山东省科学院、山东大学以及鲁能智能公司等近20家企业(高校)。联盟将根据机器人技术及产业发展趋势,紧密结合国家(山东)机器人行业发展需求,充分利用联盟单位现有的重点实验室、工程技术研究中心、企业技术中心等高层次技术创新平台,通过成员单位间协同创新、统一策略、资源共享、技术转移、人才培养、产品实现、推广应用等方面的紧密合作,突破机器人领域的共性、关键和前沿技术,形成重要的产业技术标准,支撑山东省机器人产业的创新发展,推动山东省装备制造的振兴
2013年4月	重庆市	重庆市机器人与智能装备产业发展联盟	该联盟由中科院重庆研究院任理事长单位,已聚集了重庆长安工业(集团)有限责任公司、重庆齿轮箱有限责任公司、重庆两江开发投资(集团)有限公司、重庆慧来智能控制技术有限公司等53家成员单位。联盟将通过整合机器人与智能装备产业领域的相关资源,为政府、科研机构和企业提供产业发展规划咨询、产业转化洽谈、项目申报、金融等各项服务,加速促进重庆机器人产业发展
2014年6月	丽水市	浙江省丽水市机器人产业联盟	联盟作为机器人产、学、研、用行业协同工作平台,是集科技研发、生产制造、应用服务为一体的非营利性组织,将研究我国机器人产业现状、发展趋势和面临的困难与问题,促进联盟成员在技术、市场、知识产权等领域的交流,协同推进机器人产业链的有序发展,加速机器人技术与产品在各行业中的普及应用

续表

时间	城市	名称	内容
2015年1月	上海市	"未来"机器人产业联盟	联盟企业业务主要涉及机器人核心部件研发与生产、系统集成、人工智能、传感技术、云计算、物联网、风险投资、规模制造、服务业、行业咨询等，旨在充分整合各产业链环节的信息和优势，搭建广阔的交流与合作平台
2016年4月	深圳市	中国人工智能机器人产业联盟	联盟以保千里电子有限公司牵头成立，联盟的首要目的就是保障与推动人工智能机器人产业健康与持续发展，推动联盟企业进行互补性资源交换

数据来源：赛迪区块链研究院整理

4. 5G/6G产业联盟

现阶段，5G已经开始规模化建设，整体网络传输速度明显提升。目前，全国各地纷纷加强合作交流，进一步推动5G商用化进程，探索6G技术发展。根据赛迪区块链研究院统计，全国5G产业联盟已有30多个，从成立时间来看，联盟在2019年后才出现爆发式增长，这是由于随着科技和社会进步，网络的传输速率需要进一步提高，且2019年中央经济工作会议明确提出"加快5G商用步伐"，并将其列为2019年重点工作任务，5G热度持续上升。5G产业联盟有助于汇集智力资源加快推进5G技术的研发突破，加速5G商用的快速普及，促进5G产业的成熟，助力"5G+"经济的实现，推动我国5G发展走在世界前列。表4-5所示为部分5G/6G产业联盟。

表4-5　部分5G/6G产业联盟（不完全统计）

时间	城市	名称	内容	性质
2018年5月	杭州市	浙江省5G产业联盟	助力"中国制造2025"和"互联网+"战略，横向促进相关主体之间的交流和深度合作，构建合作共赢的5G生态圈	企业、高校、科研院所
2018年9月	无锡市	江苏移动5G产业联盟	推动5G网络建设，为其他新型基础设施提供良好网络基础。同时，加大技术研究，推动5G应用，促进产业良性发展	企业、高校
2018年10月	上海市	上海5G创新发展联盟	联盟致力于打造5G生态链及创新应用模式，共同推动和提升上海整体信息化竞争力	企业、高校

续表

时间	城市	名称	内容	性质
2018年11月	南京市	江苏省5G产业联盟	强化区域内5G企事业单位沟通交流，促进5G技术发展的新型思路和理念	企业、高校
2018年11月	上海市	长三角5G创新发展联盟	联盟将作为长三角政府与企业间沟通的桥梁和纽带，围绕5G发展的重点领域和关键环节，坚持创新驱动，加强统筹协调，协同开展工作	企业
2018年12月	武汉市	湖北5G产业联盟	联盟将推进智慧交通、视频娱乐、工业能源、智慧城市、智慧教育、人工智能与机器人、智慧医疗七大领域应用，力争实现"联合六横七纵，实现万物互联"的愿景	企业
2018年12月	北京市	北京移动5G产业联盟	联盟面向包括视频娱乐、交通、医疗、智慧城市等在内的九大领域，目的是促进北京5G产业相关主体间的合作交流和行业应用方案的顺利落地	企业
2019年4月	北京市	中国联通5G应用创新联盟	联盟目标是打造5G新市场，建设5G行业新生态，树立5G企业新标杆，构筑5G商业范式，开创5G产业新未来	企业
2019年4月	福州市	福州市5G产业联盟	联盟将联合通信运营商、设备制造商、终端供应商、系统集成商、科研院所五大类产业合作伙伴，带动福州5G产业形成聚集效应，共同加快推进5G产业生态健康良性发展，构建合作共赢的5G生态圈	企业
2019年5月	西宁市	青海移动5G数字化产业联盟	联盟将凝聚产业链各方力量，汇聚各方智慧，在互惠共赢的理念基础上，围绕信息共享、协同创新、联合推广等产业方向，积极推进5G网络在智能制造、智慧政务、数字社区等领域落地	企业
2019年5月	长沙市	湖南5G数字化产业联盟	联盟将推动5G和人工智能、物联网、云计算、大数据、边缘计算等新技术的融合发展，面向智慧城市、工业制造、教育、医疗、媒体娱乐等行业，共同打造5G创新应用标杆	企业、高校

续表

时间	城市	名称	内容	性质
2019年6月	兰州市	甘肃移动5G产业数字化联盟	联盟旨在把握信息通信业在5G新时代的发展机遇,深化产业开放合作,培育甘肃省5G产业新生态	企业
2019年6月	北京市	中国移动5G商贸数字化联盟	联盟将抓住5G移动通信技术发展的重大契机,积极响应国家政策与市场需求,研究5G在商贸相关产业的应用场景,推动5G在商贸数字化领域的技术创新、孵化和推广	企业、高校
2019年6月	北京市	中国移动5G终端先行者产业联盟	联盟旨在聚焦5G产业资源,快速推动产业成熟,推出5G新解决方案,实现5G产业繁荣发展	企业
2019年6月	上海市	华为5G确定性网络产业联盟	联盟将依托产业创新基地共同孵化5G行业创新解决方案,充分发挥5G的差异化与确定性网络能力,催生更多的行业应用,让5G成为行业数字化的核心生产力	企业
2019年7月	苏州市	苏州市5G产业联盟	联盟立足于"抱团"迎接5G时代,搭建5G产业应用创新合作与促进平台,聚集5G产业中坚力量及相关机构,联合开展5G行业标准、技术规范和产业研究,共同探索5G创新产业应用的新模式和新机制,推进技术、产业与应用研发,组织开展示范试点,构建合作共赢的5G生态圈	企业
2019年7月	呼和浩特市	内蒙古5G产业创新联盟	联盟将推动5G新技术的应用和产业发展,助力和林格尔新区构建大数据产业发展生态体系,以龙头效应辐射呼和浩特,乃至自治区的智慧城市建设	企业
2019年7月	石家庄市	河北移动5G产业合作联盟	联盟旨在基于各自的产品优势及使用需求,结合京津冀协同发展、雄安新区建设、冬奥会机遇,共同推进"5G+AICDE"融合创新、"5G+Ecology"生态共建、"5G+X"应用延展,推动5G成为社会信息流动的主动脉,探索5G在行业领域中的融合应用	企业

续表

时间	城市	名称	内容	性质
2019年8月	合肥市	合肥5G智能网联汽车产业联盟	联盟将积极发挥行业支撑作用,搭建平台,提供行业公共服务。此外,成员单位将共同探索研发新技术、开发新项目,通过定期召开联盟会议,进一步整合资源,协调步伐和产业分工,支持并带动产业间的沟通、交流与合作,促进合肥市智能网联产业发展	政府、企业
2019年8月	成都市	成都市武侯区5G产业融合发展联盟	联盟将在5G网络技术开发、创新场景示范、市场开拓运作等多个方面展开深入合作,有效利用产业链资源,加速推进成都市武侯区5G网络建设、应用示范、产业升级及人才培育	企业
2019年9月	北京市	中国电信5G产业创新联盟	联盟旨在聚合产业伙伴,探索5G创新应用,构建5G产业生态,推动5G成熟发展	企业
2019年9月	泉州市	泉州5G产业发展联盟	联盟将加快泉州5G建设,完善泉州5G生态系统,构建安全、高效、智能的信息通信基础设施,为泉州产业转型升级提供重要的信息技术支撑	企业
2019年11月	广州市	广州天河5G创新产业联盟	联盟将在推进技术革新、应用落地等方面发挥重要平台效应,聚合5G产业伙伴,促进5G产业相关主体的交流和深度合作,加快推进5G在智能科技、智慧政务、数字校园等领域落地	企业
2019年11月	成都	四川省5G产业联盟	联盟旨在搭建交流平台,聚集整合创新资源,以5G核心技术为支撑,探索发展5G核心产业和关联产业,培育发展新模式、新业态、新服务,全面打造5G产业新型生态体系	企业、高校、科研院所
2019年12月	深圳市	深圳5G产业联盟	联盟将依托深圳5G产业先发优势,聚合5G产业领域产、学、研、用的力量,构建5G产业生态体系,满足未来虚拟现实、车联网、智能制造、物联网等产业需求,打造深圳市5G产业在国内外市场的整体竞争力,推动深圳市5G产业更高、更快发展,促进社会各行各业的数字化转型升级	企业、科研院所

续表

时间	城市	名称	内容	性质
2019年12月	深圳市	深圳市5G应用创新联盟	联盟将推动5G产业合作与应用，促进平台发展，联合产业界各方资源开展5G技术、标准和产业研究，共同探索5G技术行业应用的新模式和新机制，推动5G在行业应用领域的技术、标准、产品、解决方案及应用推广，从六大方向推动深圳5G走在世界前列	企业、科研院所
2019年12月	扬州市	扬州5G产业联盟	联盟将深入实施以5G为引领的战略导向，强化产业链上下游企业合作，扎实推进5G研究，加快促进5G普惠化发展	企业、高校
2020年1月	东莞市	东莞市5G产业联盟	联盟从信息共享、协同创新、产业推动等方面推动5G在全社会各领域的融合应用，培育经济新增长点，推动东莞经济高质量发展	企业
2020年5月	济南市	山东省5G产业联盟	联盟将致力于搭建产、学、研、用相结合的创新体系，推动联盟单位联合开展5G技术、标准和产业研究，共同探索5G垂直行业应用的新模式和新机制，探索应用场景，开展试点示范，推动政府、资本、产业、科研院所等多维度的互动	企业、高校、科研院所
2020年7月	郑州市	郑州市5G产业联盟	联盟旨在搭建5G产业深度合作与交流平台，加快形成信息共享、优势互补、合作共赢的5G生态圈，助力我市5G网络建设、行业应用、产业发展和技术创新，抢占数字经济制高点	企业
2020年9月	西安市	智引5G生态联盟	联盟将基于先期合作搭建的陕煤集团5G专网，探索构建产、学、研紧密结合的智慧平台，推动产需对接，实现5G远程化开采、自动控制等智能化应用的规模化落地，助力陕西"5G+工业互联网"快速发展	企业、高校
2020年11月	合肥市	安徽省5G产业发展联盟	联盟旨在促进联盟成员单位之间的交流与合作，形成优势互补、联合开发、风险共担、共享创新成果，加速推动安徽省5G产业发展进程，深化各领域5G融合应用	企业

续表

时间	城市	名称	内容	性质
2021年3月	南宁市	广西5G产业联盟	联盟旨在纵向上助力构建面向东南亚国家联盟的"数字丝绸之路",助推数字广西发展战略;在横向上则促进5G产业联盟相关主体之间的交流和深度合作,促进供需对接和知识共享,形成优势互补,运用5G技术切实解决企业转型升级问题,构建合作共赢的"5G生态圈"	企业
2021年4月	大连市	大连5G产业联盟	联盟将以5G为引领,整合资源,汇聚领军企业,建立推动各行业转型发展的开放平台,通过统一产业技术标准,共同研发新技术、新产品、新方案,共同探索深度运营新模式,推动产业链相关产品的普及应用,促进相关企事业单位之间的交流与协作,提升建设运营核心能力,构建合作共赢的生态圈	企业、科研院所
2021年4月	惠州市	惠州市5G产业联盟	联盟促进成员之间的商机共享、合作交流、供需对接,形成优势互补,共同研究基于5G通信技术的产品服务和应用、技术创新及行业标准,推动5G产业发展,发挥产业联盟的影响力,构建共赢的5G产业生态	企业
2021年5月	郑州市	河南省5G产业联盟	联盟深入探索建立5G产业链各方交流沟通的机制,加强5G行业信息共享,积极推动5G技术市场化,为联盟成员联合推进5G创新应用创造有利的条件,促进行业整体应用开放的稳步提升,聚焦5G产业重大共性问题,协调各相关方和资源,形成合力,共同推进产业的发展	企业、高校
2021年5月	西安市	陕西5G智慧物流服务产业联盟	联盟将整合整个陕西省物流行业资源,建立信息共享平台和联动机制,以"数字供应链+数字货运"模式构建产业生态圈,有效解决网络货运税务合规问题,助力小规模运输企业降本增效,拓展多元化业务模式,提高业务承载能力,支持更多的道路运输企业向数字化、智能化转型升级	政府、企业

数据来源:赛迪区块链研究院整理

4.2 产业园区建设已经启动

产业园是集聚优势资源,优化企业发展环境,实现企业抱团发展,催生产业集群的关键。国家高度重视产业园建设在完善产业链条,推动产业发展方面的重要作用,早在 2003 年,国家信息产业部就已发布《信息产业部关于建设国家电子信息产业基地和产业园的意见》,该意见指出产业园建设是加快电子信息产业等新经济领域发展的重要方式,之后又相继出台系列政策措施来引导产业园的健康发展,以培育国内战略性新兴产业和新的经济增长点。

4.2.1 各地产业园正在涌现

元宇宙产业园的建设,可以为元宇宙相关企业提供较为全面的政策咨询服务,为企业发展提供一个较为有益的发展环境,为区域内的产业发展争取更多的支持政策。然而,当前我国的元宇宙产业园建设尚处于发展的起步阶段。根据赛迪区块链研究院统计,如表 4-6 所示,截至 2022 年 2 月底,全国各地根据自身优势,相继共有 5 个元宇宙产业园成立,分别是南中轴国际文化科技园元宇宙产业园、5.5 数字文创港、无锡市元宇宙产业园、北京通州元宇宙创新中心和海南未来产业园。

表 4-6 元宇宙产业园城市分布表

城市	名称	成立时间	内容
北京	南中轴国际文化科技园元宇宙产业园	2021-12-11	南中轴国际文化科技园元宇宙产业园是北京科技、文化、国际交往三大功能交汇地,总建筑面积为 18.67 万 m^2,目标产值可达到每年 50 亿元,容纳就业 6000 多人,人均年产值可达 250 万元,旨在打造以感知交互、脑机接口、数字孪生、元宇宙等未来产业为重点的具有全球影响力的数字文化产业硬科技平台,作为丰台独角兽集聚区的重点园区之一,将为入园企业提供优质的服务、舒心的环境,吸引国内外带动性强的头部企业入驻
武汉	5.5 数字文创港	2021-12-17	武汉 5.5 数字文创港位于武汉市汉口核心菱角湖商圈,总建筑面积约 2 万 m^2,为一幢 23 层 5A 级商业塔楼,与裙楼近 3 万 m^2 的阅道文化广场、5 千 m^2 的中心书城,依托阿里云通过 5G、VR、AR、物联网、数据技术、云计算和人工智能等技术为项目进行智慧科技赋能,共同构成产业与商业共生,文创与科技融合的武汉首个元宇宙主题综合体,于 2021 年 12 月 22 日正式对外招商

续表

城市	名称	成立时间	内容
无锡	无锡市元宇宙产业园	2022-01-11	无锡市元宇宙产业园将发挥高新区在人工智能、区块链、物联网和大数据等方面积累的厚实的产业基础，为无锡市元宇宙产业园落地高新区创造了有利条件。力求通过以应用带产业，以示范拓市场，以模式促推广，发展软件和信息技术产业，同时对车联网、5G、虚拟现实等未来产业进行布局
北京	北京通州元宇宙创新中心	2022-01-19	北京通州元宇宙创新中心位于北京城市副中心设计小镇创新中心，是国内正式配套产业政策的元宇宙产业集聚区，致力于打造成元宇宙产业创新发展的展示窗口、技术和产业交流的合作平台，以及系列产业标准制度等推进保障相关产业的基础的研发中心，园区充分利用"政府政策先行保障，品牌高地集中打造，产业链条精准导入"的产业服务模式，迅速形成对元宇宙全程产业链条的服务力量
海南	海南未来产业园	2022-01-27	海南未来产业园以数字经济为主导，聚焦移动互联网"下半场"，即5G商用背景下的新媒体、人工智能、量子计算、金融科技、新能源和智能制造等创新型应用产业领域，为进一步加快产业集聚，园区充分借助海南自贸港政策优势，引进首批元宇宙科技型企业入驻海南未来产业园，力求打造适合全球高科技企业的第二总部基地、全球领先的新兴社交媒体产业集聚区、虚拟现实与人工智能融合发展的创新培育区

数据来源：赛迪区块链研究院整理

4.2.2 优势城市走在前列

根据成立的产业园地理位置、具体内容等可以总结出当前国内元宇宙产业园区具有以下特点：

1. 北京凭借强大的科研创新实力、雄厚的产业基础和丰厚的资本支持走在北部地区元宇宙产业园建设的最前列

北京现已建成"南中轴国际文化科技园"和"北京通州元宇宙创新中心"两个元宇宙产业园，重点瞄准科幻产业和脑机接口、数字孪生等未来产业。北京地区两个元宇宙产业园的建立，将助力北京成为元宇宙产业创新发展的集聚

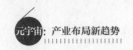

区域、技术和产业交流的合作高地,以及系列产业标准制度等推进保障相关产业的基础的研发中心,引领北部区域乃至全国范围内数字经济产业的集聚发展。

2. 无锡和海南成为东南沿海地区元宇宙产业园建设的典范

无锡市和海南省在 2022 年分别建立"无锡市元宇宙产业园"和"海南未来产业园",园区的建设预示着东南沿海地区元宇宙产业园建设在 2022 年的总基调,元宇宙产业园建设工作将加快推进。东南沿海地区具备元宇宙产业发展所需要的产业基础,拥有阿里巴巴、腾讯、字节跳动等在元宇宙产业加速布局的互联网大厂,元宇宙产业园的建设将集聚区域内的优势企业,借助龙头企业引领园区发展,持续发挥"虹吸效应",促使东南沿海地区成为全国元宇宙产业发展的重点区域。

3. 武汉市是中部地区元宇宙产业园的建设高地,率先布局元宇宙产业园建设

武汉市一直走在中部地区新兴技术发展的前列,正紧锣密鼓地推进 5G、区块链、大数据、人工智能、元宇宙等诸多新兴数字产业的发展。2021 年 12 月 22 日武汉"5.5 数字文创港"正式对外招商,园区建设将充分整合 5G、VR/AR、AI、物联网和云计算等新兴技术,融合区域内的制造优势,构建产业与商业共生、文创与科技融合的元宇宙主题综合体。未来,武汉市有望成为中部地区元宇宙产业发展的集聚中心,辐射区域内元宇宙产业发展。

4.2.3 重点元宇宙产业园介绍

以下举例详细介绍部分元宇宙产业园的基本信息、目标定位、企业发展以及未来规划。

1. 武汉 5.5 数字文创港

(1) 基本信息

武汉 5.5 数字文创港是由武汉出版集团与 5.5 产业园于 2021 年 12 月统筹成立的,其核心理念是打造数字经济时代下新型数字文创产业与数字 IP 地标城市。园区位于武汉市汉口核心菱角湖商圈,总建筑面积约 2 万 m^2,由一幢 23 层 5A 级商业塔楼,与裙楼近 4 万 m^2 的阅道文化广场组成,是华中地区规模最大的集文化产业与文化消费于一体的主题性文化综合体项目,园区于 2021 年 12 月 22 日正式对外招商。菱角湖商圈的交通发达,三条主干道交集而过，两条地铁线比邻而环，路、轨、空多维汇聚，交通便捷，同时聚合顶级商务资源，两公里范围内荟萃全城优势资源，周边有阅道文化商业中心、万达广场、江宸天街、泛海城市广场、中心书城等商业配套，和武汉博物馆、菱角湖公园、政务中心、银行机构等市政配套，便于园区方便工作生活的开展。

（2）目标定位

元宇宙并不是一个单独的产业，其中的每个细分技术领域都会涉及数量众多的公司，武汉5.5数字文化港主要围绕元宇宙产业的"体验层、发现层、创作经济层、空间计算层、去中心层、人机交互层、基础设备层"七个层次展开园区招商，旨在通过园区有效连接元宇宙各细分产业领域内的企业，构建元宇宙产业生态，发挥园区对产业生态圈的整合价值，为每个加入产业生态圈的企业提供更多的发展机会。

（3）企业发展

武汉5.5数字文化港以打造"汉派IP"为核心宗旨，为与中心书城和阅道文化商业中心的展示、体验、销售等功能形成呼应，园区将规划文创团队众创区、原创IP孵化区、知名数字文创企业总部办公区、公共会议区等，重点引进和培育数字时代背景下的文创"小巨人"和"独角兽"，实现产业链条式聚合，生态化发展。同时将借助武汉出版集团强大的出版发行能力和原创作家群资源，依托5.5产业园十余年的企业孵化、资本资源赋能经验，为入驻企业项目提供创作选题、IP经济、N次元发展、企业投融资、管理培训、人才咨询、政策申报等方面的服务，帮助入驻企业及研发团队专注主业，快速发展。

（4）未来规划

5.5产业园是华中地区规模最大的产业园区运营和科创孵化机构之一，一直致力于为中国高成长企业提供性价比高的产业空间和技术创新服务，此次与武汉出版集团基于各自产业优势实现强强联合，建立武汉5.5数字文创港，将实现区域内的优质产业资源的快速集聚，打造集数字出版、数字娱乐、新媒体及文创IP孵化为一体的、涵盖丰富元宇宙文创产品，并且居于全国领先地位的元宇宙产业园区。

2. 无锡市元宇宙产业园

（1）基本信息

无锡市元宇宙产业园成立于2022年1月11日，"无锡市元宇宙创新联盟成立仪式"会上，正式将"无锡太湖湾科创城"确定为"无锡市元宇宙产业园"。产业园位于无锡市高新区，主要围绕物联网、生物医药、智能装备、低碳技术产业等方向展开产业规划，以加快高能级科技创新平台布局，打造科、产、城、人融合的科技新城，塑造无锡高新区创新崛起的动力支撑。

（2）目标定位

无锡市元宇宙产业园将充分整合高新区在车联网、5G、虚拟现实等未来产业的布局成果，通过以应用带动产业发展，以示范拓展市场份额，以模式促进技术推广的方式，加速元宇宙产业在无锡市的发展。

（3）企业发展

园区将充分发挥无锡市在 5G 基站、集成电路、物联网、软件产业、人工智能、智能制造、车联网等领域领先态势，计划联合无锡宝通科技股份有限公司、无锡数字电影产业有限公司、中国移动通信集团江苏有限公司无锡分公司、无锡电鲸、兖矿能源与宝能智维、上海荷笛科技有限公司、天际线科技有限公司等企业，推进物联网技术、虚拟现实、裸眼 3D、人工智能、电子游戏技术等相关技术产品的开发与应用落地。

（4）未来规划

未来，无锡市元宇宙产业园将进一步整合区域内的产业技术优势，突出创新发展理念，围绕有利于元宇宙产业发展，技术交流合作，应用推广运营等诸多方面，加速制定相关支持政策措施，加速园区对元宇宙产业的规划布局，促进企业入驻，人才引育，推动元宇宙与相关产业的跨界融合。

3. 北京通州元宇宙创新中心

（1）基本信息

北京通州元宇宙创新中心于 2022 年 1 月 19 日设立，坐落于北京城市副中心设计小镇创新中心，与张家湾设计小镇、市行政办公区和环球度假区毗邻。北京城市副中心是为了调整北京空间格局，治理大城市病，拓展发展新空间的需要，推动京津冀协同发展而提出的，总面积约 155 平方公里，正蓄力打造国际一流的和谐宜居之都示范区、新型城镇化示范区、京津冀区域协同发展示范区，计划于 2035 年基本实现城市现代化建设。北京通州元宇宙创新中心由通发展集团与中关村大数据产业联盟共同运营，是国内正式配套产业政策的元宇宙产业集聚区。

（2）目标定位

北京通州元宇宙创新中心旨在通过集聚元宇宙产业资源，实现对入驻企业所需资源的精准匹配和对企业员工衣食住行的贴身服务，充分发挥运营公司（通发展集团）的产业服务经验，将自身的园区服务能力和合作伙伴们的产业研究和产业资源引入等能力相结合，利用"政府政策先行保障，品牌高地集中打造，产业链条精准导入"的产业服务模式，迅速形成对元宇宙全程产业链条的服务力量。

（3）企业发展

北京通州元宇宙创新中心充分发挥现有政策支持优势，现已吸引华为、特斯联、德火科技、蓝宇宙公司等30余家企业入驻。园区正着力集聚区域内利于元宇宙产业发展的多种优势资源，推动区域内产业发展。在元宇宙产业重点领域布局方面，北京通州城市副中心充分结合北京市的文化底蕴，正在大力建设张家湾设计小镇、大运河景区等文旅基地，突出元宇宙文旅应用场景，推进数字经济标杆城市建设。

（4）未来规划

北京通州城市副中心是首个明确制定元宇宙产业支持专项政策并推进落实的地区，2022年1月19日，北京市通州区印发《关于加快北京城市副中心元宇宙创新引领发展的八条措施》，明确制定与元宇宙产业发展相关的房租补贴、产业引导、产权保护、基金引导、产业布局、示范应用、国际合作和人才引进等内容。未来，北京通州元宇宙创新中心将进一步落实元宇宙产业的转型支持政策，吸引全球优质企业入驻，并通过设立"元宇宙体验展示中心""元宇宙创新中心"等机构不断扩大和提升元宇宙产业的影响力，助力其成为国内一流、全球领先的元宇宙产业发展园区。

4.2.4 元宇宙相关技术产业园介绍

元宇宙作为多种技术的融合体，相关技术的发展和进步有利于推动元宇宙技术的实现和产业的发展，元宇宙相关技术产业园的建设可推动元宇宙核心技术与分支技术的发展与进步，进而加速元宇宙的实现进程。

1. 区块链产业园发展情况

近年来随着区块链行业的快速发展，产业规模急速增长，吸引了大量创业者和资本，国内各地方政府也开始将区块链技术作为经济发展的新动能。在各地方政府提供相关资金要素、人才要素、基础设施要素基础上，区块链产业园在迅速涌现。

根据赛迪区块链研究院统计，截至目前，如表4-7所示，全国已有超52家区块链产业园区，其中，广东、浙江等地区块链产业园数量较多。

表4-7 我国区块链产业园建设情况

区域分布	省份	城市	名称
环渤海聚集区	北京		中关村创客小镇
	山东	青岛	链湾（省级）
		青岛	青岛金融科技中心
		济南	复旦大学区块链技术济南创新中心
		济南	山东安可区块链产业研究院（山东航信区块链产业园）（省级）
		济南	齐鲁软件园（省级）
	河北	唐山	曹妃甸大数据区块链产业园
		石家庄	石家庄数字经济产业园[正定县（正定新区）数字经济产业园区发展中心]
	辽宁	朝阳	龙城区块链大数据产业园
长三角聚集区	上海		虹口区新链空间
			宝山区智力产业园天空区块链孵化基地
			虹口区亚太区块链中心
			嘉定区蓝天经济城区块链集聚区
	江苏	苏州	链谷
		南京	江北新区产业园
	浙江	杭州	杭州市区块链全产业链创新中心
			杭州西溪谷区块链产业园
			中国（萧山）区块链创业创新基地
			中国杭州区块链产业园
			经略新创产业区块链孵化器
			中国杭州国际区块链产业园
			杭州区块链产业园

续表

区域分布	省份	城市	名称
长三角聚集区	浙江	宁波	宁波保税区金融科技（区块链）产业园
			宁波市区块链产业赋能中心
		嘉兴	嘉兴区块链产业园
珠江三角洲聚集区	广东	广州	广州越秀区国际区块链产业园
			黄埔链谷（广州城投中关村e谷区块链孵园）
			广州区块链国际创新中心
			蚁米区块链创客空间
			蚁米安居宝区块链工业智能产业园
		佛山	广东金融高新区"区块链+"金融科技产业孵化中心
		深圳	"密码+区块链"孵化器（CNBI）
	海南	海口	海口区块链产业园（海口复兴城互联网信息产业园）
湘黔渝聚集区	重庆		重庆市区块链产业创新基地
			重庆市数字经济（区块链）产业园
	四川	成都	西南区块链创新发展联盟
			以区块链算力为特色的区块链产业园
	湖南	衡阳	湘南湘西区块链产业园（衡阳区块链产业园）
		娄底	湖南娄底国家级区块链研究和应用示范区暨娄底市区块链产业园
		长沙	长沙经济技术开发区星沙区块链产业园
	贵州	贵阳	贵安新区区块链小镇
其他地区	湖北	武汉	光谷区块链众创空间
	江西	赣州	江西赣州区块链金融产业沙盒园
		南昌	南昌先锋军民融合创新基地区块链技术与应用研发中心（先锋软件）
	广西	南宁	中国东盟区块链产业园（广西区块链科创园）
	新疆	伊宁	新疆伊宁区块链产业基地
	云南	昆明	云南省区块链中心

数据来源：赛迪区块链研究院整理

根据产业园具体分布的地理位置来看,截至 2021 年底杭州市是拥有区块链产业园数量最多的地区,共计 7 家,占全国区块链产业园的 13.46%;其次是广州,共计 5 家,占比 11.11%;上海有 4 个区块链产业园,位列第三,占比 8.89%。从区块链产业园整体分布来看,产业园集中于黄渤海、长三角、珠三角、湘黔渝四大聚集区。

另外,如图 4-1 所示,在产业园主导机构方面,多数产业园在创建之后,已经吸引了国内外大批优质企业、知名高校、研究机构等的加入。在这 52 余家区块链产业园中,有近 21 家产业园由政府与企业合作,共同推进区块链发展,占比为 40.38%。随着各种要素的聚集,我国区块链产业呈现出迅速增长的模式。

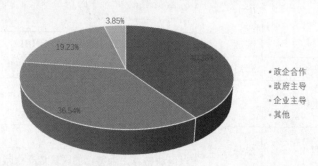

数据来源:赛迪区块链研究院整理

图 4-1 我国区块链产业园主导机构分布情况

2. 虚拟现实产业园发展情况

根据赛迪区块链研究院的统计数据,截至目前为止,全国共有 20 余个虚拟现实产业园、产业基地以及孵化中心,如表 4-8 所示,为部分虚拟现实产业园。以江西南昌为例,江西南昌在 2021 年先后成立两个 VR/AR 产业园,致力于推进当地 VR/AR 技术产业发展。从南昌市 VR 技术产业的发展史可以发现,南昌市对 VR 产业的发展起步较早。早在 2016 年 2 月,南昌就抢先在 VR 产业发展领域布局,历经三届世界 VR 产业大会,五年深耕,南昌 VR 产业发展实现了从无到有、从小到大、从弱到强的精彩蝶变,全球 VR 资源要素正加速向南昌集聚,"南昌看 VR,VR 看南昌"已成为南昌一张靓丽"新名片"。随着元宇宙概念的爆火,以南昌市为代表的城市将更加重视 VR/AR 产业园的建设工作,2022 年 VR/AR 产业园数量有望增加。

表 4-8 部分 VR/AR 产业园（不完全统计）

城市	名称	成立时间	定位
青岛	青岛（中国）VR/AR 产业创新创业孵化基地	2016 年 3 月	以青岛为落地点，辐射山东全省乃至全国 VR/AR 垂直化产业园区
南昌	中国（南昌）虚拟现实产业基地	2016 年 6 月	构建世界级的虚拟现实产业中心
嘉兴	嘉兴国际游戏和 VR 产业园	2016 年 6 月	区域发展的新经济引擎
福建	福建虚拟现实产业基地	2016 年 7 月	致力于在推动福建省 VR 产业快速发展的基础上，建设成为集 VR 产、学、研一体化，软、硬件生产相结合，具有完整 VR 产业生态系统的国际一流产业基地
天津	天津虚拟现实产业基地	2016 年 10 月	建设成中国北方最大的虚拟现实外包产业基地与创新孵化基地
青岛	青岛（崂山）国家虚拟现实高新技术产业化基地	2017 年 1 月	打造"中国虚拟现实产业之都"
北京	中关村虚拟现实文化教育产业园	2017 年 1 月	中关村虚拟现实空间（StrongVR）的加速器项目
北京	中关村虚拟现实产业园	2017 年 4 月	打造具有全球影响力的虚拟现实产业创新中心
秦皇岛	军界·秦皇岛军事科学教育 VR 基地	2017 年 8 月	以军事科技体验为主题的多展项集中控制的高科技教育基地
黑龙江	黑龙江动漫产业基地 VR 研发体验中心	2017 年 9 月	实现 VR 产业的集聚发展，推动黑龙江动漫产业基地转型升级
武汉	光谷 VR·AR（虚拟现实·增强现实）产业基地	2017 年 10 月	打造 VR、AR 中小微企业产业集群，实现光谷 VR、AR 产业健康快速可持续发展
北京	科迪双加速器	2018 年 2 月	VR 网（启迪虚拟现实）运营的"VR+"产业加速器
山东省	山东省虚拟现实应用产业基地	2018 年 5 月	预计在 3~5 年内，山东省虚拟现实应用产业基地将建成"百亿产业群"，申报国家级产业基地
南京	南京六合虚拟现实产业基地	2018 年 5 月	细分市场领域的"VR+"产业集聚区

续表

城市	名称	成立时间	定位
武汉	武汉 VR 禁毒教育基地	2018 年 5 月	利用 VR 技术开展禁毒宣传教育的基地
深圳	深圳市龙华区 VR 产业园	2019 年 1 月	在 3～5 年内，将龙华区 VR 产业园打造成为具有国际影响力的新型 VR 产业基地
安溪县	EC 产业园 VR/AR 党性教育基地	2020 年 4 月	运用 VR/AR 等现代虚拟现实、全息影像技术的党性教育基地
昆明	昆明市 VR/AR 产业园	2020 年 5 月	西部地区 VR/AR 产业发展新高地

数据来源：赛迪区块链研究院整理

3. 机器人产业园发展情况

机器人产业园以机器人产业为核心，围绕机器人本体、机器人、控制系统、功能零部件生产等产业链环节而形成的产业集聚区。截至目前为止赛迪区块链研究院共统计到 68 个机器人产业园区，如表 4-9 所示，为部分机器人产业园。在机器人产业园分布中，东北是我国最早从事工业机器人生产的地区，培育出新拾公司这样的第一家机器人上市公司，占国产工业机器人三分之一的市场份额。长三角地区拥有我国产业体系最完备，城镇化基础最好，综合实力最强的城市群，被誉为中国的"金三角"，在推进区域内机器人产业发展方面，长三角省市深入贯彻习近平总书记的重要论述，通过机器人产业园建设积极推进区域内机器人技术进步和产业发展，推动"工业制造 4.0"的实现。

表 4-9 部分机器人产业园（不完全统计）

城市	名称	成立时间	基本内容
昆山	昆山高新区机器人产业园	2008 年	昆山机器人特色产业基地核心区位于昆山高新区吴淞江产业园内，占地面积 110.2 亩，总规划建设面积近 7 万 m^2。目前核心区已吸引华恒、永年激光、柯昆、徕斯、高晟等多家国内外机器人领域的高端企业；昆山（苏州）机器人产业科普馆已正式对外开放，全方位生动地展示了机器人产业发展情况；机器人产业发展论坛已连续举办 6 年，汇聚了国内外多名机器人专家和机器人上下游企业家，共同探讨机器人产业的发展，扩大了昆山机器人产业影响

续表

城市	名称	成立时间	基本内容
上海	上海机器人产业园	2012 年	上海机器人产业园规划总用地 3.09km^2，作为上海市 26 个特色产业园之一，目前不断加强科技创新中心建设，依托上海机器人产业园显著的区位优势，突出龙头带动、空间成本低、技术人才多、应用示范等特点，通过"区域＋产业＋创新"政策叠加，以世界级机器人龙头企业为突破口，以研发创新平台与能力建设为支撑，以"制造＋应用"为产业发展重点，引导优质产业项目向园区集聚，构建机器人及智能制造产业集群，努力发展成为上海科创中心核心承载区的重要支柱
徐州	徐州经济技术开发区机器人产业园	2013 年	机器人产业园位于徐州经济技术开发区内，是江苏省首家机器人产业工业化与信息化融合示范基地，全区机器人产品种类主要涵盖焊接机器人、切割机器人、包装机器人、高空作业机器人、医疗辅助系统机器人和工程机械智能化制造等六大产品系列
重庆	重庆两江机器人产业园	2013 年	重庆两江机器人产业园成立于 2013 年 6 月，规划占地面积 2km^2，是重庆市机器人产业发展的核心承接区域，这里已经集聚了嘉腾、聚研、海普洛、华中数控等一批机器人企业
天津	天津机器人产业园	2014 年	园区坚持以机器人产业为主导产业，全面推进产业集聚\产业链整合以及产业之间联动共融发展。目前，园区已经引进鼎奇主轴、辰星自动化、纳恩博科技、天瑞博科技等多个国家的 863 个机器人科技成果转换项目，园区依托科技产业化中心，规划面积 24 万 m^2，计划利用 5 年时间引进 100 家企业，将天津机器人产业园打造成为国内知名的集研发和生产为一体的机器人产业基地
青岛	青岛国际机器人产业园	2014 年	青岛国际机器人产业园位于青岛胶州湾北岸青岛高新区，其中，前期核心园区占地 1000 亩，位于先进装备制造区内，重点吸引国内外的优秀机器人研发、制造、应用企业及相关配套企业入驻。目前，产业园已吸引创想机器人、青岛诺利达、科捷机器人、海尔机器人等知名企业入驻，涉及研发、制造、应用展示、配套服务等多个环节，在高新区的不断努力下，青岛市智能机器人产业技术创新联盟落户园区，拥有 24 家成员单位，为机器人企业提供专业交流平台

续表

城市	名称	成立时间	基本内容
沈阳	沈阳机器人产业园	2017年	园区分为总部大厦、机器人展示中心、综合办公楼及产业区等,设有研发中心、洁净装备制造中心、数字装备制造中心、成套装备制造中心、柔性智能制造中心、大型装备制造中心等。其中,产业园的C4车间暨数字化工厂是中国首个工业4.0生产示范实践厂区,用机器人生产机器人。该厂区真正将机器人、智能设备和信息技术融合在制造全过程,涵盖了制造的生产、质量检测、物流等环节,解决了从产品设计到制造实现的转化过程,年生产机器人及智能制造装备可达到1万台套,体现出中国数字化智能车间未来的发展趋势
杭州	杭州萧山机器人产业园	2018年	萧山机器人小镇是中国十大机器人产业园、恰佩克最佳机器人产业园、浙江省首个以"机器人"命名的省级特色小镇,坐落于国家级萧山经济技术开发区桥南新城,东临杭州萧山国际机场,南至机场城市大道,西临杭州市政府,北临钱塘江,规划面积3.51km²。立体化的交通网络连贯全国,90分钟内可达长三角15个中心城市,无缝对接杭州主城区"地铁时代",毗邻中国重要干线机场——杭州萧山国际机场,通达108个城市,全面释放区域影响力
长沙	湖南工业机器人产业园	2018年	湖南工业机器人产业园位于长沙雨花经济开发区,规划面积1500亩,重点引进机器人全产业链关联企业,截至目前,已累计引进机器人企业134家(统计至2017年2月8日,尚有数家企业正在办理工商注册手续),基本实现了从研发、生产、销售到培训的全覆盖,入驻企业包括湖南瑞森可机器人、驰众机器人、三兴精密、固高科技、自兴人工智能、泰达机器人等

数据来源:赛迪区块链研究院整理

4. 5G/6G产业园发展情况

5G/6G作为新一代移动通信技术发展的主要方向,是未来新一代信息基础设施的重要组成部分,国家高度重视5G/6G产业园建设工作,积极推进技术的研发进步。截至目前为止,赛迪区块链研究院共统计到18个5G产业园区。表4-10所示为部分5G/6G产业园。

在5G产业园的分布中,长江三角洲和珠江三角洲凭借经济优势和技术基础,在新兴技术产业发展方面继续保持良好势头,走在5G技术发展的前列,其5G产业园数量占全国5G产业园总数的33%。其中,长江三角洲作为国内首批5G正式商用的地区,积极推进"5G+"产业规模部署,现域内基站及节站数量已超过10万,区域内5G覆盖率高达98%,为"5G+"产业发展,5G产业园建设积累了较好的技术基础。珠江三角洲也走在5G基础设施建设和技术普及应用的前列,为实现5G产业的集聚发展,充分发挥区域内5G基础设施优势,以广东为主的珠江三角洲省市积极推进区域内5G产业园的建设工作,积极探索5G技术在各行各业内的落地应用。

表4-10 部分5G/6G产业园(不完全统计)

城市	名称	成立时间	基本内容
杭州	中国(杭州)5G创新园	2019年1月	中国(杭州)5G创新园是中国国内5G全覆盖,提供完整5G产、研条件的创新园。园区位于杭州未来科技城核心区块,一期建筑面积10万m²,计划到2025年建成全国著名的5G未来演进技术及业务应用的策源地、孵化地和集聚地,中国(杭州)5G创新园将优先在人工智能、AR/VR、无人机、智慧社区、智能物流等产业领域开展测试,推进产业应用
杭州	中国(杭州)5G创新谷	2019年4月	中国(杭州)5G创新谷落地在钱江世纪城,由浙江5G研究院、容亿投资、浙江火炬中心联合萧山区按"一院一园一基金+专业机构运营"模式,合力打造5G产业资源高度集聚,产业生态体系完善,国内一流的5G产业创新高地
青岛	青岛城阳区5G产业园	2019年5月	山东省首家5G产业园在青岛市城阳区启动,城阳区人民政府与山东唯一获许开展5G试点的通信运营商、青岛联通公司签订了战略合作协议,与华为公司签订了5G战略合作创新框架协议,与首批创新企业签订了5G产业园落地入驻意向书。园区一期建筑面积约4200m²,产业园依托国家5G规模组网及应用示范工程项目,加快建设5G产业创新中心、5G开发测试平台,引进发展创新型5G商业应用企业,培育发展高速智能传感器、边缘计算芯片集成电路等5G基础产业,实现对整个产业链的关键支撑。同时积极推动车联网、市政交通、公共安全、娱乐新媒体、教育医疗等5G产业发展,打造全球5G商用示范试点区

续表

城市	名称	成立时间	基本内容
重庆	重庆5G产业园	2019年8月	重庆市5G产业园2019年8月获批建设，以构建5G核心产业链和推进融合示范应用为重点目标。该产业园将重点围绕具有5G基带芯片授权的厂商，构建涵盖智能终端、模组与元器件、车联网产品、智能制造与工业互联网的5G产业生态
深圳	深圳福田区5G高端创新产业园	2019年10月	深圳福田区5G高端创新产业园是深圳首个以"5G研发及应用"产业为主导的高端创新产业园，也是深圳首个5G信号覆盖示范园区、深港科技创新合作区"1+N"模式的首个卫星园区——新一代信息技术产业园。新一代信息技术产业园占地面积3.28万m^2，总建筑面积约40万m^2，将成为支撑深圳市5G产业的主阵地和重要载体
泉州	泉州永春县5G智慧制造示范产业园	2019年11月	2019年11月6日，华为携手中国电信和九牧的"5G智慧制造示范产业园项目"签约发布仪式在永春隆重举行，首个5G智慧制造示范产业园落户永春县。九牧、华为与中国电信三方合力打造智能5G工厂，在智能制造、智慧园区、工业互联网等领域全面深化合作，为工业产业提供高质量发展新引擎。早在2017年8月，九牧就在永春县投资30.6亿元落地了智慧制造产业园项目。该项目用地1200亩，新建12条生产线，成为中国"工业4.0智能制造"、产业转型及产业孵化的标杆项目
台州	三门沿海工业城5G信息产业园	2019年12月	该产业园是台州首个5G信息产业园，投资7亿元，规划占地120亩，聚焦5G通讯配套设施研发和应用，是引领工业城未来产业发展的重要基地，该项目也是三门新制造业三年行动计划的重点内容。目前，产业园已有浙江欧沛添科通信科技有限公司等企业入驻，预计全面投产后，产值可超10亿元
广州	广州市5G产业园	2019年12月	该产业园将在全市构建"3+2+6"产业布局：以科学城、知识城、天河软件园为3个核心产业基地，以琶洲互联网价值创新园、南沙国际人工智能价值创新园为2个关联产业基地，并在黄埔、白云、越秀、番禺、南沙、增城建设6个衍生产业基地，推动5G产业集聚发展，赋能广州实体经济转型和城市治理创新

续表

城市	名称	成立时间	基本内容
上海	金桥5G产业生态园	2020年3月	园区已吸引了"四大对外开放平台",以及一批技术创新和相关应用领域的企业,既有创新平台、研发中心,又有企业总部和投资基金。其中有华为5G创新中心,聚焦5G最大应用场景的汽车领域,全力打造智能网联汽车全球高地的上汽联创智能网联创新中心,利用5G技术在智慧交通、工业能源、智慧金融等重点垂直行业进行创新应用的中国移动上海产业研究院5G应用创新中心,承担国内最权威的5G标准体系认证助力金桥5G产业集聚,推动5G车联网标准国际合作及未来车测试道路建设的中国信通院5G标准开放实验室
深圳	福永智美·汇志5G产业园	2020年4月	园区将携手中国移动共建5G应用示范基地,运用全新5G技术布局园区内街区、艺术空间、会议室、科技厨房等场景,并打造VR体验区,运用5G云会议系统、智慧物业管理系统、智慧停车云管理平台等技术协助管理园区,全面推动5G在园区产业得到更广范围、更多领域的应用,致力于打造"5G+科技+艺术+直播"的新型数字产业园,助力园区企业借助数字化和5G技术实现产业升级,创造更大的经济效益

数据来源:赛迪区块链研究院整理

4.3 标准规范建设取得一定进展

元宇宙是一个极致开放、复杂、巨大的系统,融合在当前资本市场最为火热的技术领域,产业链既涵盖虚拟空间产品又需要硬件设备等现实条件的支持,是由多类型建设者共同构建的超大型数字应用生态,在产业发展过程中需要尽快完善产业标准体系,推动元宇宙从概念走向现实。

4.3.1 标准规范正在加快制定

标准规范是由专业部门根据产业发展的科学、技术和实践经验成果而制定的,在经过有关方面协商一致后再由公认权威机构监督批准的,具有重复性和普遍适用性的文件,标准规范的制定有利于产业实现有序健康的发展。按照标准规范的适用范围可分为国家标准、行业标准、地方标准和企业标准四个级别，按标准规范的发布主体又可以分为社会产业标准和产业团体标准。

当前元宇宙产业尚处于发展的初级阶段，仍然存在诸多的不确定性，市场非理性投资增加了元宇宙产业的风险，大规模资金的涌入极易诱发各类产业风险，存在较多不法分子蹭热度，以"元宇宙投资项目""元宇宙链游"等名目吸收资金，涉嫌非法集资、诈骗等违法犯罪活动，急需尽快完善元宇宙产业标准体系，助力产业有序发展。随着各地政府的元宇宙支持政策及产业相关规划的发布，元宇宙产业赛道将持续火热，为促进元宇宙产业的有序健康发展，相关部门和产业开始重视元宇宙产业标准的制定工作，社会各界正在加快构建以标准为先导的规范化保障体系，目前，已有《元宇宙术语与传播规范》《元宇宙产业基地建设与运营指南》等标准规范，推进元宇宙产业的健康发展。如表4-11所示，为当前元宇宙产业标准制定情况。

表 4-11　元宇宙产业标准情况

时间	主体	名称	内容
2021-12-29	中关村数字媒体产业联盟	《元宇宙术语与传播规范》	该标准是我国在元宇宙领域内的第一个技术性标准，旨在通过标准推动以元宇宙为代表的虚实融合新兴领域在我国的稳健演进与落地，服务新发展阶段和新发展格局下的国家科技创新能力进一步提升和经济社会良性发展，克服元宇宙关注度爆发过程中的负面效应
2022-01-24	中关村数字媒体产业联盟	《元宇宙产业基地建设与运营指南》	该标准目前尚处于立项阶段（立项编号ZDMIA-2022-001），力争在今年上半年完成标准起草相关工作，为元宇宙产业基地的建设与运营提供有力的支持和服务，促进元宇宙产业基地健康发展
2022-01-28	国家互联网信息办公室	《互联网信息服务深度合成管理规定》	该标准明确对生成合成类算法和利用深度学习、虚拟现实等新技术、新应用制作音视频内容等的监管要求的基础上，需要进一步厘清、细化深度合成技术的应用场景，明确深度合成服务提供者和使用者的信息安全义务，出台具有系统性、针对性和可操作性的专门管理规定

数据来源：赛迪区块链研究院整理

4.3.2 国家安全部门加大元宇宙发展风险防范

在国家层面，以国家网信办为代表的产业主管部门，积极推进相关标准规范的制定工作。为避免元宇宙产业团体标准在规范范围、规范力度和作用效果上存在的局限性，需要尽快完善国家层面元宇宙强制标准的制定。2022年1月28日，国家网信办印发《互联网信息服务深度合成管理规定》，其中对深度学习、虚拟现实等技术服务指出明确范围，旨在推动企、事业单位和个人加强自律准则，严格遵守法律法规，强化隐私风险防范，维护国家安全和社会公共利益，保护公民、法人和其他组织的合法权益。

4.3.3 社会团体汇聚力量推动元宇宙规范发展

在社会层面，产业联盟等社会团体牵头制定团体标准规范，能够在一定范围内规范元宇宙市场。行业团体标准的应用效果是制定国家标准乃至国际标准的重要基础，能够有力推进行业标准化进程。为避免在元宇宙产业发展初期因产业界定不清而导致的概念炒作风险，2021年12月29日，中关村数字媒体产业联盟发布《元宇宙术语与传播规范》，科学定义了元宇宙的相关术语，同时从我国数字媒体相关领域内的良性发展和全媒体传播时代下的国家传播战略出发，明确媒体平台的传播责任，规范与元宇宙相关的内容传播。2022年1月24日，中关村数字媒体产业联盟完成《元宇宙产业基地建设与运营指南》的标准立项工作，旨在为元宇宙产业基地的建设与运营提供有力的支撑，促进元宇宙产业基地健康发展，预计在2022年上半年将完成标准内容起草的相关工作。

标准规范的制定不仅有利于元宇宙产业的健康有序发展，而且也是实现不同元宇宙生态系统大连接，突破技术边界的关键，因此必须要加强对元宇宙标准规范的统筹工作。未来，在元宇宙产业标准的制定方面，首先要重点突出国家政府的主导精神，可由政府牵头，联合主管部门和技术部门尽快明确元宇宙相关术语概念，明确元宇宙定义，制定元宇宙产业标准总括，避免因概念模糊而出现打元宇宙擦边球的现象。其次要结合元宇宙产业技术融合的现实情况，加快对元宇宙技术、硬件、软件、服务、内容等方面的标准规范制定工作，以逐步实现元宇宙相关产业的融合发展，构建元宇宙产业生态。最后，要鼓励各领域内的科技企业参与元宇宙产业标准的制定工作，企业是直接面向产业市场的主体,能够更好地把握元宇宙产业发展过程中出现的各种问题,与科技企业合作展开元宇宙产业标准的制定工作,能够使所制定的标准更切合产业发展需要。

4.3.4 元宇宙相关技术标准介绍

元宇宙相关技术标准化程度的推进,不仅有利于实现单项技术的突破,而且还有利于实现相关技术的融合发展,进而加快元宇宙技术产业的发展进程。

1. 区块链产业标准情况

经过多年的快速发展,我国区块链技术水平不断提升,标准体系不断完善,国际化进程不断加快,区块链标准化进程实现了跨越式发展。一方面,我国区块链国际与国家标准、团体标准、行业标准制定加速前进。根据赛迪区块链研究院统计,我国在国家标准、行业标准、地方标准、团体标准等方面的编制已超 150 项。如根据全国团体标准信息平台数据显示,截至 2021 年底,我国已发布的区块链团体标准数量已超过 60 项,团体标准的带动示范效应日益凸显。从细分类型来看,主要类型为应用技术指南与应用技术要求、底层架构、测试评估、安全技术要求与通用技术规范。在行业标准与地方标准上,标准正在加速制定。目前发布的 3 项区块链行业标准,仅覆盖了金融、互联网领域,对于供应链、工业、政务等领域的行业标准还有待提升。

另一方面,在细分标准领域,我国标准规范制定正在逐步完善。如 SM2 椭圆密码算法、SM3 哈希密码算法、SM9 标识密码算法和祖冲之密码算法等密码算法和电子签名标准体系为我国建立较为完善的密码算法体系。由国家互联网应急中心牵头推进的《YD/T 3747—2020 区块链技术架构安全要求》行业标准,为我国底层框架技术标准带来方向;《金融分布式账本技术安全规范》《基于移动互联网的防伪溯源验证通用技术条件》《电子商务商品交易信息区块链存取证平台服务规范》等加速推进我国区块链应用领域标准进展;《区块链系统测评和选型规范》《区块链系统测试要求》《区块链企业级平台运维规范》《基于区块链应用软件的通用测试要求》等测评认证标准助力提升区块链应用性能与安全。如表 4-12 所示,为 2021 年部分区块链产业标准。

表 4-12　2021 年部分区块链产业标准

序号	时间	标准号	标准名称
1	2021-01	T/SHBTA 002—2020	《区块链底层平台通用技术要求》
2	2021-02	T/TBI 13—2021	《可信区块链：政务区块链技术规范（国家级团体标准）》
3	2021-03	GB/T 39786—2021	《信息安全技术 信息系统密码应用基本要求》
4	2021-05	T/JSHLW 005—2021	《区块链密钥管理规范》
5	2021-08	IEEE P3217	《区块链系统应用接口规范》
6	2021-10	GM/T 0109—2021	《基于云计算的电子签名服务技术要求》
7	2021-10	ISO/IEC 11770—3	《ISO/IEC 11770-3：2015 补篇 2SM9-KA》
8	2021-12	T/GDFCA 039—2021	《基于区块链技术食品追溯系统的性能效率测试标准》

数据来源：赛迪区块链研究院整理

2. VR/AR 产业标准情况

虚拟现实技术产业在 2016 年正式被纳入国家"十三五信息化规划"后，技术、产品、内容、应用等都得到了较为快速的发展。但其标准制定进程稍有缓慢，2021 年随着元宇宙概念的火爆，VR/AR 技术再一次成为市场关注的重要领域。

根据赛迪区块链研究院数据，2021 年我国 VR/AR 产业标准的制定工作稳步开展，7 项 VR/AR 技术领域的产业标准已经实施。从标准内容来看，主要集中于虚拟现实产品应用方面，涵盖产品质量检验、产品安全要求、产品试验方法、产品性能测试等。相较其他技术而言，VR/AR 技术标准数量增加相对较少，但随着科技的进步以及元宇宙的发展，相信 VR/AR 技术标准将会成为热点，有利于推动元宇宙产业进步。如表 4-13 所示，为 2021 年 VR/AR 产业标准。

表 4-13　部分 2021 年 VR/AR 产业标准

序号	时间	起草单位	标准名称	标准号
1	2021-03	贝壳找房（北京）科技有限公司等	《实景三维空间采集重建的虚拟现实（VR）技术指南》	T/SIA 021—2021

续表

序号	时间	起草单位	标准名称	标准号
2	2021-10	广州质量监督检测研究院等	《虚拟现实产品 安全要求和试验方法》	T/GAGA 004—2021
3	2021-10	广州质量监督检测研究院等	《虚拟现实产品 质量检验规范》	T/GAGA 006—2021
4	2021-10	广州质量监督检测研究院等	《虚拟现实产品 环境适应性要求和试验方法》	T/GAGA 005—2021
5	2021-11	贝壳找房（北京）科技有限公司等	《虚拟现实（VR）激光雷达三维扫描相机通用技术规范》	T/ZSA 29—2021
6	2021-12	福建网龙计算机网络信息技术有限公司等	《虚拟现实应用软件性能测试要求》	DB35/T 2044—2021
7	2021-12	福建网龙计算机网络信息技术有限公司等	《虚拟现实应用软件性能测试要求》	DB35/T 2044—2021

数据来源：赛迪区块链研究院整理

3. 5G产业标准情况

第五代通信技术满足增强移动宽带、海量机器类通信和超高可靠低时延通信三大类应用场景，作为近几年通信产业的研发重点，是数字经济时代的技术基石。端到端服务化的 5G 网络将更好地服务于人和物的需要，为推动 5G 通信技术的进步，推进 5G 赋能万物互联的实现，当前我国已加速启动 5G 移动通信行业标准的制定，5G 产业进入快行道。

自 2019 年正式推进 5G 商用以来，我国 5G 技术标准体系不断发展，为加速工业智能制造，推进数字时代的经济发展，2021 年我国 5G 技术标准体系继续完善。根据赛迪区块链研究院的统计数据可以发现，2021 年我国新增 5G 技术标准 22 余项，标准体系涵盖国家、团体、行业和地方等多个方面。为了使 5G 通信技术更好地满足行业发展需要，以中国通信、中国移动、中国联通为代表的通信行业巨头引领 2021 年 5G 行业标准的制定工作，在 2021 年新增的 5G 标准中，行业标准数量占新增 5G 标准总数的 45%。如表 4-14 所示，为 2021 年部分 5G 产业标准。

表 4-14 2021 年部分 5G 产业标准

序号	时间	起草单位	标准名称	标准号
1	2021-03	广东工业大学等	《面向家电智能制造的 5G 与工业互联网融合规范》	T/GDAQI 52—2021
2	2021-03	广东美的厨房电器制造有限公司等	《"AI+5G" 智慧家居系统参考架构》	T/GDAQI 51—2021
3	2021-10	上海市无线电监测站等	《基于用户感知的 5G 网络质量测试方法》	DB31/T 1324—2021
4	2021-12	中国移动通信集团有限公司等	《5G 通用模组技术要求（第一阶段）》	YD/T 3988—2021
5	2021-12	中国联合网络通信集团有限公司等	《5G 移动通信网 会话管理功能（SMF）及用户平面功能（UPF）拓扑增强总体技术要求》	YD/T 3976—2021
6	2021-12	中国铁塔股份有限公司江苏省分公司等	《城市轨道交通 5G 公网移动通信系统建设标准》	T/JSIC 013—2021
7	2021-12	中国农业银行股份有限公司河北雄安分行、中国电信股份有限公司河北雄安新区分公司	《基于 5G 切片技术的敏捷银行服务规范》	T/HBPFS 001—2021
8	2021-12	中国移动通信集团设计院有限公司等	《数字蜂窝移动通信网 5G 无线网工程技术规范》	YD/T 5264—2021
9	2021-12	中国信息通信研究院等	《5G 消息 总体技术要求》	YD/T 3989—2021

数据来源：赛迪区块链研究院整理

4.4 产业布局竞争激烈

完善的通信基础设施，庞大的网民数量以及广阔的发展前景加快了我国元宇宙产业的发展速度，为实现元宇宙产业健康有序发展，各地政府高度重视元宇宙产业的创新发展，统筹布局元宇宙产业。

4.4.1 上海元宇宙政策环境和科研实力优越

上海市凭借优越的政策环境和雄厚的科研实力，走在全国元宇宙产业发展前列。在产业政策方面，首先是上海市对高新技术产业的扶持力度居全国领先地位,具有发展潜力的初创期高新技术企业,在入驻上海后将得到较高的资金支持,支持政策同样可以吸引大量的元宇宙技术产业;其次,上海市是全国首个将元宇宙写入"十四五"规划的城市,2021年12月30日,上海市经济和信息化委员会印发《上海市电子信息制造业发展"十四五"规划》,在规划中明确指出要部署元宇宙、6G通信等领域,同时支持元宇宙技术攻关和推广应用,为元宇宙产业未来五年的发展奠定了优异的政策基调,有利于元宇宙产业的发展。表4-15为上海元宇宙政策规划布局情况。

表4-15 上海元宇宙政策规划布局

时间	政策/文件	内容
2021-12	《上海市电子信息产业发展"十四五"规划》	该规划聚焦前沿领域,前瞻布局关键技术研发,夯实共性基础技术发展能力,提前布局6G网络体系架构、量子计算、元宇宙等前沿新兴领域,深化推进感知交互的新型终端研制和系统化的虚拟内容建设,探索行业应用
2021-12	《上海市电子信息制造业发展"十四五"规划》	该规划前瞻部署量子计算、第三代半导体、6G通信和元宇宙等领域,积极抢占前沿技术发展的制高点,为实现产业技术更新换代和跨越式发展奠定基础。积极关注和培育元宇宙相关技术的发展。加强底层核心技术基础能力的前瞻研发,支持满足元宇宙要求的沉浸显示、实时交互、海量连接、巨量通信、边缘计算、传感技术、图像引擎、区块链等技术的攻关。深化推进感知交互的新型终端研制和系统化的虚拟内容建设,鼓励元宇宙在公共服务、商务办公、社交娱乐、工业制造、安全生产、电子游戏等领域的应用
2022-01	上海经信委召开"谋划2022年产业和信息化工作"会议	该会议强调要以新兴、绿色、可持续为核心理念,紧跟时代发展热点,加快布局元宇宙产业发展赛道,加大企业培育力度,推动上海市数字化发展
2022-01	徐汇区政府工作报告	2022年1月8日,徐汇区两会首次将元宇宙写入政府工作报告,及时抓住元宇宙这个数字经济发展的风口,将探索成立元宇宙创新联盟,推动人工智能与文化创意、绿色低碳、智能制造等融合发展,推进相关领域产品研发、生产与应用,打造数字经济新高地

数据来源:赛迪区块链研究院整理

在科研实力方面,上海市的元宇宙技术基础雄厚,从上海市经信委公布的信息可以看出，上海集聚了全国约50%的5G人才、40%的芯片人才及30%的AI人才，技术基础加快区域内企业的"元宇宙化"布局，促进区域内元宇宙产业生态繁荣，"工业元宇宙""虚拟数字社区""金融科技"等成为上海元宇宙发展的优势领域。在产业方面，上海市加强链接、交互、计算、工具、生态"五位一体"前沿布局，在打造试点应用场景时更加强调"虚实融合"，整合上海市在芯片、半导体、通信、VR、AR、XR和人工智能领域的发展优势，将逐步突破元宇宙产业在游戏、社交等偏娱乐化的产业的局限，重视与实体产业融合应用，计划在工业制造、商业、设计、办公、教育、医疗、城市治理等领域打造一批行业标杆应用。

4.4.2 北京着重在文旅行业布局元宇宙场景应用

北京市领头元宇宙专项政策的制定与落地，着重在文旅行业布局元宇宙场景应用。在政策支持方面，北京市引领元宇宙专项政策的制定工作，2022年1月19日，北京市通州区人民政府办公室发布的《关于加快北京城市副中心元宇宙创新引领发展的八条措施》，是全国首个明确给出支持标准并给予支持资金的政策，是率先落地的元宇宙专项政策，该政策的发布将吸引全国范围内的元宇宙优质企业入驻北京通州元宇宙创新中心。在产业创新方面，不管是北京市的研究机构、优质高校、人才数量还是科研创新投入、科创人才的平均工资都居于全国的领先地位，优越的科研创新环境有助于吸引和留驻高新技术人才，有利于实现元宇宙产业的技术突破。表4-16为北京元宇宙政策规划布局情况。有了政策的支撑，在场景应用方面，北京市将虚拟现实、增强现实等技术充分与深厚的文化底蕴结合，在推动科技进步的同时，也凸显了北京历史的丰富性。北京市在打造"实数融合"标杆城市的同时，为世界认识北京带来新的可能。

表4-16 北京元宇宙政策规划布局

时间	政策/文件	内容
2022-01	《关于加快北京城市副中心元宇宙创新引领发展的八条措施》	该文件贯彻落实北京市关于元宇宙产业发展的决策部署，充分发挥政府产业组织作用，资本市场化产业遴选作用和产业联盟、行业协会的政企桥梁纽带作用，加快推动元宇宙相关技术、管理、商业模式等在北京城市副中心创新应用，培育新业态和新模式，推动信息技术和各类业态紧密融合，促进数字经济蓬勃发展，支撑北京数字经济标杆城市建设

续表

时间	政策/文件	内容
2022-01	《北京城市副中心推进数字经济标杆城市建设行动方案（2022—2024年）》	该方案积极探索元宇宙产业，以应用创新为重点，以文、旅、商为特色，吸引元宇宙领域高质量企业落地副中心集聚发展，促进消费升级，催生新业态新模式
2022-02	《关于加快北京城市副中心元宇宙创新引领发展的若干措施》	该措施给予元宇宙企业房租财政补贴，支持元宇宙企业及服务机构集聚，根据元宇宙企业房租补贴标准，对在元宇宙应用创新中心新注册并租赁自用办公场地的重点企业进行（50%、70%、100%）三档补贴，每家企业每年补贴面积不超过 2000m^2，连续补贴不超过 3 年

数据来源：赛迪区块链研究院整理

4.4.3　杭州引领全国人工智能和数字藏品产业发展

杭州市拥有雄厚的互联网产业基础，重点突破 AI 和区块链技术，引领全国人工智能和数字藏品产业发展。在政策规划层面，杭州市最先在党委工作报告中明确提出要超前布局量子通信、元宇宙等未来产业，高水平打造"全国数字经济第一城"。杭州市始终走在全国数字经济发展的前列，早在 2000 年杭州就提出"构筑数字杭州"的发展目标，拥有阿里系互联网大厂，集聚超全国三分之一的电商平台，是公认的"互联网之都"。2022 年将元宇宙写入党委工作报告充分体现了政府支持元宇宙等未来产业发展的决心，有利于充分整合现有产业基础，带动杭州市元宇宙产业的发展。表 4-17 为浙江元宇宙政策规划布局情况。

在元宇宙产业方面，杭州市突出人工智能产业和 NFT 市场布局。一方面杭州充分利用人工智能技术优势，领跑全国人工智能产业发展，其现有的阿里云"城市大脑"和海康威视"视频感知"均已入围国家级开放创新平台；另一方面，杭州抢占 NFT 市场，基于传统丝织品发布的"西湖一号数字藏品平台"以及由互联网科技企业网易推出的"网易星球数字藏品平台"，均是全国领先的 NFT 平台，未来将成为元宇宙经济系统的重要支撑。

表 4-17　浙江元宇宙政策规划布局

时间	政策 / 文件	内容
2021-11	浙江省经信厅组织召开元宇宙产业发展座谈会	为深入认识理解元宇宙概念，把握元宇宙未来趋势，抢抓机遇，超前布局，省经信厅组织召开了元宇宙产业发展座谈会，进一步明确，将构建以人工智能、区块链、元宇宙等领域为重点的未来产业发展体系。
2022-01	《关于浙江省未来产业先导区建设的指导意见》	按照"需求导向，前瞻布局，创新驱动，应用牵引，跨界融合，开放共赢"的原则，以未来技术突破和数字化改革催生新动能，构建"源头创新—技术转化—产品开发—场景应用—产业化—产业集群"的未来产业培育链路，推动生产力和生产关系深刻变革。力争到 2023 年，在人工智能、区块链、第三代半导体、空天一体化、新能源、前沿新材料等优势领域建设一批未来产业先导区，积极创建国家级未来产业先导试验（示范）区；到 2025 年，颠覆创新力量显著增强，科创高地建设取得实效，未来产业体系构建完善

数据来源：赛迪区块链研究院整理

4.4.4　武汉成为我国中部地区元宇宙产业的发展高地

武汉市从政策规划，产业转型，招商引资等方面出发，成为我国中部地区元宇宙产业的发展高地。

在政策规划方面，武汉市是首批将元宇宙纳入政府工作报告的城市。2022 年 1 月 11 日，武汉市在政府工作报告中明确指出"要加快壮大数字产业，推动元宇宙、大数据、云计算、区块链、地理空间信息、量子科技等与实体经济融合，建设国家新一代人工智能创新发展试验区，打造小米科技园等 5 个数字经济产业园"，政府工作报告的制定为武汉市 2022 年元宇宙产业创造了良好的发展氛围。

在产业转型方面，武汉市一直是我国的工业重地，拥有武汉钢铁集团、东风汽车公司、武汉重型机床厂等在全国领先的重工业企业，为实现传统产业的转型升级，武汉市高度重视高新技术、商务、金融、数字经济等新产业、新业态的发展，拥有武汉光谷、汉口滨江国际商务区等高新技术集聚地，有利于元宇宙产业的发展。在招商引资方面，武汉市拥有较好的产业招商基础，其现有产业园区的招商能力在全国范围内居于领先地位，现存《关于支持科技创新发展的政策措施》《关于支持江汉创谷建设的政策措施》《关于促进区块链产业创新发展的政策措施》等科技企业支持政策。此外，2021年12月，在武汉市成立了中部地区的首个元宇宙产业园——武汉5.5数字文创港，将进一步集聚元宇宙产业在武汉发展。

4.4.5 广州引领粤港澳大湾区元宇宙产业建设

广州市凭借区位优势和经济体量优势，成为粤港澳大湾区实现更大程度战略纵深的重要战场，作为改革开放的前沿阵地，对新兴事物具有较好的接受程度，是国家的科技创新高地，在政策环境、技术基础和产业方面，引领粤港澳大湾区元宇宙产业发展。

在政策引导方面，广州市"嗅觉敏锐"，继北京、厦门等地之后于2022年4月，发布《广州市黄埔区、广州开发区促进元宇宙创新发展办法》。该政策从技术支持、企业集聚、应用示范、成果转化、人才培养等角度给予大量资金支持。如在企业集聚上，将培育、引进一批拥有数字孪生、脑机接口、增强现实/虚拟现实/混合现实等元宇宙关键技术，可面向产业发展、社会治理、民生服务等各方面提供元宇宙相关技术服务的软硬件或平台型领军企业，最高补贴可达500万元。在技术支持上，对元宇宙重点科技攻关项目，解决元宇宙领域"卡脖子"技术问题，最高补贴可达1000万元。在应用落地上，对在数字文旅、数字藏品、虚拟人等领域做出突出贡献的，最高可给予500万元。同时，广州市还将设立元宇宙创新支持基金，为数字孪生、人机交互、脑机接口等元宇宙相关企业提供天使投资、股权投资、投后增值等多层次服务，打造元宇宙应用创新与产业发展集聚区。

在技术基础方面，广州市始终走在数字经济时代的前列，科技创新能力较强，当前广州人工智能与数字经济试验区（鱼珠片区）、广东粤港澳大湾区国家纳米科技创新研究院子弥实验室等高新技术研究园区正加紧建设。在科学技术的支持下，未来广州的元宇宙产业发展将与现有技术基础形成有机融合，加速在元宇宙领域内推进技术研发和成果转化，充分利用"元宇宙10条"的有利契机，加快元宇宙技术平台搭建并参与生态建设，打造元宇宙未来产业与人才集聚高地，推进元宇宙底层数字技术发展及产业化。

在产业方面，广州市作为科创"火车头"，积累了大量的高新产业基础，尤其是在芯片产业方面，雄厚的芯片研发实力是元宇宙产业发展的重要基础。在智能化、信息化的时代，芯片是"工业粮食"，是所有机器设备的"心脏"，广东省是中国主要的集成电路元器件市场和重要的电子整机生产基地，占据了中国 70% 以上的集成电路的市场需求。

4.4.6 众多城市抢先在元宇宙领域布局

另外，深圳、成都、合肥、张家界、海南等地的元宇宙布局也居于全国领先地位。深圳、成都、合肥等地将元宇宙写入政府工作报告，瞄准元宇宙等前沿领域，布局元宇宙产业发展路径，重视元宇宙与实体经济的融合发展。张家界、海南积极引进优质的元宇宙产业研究机构，引领区域内产业创新发展。2021 年 11 月 18 日，张家界元宇宙研究中心成立，中心将重点对数字旅游、虚拟旅游等领域展开探索研究。2021 年 12 月 26 日，三亚市政府与网易合作设立"网易海南总部"，以完成区域内元宇宙产业基地建设，致力于将其打造成综合互联网技术开发，数字化版权运营，数字化产品输出和数字化内容生产为一体的国际化数字新文创中心。表 4-18 为其他城市元宇宙政策规划布局情况。

表 4-18 其他城市元宇宙政策规划布局

省市	时间	政策/文件	内容
无锡	2022-01-01	《太湖湾科创带引领区元宇宙生态产业发展规划》	规划注重空间布局和产业的结合，重视产业集聚、人才引育、生态发展和应用场景等工作的推进，围绕滨湖区产业发展需求和智慧城市建设的新场景，发挥试点示范作用，推动元宇宙技术在多领域深度应用，把元宇宙作为太湖湾科创带引领区数字化转型和新型智慧城市建设的重要突破口
合肥	2022-01-11	政府工作报告	报告提出，合肥将布局未来产业，瞄准元宇宙、超导技术、精准医疗等前沿领域，打造一批领航企业、尖端技术、高端产品，用未来产业赢得城市未来
深圳	2022-01-21	政府工作报告	深圳市福田区将推动区块链、人工智能、虚拟现实等技术成果转化，积极探索元宇宙场景应用，加速深圳市数字产业发展，构建数字经济新发展高地

续表

省市	时间	政策/文件	内容
成都	2022-01-23	政府工作报告	2022年1月23日，成都市第十七届人民代表大会第六次会议发布政府工作报告，报告指出，在推动新经济、新赛道，加快布局方面，成都将大力发展数字经济，主动抢占量子通信、元宇宙等未来赛道，打造数字化制造"灯塔工厂"
厦门	2022-03-18	《厦门市元宇宙产业发展三年行动计划（2022—2024年）》	该计划指出力争到2024年，元宇宙产业生态初具雏形，引入培育一批掌握关键技术，营收上亿元的元宇宙企业，元宇宙技术研发和应用推广取得明显进展，对政府治理、民生服务、产业转型升级的带动作用进一步增强

数据来源：赛迪区块链研究院整理

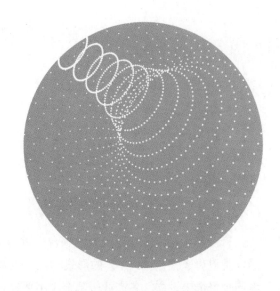

第 5 章
元宇宙技术产业资本关注日益增长

元宇宙技术产业发展与进步离不开金融资本的支持，2021年，Roblox在纽交所的成功上市以及Facebook的改名事件，在资本市场掀起了元宇宙热潮。为支持元宇宙发展，各地初步启动了元宇宙产业基金计划，旨在通过政策示范效应引导社会资金在元宇宙投资市场的合理配置。2021年，在投资热点和产业基金的推动下，元宇宙投资市场的投融资数量和金额出现了较为明显的增加，元宇宙产业成为新的投资风口。但值得注意的是，由于元宇宙产业尚处于初级发育阶段，投资标的大都是尚未成型的产品概念，因此，在当前元宇宙投资市场中，初创期融资轮次的占比是较大的。

5.1 产业基金陆续成立

产业基金早期主要通过政府平台，撬动银行理财资金或自有资金。产业基金通常是以母子架构（FOF）的形式存在，母基金一般由政府统筹各级财政资金或者国企资金来设立，各产业子基金则主要通过市场化方式运作，由母基金联合社会资本和金融资本共同设立。产业基金不以营利为目的，而是利用政策示范效应引导市场配置资源的合理，通过杠杆效应、产业导向、社会效益、经济效益、基金可持续发展等方面进行绩效评价，以达到吸引、撬动资本，整合生产资源，促进重点产业发展，优化当地产业结构及促进区域经济高质量发展的作用。

5.1.1 产业基金快速扩容

此处所讲的产业基金特指具有政府资金背景的基金，是将财政资金和国企资金合法合规地投给符合地方产业发展规划的领域使用，以搭建外部资金与地方产业发展对接的平台，发挥财政资金的杠杆作用，吸引更多社会资本的注入，进而优化地方企业的融资环境。

为支持元宇宙产业的快速发展，各省份加紧布局元宇宙产业基金，根据赛迪区块链研究院统计，截至2022年2月底，全国共设立3支元宇宙产业基金，分别位于北京通州区、上海虹口区和南京建邺区，如表5-1所示。

表5-1 元宇宙产业基金情况

时间	名称	规模	内容
2022-02-21	南京建邺区金鱼嘴基金街区元宇宙产业基金	1亿元	该产业基金支持元宇宙行业发展，2022中国·金鱼嘴元宇宙生态赋能大会同时发布了南京首个官方元宇宙生态圈。该生态圈包括了元宇宙相关企业、产业基金、服务机构

续表

时间	名称	规模	内容
2022-02-16	上海虹口元宇宙产业基金	10亿元	该产业基金以新思路、新举措促进区域经济的新提升、新突破,旨在培育发展虹口区元宇宙产业,加快虹口产业结构升级,着力构建现代化经济体系
2022-01-19	北京通州元宇宙发展基金	10亿元	北京通州元宇宙发展基金将以"母基金+直投"的方式,加大资金扶持力度,为元宇宙项目落地、生态建设提供支撑

数据来源:赛迪区块链研究院整理

5.1.2 资本雄厚地区发展靠前

从当前元宇宙产业基金的区域分布情况看,产业基金主要集中于元宇宙产业基础较好且产业政策较优的区域。

其中,北京通州是率先制定元宇宙专项政策并推进落实的地区,2022年1月,通州区在北京城市副中心产业高质量发展推进大会上发布《关于加快北京城市副中心元宇宙创新引领发展的八条措施》,以政策红利吸引元宇宙企业入驻,同时与蓝色光标签署其全资子公司蓝色宇宙落地北京城市副中心合作框架协议。为更好挖掘区域内元宇宙产业的发展空间,撬动元宇宙产业社会资金,北京市通州区设立元宇宙发展基金,引领区域内元宇宙产品内容、资源、技术和服务产业生态的发展。

上海和南京均属于长江三角洲流域,是我国产业体系最完备,城镇化基础最好,综合实力最强的技术人才集聚区,被誉为中国的"金三角",集聚了全国约50%的5G、芯片及AI人才,科研创新能力居全国领先地位。在上海有哔哩哔哩、巨量引擎、网易游戏、英伟达等优质互联网企业总部、分支和研发中心,在南京建邺区有阿里云双创中心、腾讯云启、360等一流的元宇宙科技公司,为充分整合区域内元宇宙技术、产业和资金优势,争夺在长三角流域的话语权,两地分别成立上海虹口元宇宙产业基金和南京建邺区金鱼嘴基金街区元宇宙产业基金,以引领区域内元宇宙产业的发展。

5.1.3 重点产业基金介绍

以下举例详细介绍部分元宇宙产业基金的成立背景、组成部分以及目标定位。

1. 北京通州元宇宙发展基金

（1）基金背景

北京市作为国家的经济、政治和文化中心，拥有元宇宙产业发展所需要的资金、技术和人才。2022年伊始，北京市通州区人民政府办公室印发《关于加快北京城市副中心元宇宙创新引领发展的若干措施》，明确指出要充分发挥政府对产业发展、资本市场化方面的遴选作用，设立元宇宙产业基金，对入驻该地的元宇宙企业提供办公场所租赁、人才引进留用、技术研发等方面的补贴，以支持元宇宙产业在北京通州城市副中心的发展。

（2）组织形成

北京通州元宇宙发展基金是由北京市通州区政府主导成立的国内第一支支持元宇宙发展的产业基金。该基金通过"50+10"的"母子"投资方式，即设立50亿整体北京城市副中心产业引导母基金和10亿专项元宇宙产业发展子基金，从宏观到具体，从大到小，助力推动元宇宙项目、企业、产品落地。

（3）基金定位

北京通州元宇宙发展基金主要面向入驻北京市通州城市副中心的元宇宙企业、项目，通过直接资金支持与延长资金使用周期等方式，支持初创期元宇宙企业、项目发展以及重大元宇宙项目的落地，进一步完善服务体系，支撑产业生态建设。同时，北京城市副中心将以元宇宙发展基金赋能数字经济，支持"元宇宙+文化旅游"等特色产业的发展。

2. 上海虹口元宇宙产业基金

（1）基金背景

上海虹口元宇宙产业基金于2022年2月18日成立于上海市虹口区，区内元宇宙基础产业发展实力雄厚，拥有诸如万向区块链，这类国内最早专业从事区块链技术商用研发的企业，以及在光学研发和产业化方面都有较高实力的中科院上海技术物理研究所。虹口区始终高度重视新一代信息数据产业的发展，经常通过举办产业发展峰会，发布研究报告，开展与高校产学研合作等方式,推动与引领区域内高新技术产业的发展。上海虹口元宇宙产业基金是上海市在做好电子信息产业发展"十四五"宏观规划后,充分认识区域发展优势,为促进区域经济新提升、新突破而制定的新思路、新举措,是培育和发展虹口区元宇宙产业,加快虹口区产业结构升级的关键之举。

(2) 组织形成

上海虹口元宇宙产业基金由虹口区人民政府牵头发起,政府财政资金将是上海虹口元宇宙产业基金的重要组成部分。但是,在当前对外公布的信息中尚未明确说明10亿元宇宙产业基金的其他来源途径,考虑到上海市的科技企业实力,为营造更利于产业发展的营运环境,科技龙头企业的资金预计将注入上海虹口元宇宙产业基金中,共同促进区域内元宇宙产业的发展。

(3) 基金定位

上海虹口元宇宙产业基金主要面向虹口区的元宇宙科技企业,围绕上海市在芯片、半导体、通信、VR、AR、XR和人工智能领域的发展优势,充分整合区域内利于元宇宙产业发展的优势资源,调动产业发展积极性。产业基金旨在引导上海市元宇宙产业突破在游戏、社交等偏娱乐化产业的局限,逐步在工业制造、商业、设计、办公、教育、医疗、城市治理等领域布局,助力上海保持在元宇宙产业领域的领军地位。

3. 南京建邺区金鱼嘴基金街区元宇宙产业基金

(1) 基金背景

南京市建邺区以满足科技创新需求和提升产业创新能力为导向,加快了对高新技术产业的集聚与培育,重视研发设计、创业孵化、技术转移、科技金融、知识产权、科技咨询、检验检测认证、科学技术普及等科技服务业态的发展,现已取得初步成果,区内集聚阿里云双创中心、腾讯云启、360等一流的元宇宙科技公司。作为南京市人口结构最年轻、商办载体最充裕的城区,建邺区拥有元宇宙产业发展所需要的空间、技术和经济实力,为加快元宇宙产业链上下游协同发展,建邺区瞄准最前沿的发展风口,积极布局蕴含无限发展机遇的元宇宙赛道。为充分整合区域内现有的技术、产业和资金优势,争夺在长三角流域的话语权,南京建邺区金鱼嘴基金街区在召开"2022中国·金鱼嘴元宇宙生态赋能大会"的契机下,宣布成立元宇宙产业基金,支持区域内元宇宙行业的发展。

（2）组织形成

从当前对外公布的信息来看，南京建邺区金鱼嘴基金街区元宇宙产业基金的 1 亿元人民币计划由南京建邺区金鱼嘴基金街区出资，随着元宇宙产业基金在支持产业发展的过程中逐步取得成效，未来不排除有社会资金加入进而扩大产业基金规模的可能性。

（3）基金定位

2022 年 2 月 21 日，南京市建邺区在成立国内首个元宇宙生态圈的同时，宣布成立金鱼嘴基金街区元宇宙产业基金，基金的首要目的是支持建邺区金鱼嘴元宇宙生态圈内元宇宙相关企业及服务机构的发展，促进元宇宙与区块链、人工智能、云计算的创新融合。

5.1.4　元宇宙相关技术产业基金介绍

1. 区块链产业基金情况

我国各级政府及各个企业把握区块链技术衍生的新经济的巨大潜力，将区块链技术作为重点技术发展，落实区块链产业基金设立，助力城市落实区块链技术的发展和扶持政策的实施，促进区块链产业治理体系现代化。据统计，截至 2021 年底，全国共有相关单位、机构、基金会设立了 21 个区块链产业发展基金，如表 5-2 所示。从产业基金成立的年份、数量、基金总规模以及目标定位上来看，2018 年及以前区块链产业基金主要聚焦于项目和应用发展，2019 年区块链产业基金更加注重寻求和帮助区块链企业多层次发展，从而建立完善的区块链生态服务体系。而 2020 年和 2021 年，区块链产业基金在 2018 年和 2019 年的基础上，更加注重企业的核心创新能力以及高端人才输入和培养工作，打造高质量、高层次、高效能的区块链产业生态系统。从产业基金的地理位置分布来看，江苏省是区块链产业基金较多的省份，其中以南京、苏州为重点城市，分别有 2 项区块链产业基金；浙江、广东、海南、山东、上海依托沿海发展优势，推动区块链产业基础的发展；湖北、陕西、湖南等中部地区，积极部署区块链产业基金建设，在投资区块链企业，助力区块链企业快速成长的同时，培养顶尖人才，提高自主创新能力，助力新兴信息产业发展，大力支持我国数字经济产业进步。

表 5-2　区块链产业基金情况

时间	名称	规模	内容
2021年12月	CCF-华为胡杨林基金区块链专项	未对外公布	基金旨在通过胡杨林基金加速区块链技术的应用和产业创新落地，将产业难题转化为学术课题，更好地与学术界协同，实现关键技术突破，公开出题揭榜激发学术界，尤其是中青年学者投入产业课题的热情，与学术界共同设计更好的激励机制，为基础研究突破助力
2021年9月	央视融媒体产业投资基金	100亿元	基金主要投向5G、超高清、人工智能、云计算、区块链等前沿技术应用，扶持新媒体、新业态，全方位推进效益提升，奋力实现大文化、大资本、大经营的战略蓝图
2020年9月	杭州市下城区区块链产业创投基金	10亿元	基金促进下城区区块链产业发展，培育区块链产业集群，打造高质量、高层次、高效能的区块链产业生态系统
2020年8月	区块链创新发展专项公益基金	未对外公布	基金主要用于支持区块链技术及跨学科发展的国际、国内交流与合作；推动区块链技术重大科研成果转化落地；奖励在区块链技术领域做出突出贡献者；建立区块链领域的人才、技术及项目评估评价体系；科普区块链行业知识，培养区块链产业人才等科技公益事业发展
2020年7月	苏州市相城区区块链专项引导基金	10亿元	基金重点投向区内区块链企业和人才，其中，在境内上市的区块链企业，最高可获800万元奖励；新认定的各级重点实验室、科技企业孵化器、众创空间等，最高可获200万元奖励；落户企业最高可获200万元开办费补贴；经认定的区块链领军人才，可享受最高300万元的安家补贴
2020年7月	武汉市江汉区区块链产业基金	未对外公布	基金将在入驻、经营、技术创新、应用落地等方面对企业给予资金支持，以此推动江汉区区块链产业发展
2020年7月	链城壹号基金	1亿元	该基金聚焦于区块链产业的创新投资项目，致力于构建差异化竞争优势，实现资本与产业互动，为区块链行业投资项目提供优质的投融资服务
2020年6月	南京市江北新区（自贸区）区块链专项引导基金	未对外公布	通过设立产业基金，对发展潜力较好的初创期区块链企业给予资金补贴，进而集聚区内优势产业资源，吸引优质企业入驻，以推动区块链产业发展，对企业给予金融支持

续表

时间	名称	规模	内容
2020年5月	海南区块链产业子基金	10亿元	该基金吸引社会资金集聚，形成资本供给效应，为区块链企业提供天使投资、股权投资、投后增值等多层次服务
2019年8月	启迪远光区块链产业基金	0.5亿元	基金加快成都市成华区区块链项目的投资运营，落地万成电科基金，撬动社会资本
2019年1月	区块链发展基金	未对外公布	基金推进科技创新，以打造全国小微企业创业创新基地示范城市为抓手，加大对中小企业创新支持力度；打造云南省全省工业创新核心区；通过设立区块链发展基金，引进一批区块链创新企业；配合云南省举办好首届区块链国际论坛
2018年12月	雄岸全球区块链创新基金	100亿元	雄岸全球区块链创新基金是由杭州市余杭区政府、未来科技城管委会与杭州瞰澜投资管理有限公司共同出资（募集）设立，致力于打造中国区块链之都
2018年11月	上海市区块链产业引导基金	10亿元	基金主打"区块链+科创板"的投资方向，保证投资能落地，投资能够给实体经济带来实效的区块链及区块链上下游企业
2018年11月	区块链高科产业母基金	6亿元	基金主要为鼓励区块链企业或相关机构围绕区块链应用场景需求，进行基于区块链的数字经济、互联网治理、人工智能、物联网和大数据以及其他领域的应用开拓
2018年5月	南海区创新创业投资引导基金	4亿元	基金支持子基金投向金融科技、战略性新兴产业、先进制造业及高端服务业等政府鼓励的产业领域。同时，为配合南海区打造"区块链+金融科技产业集聚区"，二期引导基金也将重点扶持区块链产业领域，包括从事以区块链、云计算、人工智能、大数据、移动互联等技术为特征的"区块链+"金融科技企业或机构
2018年4月	深圳市区块链创投基金	5亿元	基金合规打造区块链"强关系"生态社群，挖掘和培育优质区块链项目，实行双GP（General Partner，普通合伙人）管理模式，将由深圳市国资委旗下的投控东海和恒星资本作为资金管理人。报道称，他们将收集100多个区块链种子项目，为该创投基金定向输送孵化储备项目
2017年5月	贵阳区块链金融基金	未对外公布	贵阳区块链金融基金是国内首家政府引导、社会参与、市场化运作的区块链金融初创企业早期投资基金，贵阳区块链金融孵化器是国内第一个地方政府支持的区块链专业孵化器

数据来源：赛迪区块链研究院整理

2. 虚拟现实（VR）产业基金情况

随着技术的不断发展，虚拟现实（VR）在许多行业得到应用，"VR+"成为发展趋势，可为人类生产带来新模态。目前，大众消费类虚拟现实产业，包括虚拟现实游戏娱乐、旅游、电商等，正在推动形成全新的体验式（沉浸式）大众消费新领域。为带动虚拟现实产业以及虚拟现实产业细分领域产品发展，全国各地纷纷加大对虚拟现实产业的资本扶持力度，推动产业应用落地。

如早在2016年深圳市人民政府就和VR行业领导者，HTC共同成立"深圳VR产业基金"，旨在完成HTC先进技术和世界级人才与深圳本地产、学、研机构的通力合作，以加快深圳VR产业发展。在产业基金的支持下，近年来深圳的VR产业飞速发展，集聚了全国近三分之一的VR/AR企业，包括具备有VR/AR核心技术的创业公司和涉足VR/AR大型企业，为深圳市抢占元宇宙产业赛道积累了较好的产业基础。而南昌市把握VR产业发展机遇，2021年10月成立30亿元VR产业母基金，针对VR企业融资难的需求，通过产业基金促进产业链、创新链、资金链精准对接。表5-3为部分虚拟现实产业基金。

表5-3 部分虚拟现实产业基金情况

时间	名称	规模	内容
2021年1月	虚拟现实产业基金	30亿元	基金将助力技术、终端、内容制作、平台、用户等虚拟现实相关产业进行设备端的相应布局，并探索大数据、软硬件等底层技术革新，以实现全链路技术输出和多领域技术协同
2018年10月	南昌红谷盛山虚拟现实投资基金	10亿元	基金投资领域为：VR/AR、人工智能、大数据以及相关产业项目，基金优先考虑南昌区域企业，投资阶段以早期、成长期项目为主，兼顾成熟期项目
2018年8月	中航焕真文娱科技版权基金	10亿元	基金将主要关注虚拟现实等泛文化娱乐科技行业，旨在推进版权金融化，推动金融科技与文化产业整合，推动娱乐科技行业上下游的发展，促进实体板块与金融板块的协同发展
2017年11月	青岛市崂山区VR产业创投基金	30亿元	基金将用于VR教育、文化、医疗、城市管理等项目（1亿元的VR天使创投基金、5亿元的协同创新基金、30亿元的VR产业投资基金）
2016年11月	深圳VR产业基金	100亿元	基金将涉及VR的方方面面，包含健康关怀、军事、工程、设计和制造等多个领域

续表

时间	名称	规模	内容
2016年6月	中国（南昌）虚拟现实产业天使投资基金	10亿元	基金专项用于产业孵化和投资发展，并力争通过该基金引导更多的社会资本设立创业投资基金，用于虚拟现实创业风险投资
02016年6月	华策影视VR产业基金	1.1亿元	基金重点对虚拟现实领域内涉及内容拍摄、传输与播放的软硬件设备研发与生产，内容制作与聚合以及垂直行业应用领域的，相关初创期与成长期的企业进行以股权为主的投资与孵化
2016年5月	身临其境VR产业基金	2亿元	身临其境文化股份有限公司启动了身临其境VR开放平台的小生态战略，将线下体验店、内容厂商与身临其境三者联合在一起，身临其境为优质内容厂商提供资金支持，线下体验店提供网状式的全球营销渠道，最终实现身临其境、内容厂商、线下体验店和消费者多方共赢的局面
2016年5月	东方网络VR产业基金	1亿元	基金用于投资VR领域优质标的公司的股权
2016年5月	87870VR专项股权投资基金	20亿元	VR专项股权投资基金致力于投资在中国的成长型虚拟现实领域企业，将专注于投资VR硬件、VR应用内容和VR工具三大方向
2016年4月	微鲸VR创新产业基金	10亿元	基金将从技术创新、设备研发、内容创意制作进行VR全价值链布局，助力VR内容发展
2016年3月	爱施德VR产业投资基金	1.67亿元	基金将专注于VR技术、应用、内容以及基础设施方面的投资
2016年2月	和君资本满天星VR产业基金	1亿元	专注于VR产业领域的早期创投基金，重点聚焦VR、AR等方向，投资阶段为种子期及天使期

数据来源：赛迪区块链研究院整理

3. 人工智能产业基金情况

从人工智能产业领域来看，相关产业基金数量相对较少，但基金成立时间均比较早，广州市和北京市对基金的扶持力度较大。表5-4为部分人工智能产业基金情况，其中，广州市对人工智能产业的支持力度较高。广州市作为中国数字化变革的先行城市，拥有政策、产业、人才等优势，其人工智能基础研究和产业应用均领先全国。早在2018年，广州市就已出台《广州市加快IAB

产业发展五年行动计划（2018—2022年）》，明确人工智能重点发展领域及方向。为进一步加快发展广州市新一代人工智能产业，2020年广州市进一步发布《广州市关于推进新一代人工智能产业发展的行动计划（2020—2022年）》，规划预计到2022年，广州市人工智能产业规模有望突破1200亿元，落地8个产业集群、10个人工智能产业园，形成50个智能经济和智能社会应用场景，实施100个应用示范项目。

而北京市注重人工智能相关技术攻关。2019年5月，北京市海淀区出台《关于加快中关村科学城人工智能创新引领发展的十五条措施》，对围绕人工智能芯片等领域开展核心技术攻关的企业，取得颠覆性创新成果的项目，给予最高1000万元，最多连续三年的资金支持。2020年12月，中共北京市委十二届十五次全会审议通过了《中共北京市委关于制定北京市国民经济和社会发展第十四个五年规划和二〇三五年远景目标的建议》，重点支持康复辅具企业及研发机构运用通用设计、人机工程、美学创意的理念，创新研发外骨骼机器人、照护和康复机器人、仿生假肢等产品。2021年3月，北京市海淀区发布《关于促进中国（北京）自由贸易试验区科技创新片区海淀组团产业发展的若干支持政策》，在产业创新方面，对围绕人工智能芯片、核心算法等基础核心技术和关键共性技术开展攻关的企业给予大力支持，对企业新增研发经费给予最高300万元补贴。

表5-4 部分人工智能产业基金情况

时间	名称	发起机构	规模	内容
2021年7月	长江清科AI母基金	长江产业基金联合清科集团	100亿元	基金将主要投向人工智能领域，包含基础层、技术层及应用层企业，重点投资深度学习、语音识别、计算机视觉、自然语言处理、智能传感器、神经网络芯片等关键核心技术
2019年8月	上海人工智能产业投资基金	上海国盛集团、临港集团、临港新片区管委会	100亿元	基金采用直接投资和配置子基金相结合的投资策略，依托AI产业赋能机遇，聚焦人工智能核心技术和关键应用
2019年5月	人工智能科学家创业基金	北京智源人工智能研究院、海淀区政府	20亿元	基金将主要对在人工智能领域进行创新创业的企业、项目、科研成果进行投资，旨在促进人工智能产业成果转化

续表

时间	名称	发起机构	规模	内容
2018年5月	天津智能制造财政专项资金	天津市财政局、天津市工业和信息化局、各区人民政府	100亿元	基金以智能制造产业链、创新链的重大需求和关键环节为导向,重点支持传统产业实施智能化改造,支持工业互联网发展,加快智能机器人、智能软硬件等新兴产业培育,促进军民融合发展
2017年5月	广州人工智能产业基金	广州市政府、南沙开发区管委会与宽带资本	100亿元	围绕实施创新驱动发展战略,广州正全力建设"中国制造2025"试点示范城市,大力实施"IAB"(新一代信息技术、人工智能、生物医药)计划,支持人工智能产业发展

数据来源:赛迪区块链研究院整理

4. 机器人产业基金情况

从机器人产业领域来看,机器人的发展与人工智能息息相关,其产业基金数量相对较少,但基金数额都较为庞大。从机器人产业基金的区域分布来看,机器人产业基金与产业园发展一致,主要分布在有较好工业基础的东北地区和科技、经济实力较好的长三角地区。表5-5为部分机器人产业基金情况。

东北作为老工业基地,拥有完整的装备制造业体系,是我国最早从事于工业机器人生产的地区,其机器人产业基金的成立时间也比较早。如沈阳早在机器人产业还方兴未艾时,就于2016年设立200亿机器人产业基金。设立该基金的主要目的在于加大研发投入力度、加强机器人技术创新、提升机器人性能测试服务、建设机器人制造基地,实现区域内机器人核心技术突破,为企业数字化发展提供驱动力。

杭州和上海作为长三角地区的经济和科技实力领先的城市,承担着助力国家"工业制造4.0"的重任。一方面,杭州、上海拥有国家技术中心、发明中心、重点企业研究院,已形成涵盖整机、关键零部件、系统集成以及周边配套产品等多领域的产业链体系;另一方面在智能制造领域,收获颇丰,仅上海就完成了中国首艘自主建造的极地科考破冰船交付、C919大型客机实现首飞、CR929宽体客机启动设计、ARJ21支线客机投入商业运营、"天问一号"环绕器研制成功、双五轴镜像铣机床、正电子发射计算机断层显像系统(PET-CT)研制等工作,与实体经济转型发展密切相关。

表 5-5　部分机器人产业基金情况

时间	名称	规模	内容
2020 年 6 月	上海人工智能产业投资基金	100 亿元	上海人工智能产业投资基金按照"整体设计，分期实施"规划，已完成首期 100 亿元的募集目标，即将首期封闭
2017 年 7 月	机器人小镇产业基金	50 亿元	萧山机器人小镇产业基金总规模 50 亿元，一期 10 亿元。该产业基金将融合金沙江联合资本在机器人和泛人工智能领域产业投资的丰富经验，投资及引进智能机器人、人工智能、3D 打印及控制部件、大数据及高端装备制造与智能测控部件等领域的优质企业项目，通过对引进企业注入资本、技术、资源整合及市场开拓等投后管理，帮助企业快速成长，促进机器人及智能制造产业的集聚，助推机器人小镇的建设
2016 年 10 月	沈阳机器人产业基金	200 亿元	基金以"研发＋创新＋测试＋服务＋产业"为主线，主要投资机器人技术创新、成果转化、项目落地等方面，以此打造机器人制造基地、成果孵化基地

数据来源：赛迪区块链研究院整理

5. 5G/6G 产业基金情况

从 5G/6G 产业领域来看，其产业基金也是顺应国家政策趋势，2019 年 6 月 6 日，工信部正式向中国移动、中国电信、中国联通和中国广电 4 家公司发放了 5G 正式商用牌照，标志着我国 5G 商用时代的到来，基金发布时间也集中在 2019 年。从城市发展角度来讲，国内部分城市积极布局 5G 技术，如为把握 5G 技术发展的风向标，北京率先发布 5G 产业基金，重点投资 5G 产业链上中下游国内外技术领先的高科技企业。从企业发展角度来讲，中国联通作为国内三大运营商之一，在网络通信技术上一直不断加强研究和落地。为推动 5G 商用步伐，设立 60 亿元产业基金，加大以 5G 为主的基础设施建设，促进 5G 产业生态不断完善，为数字化发展提供高效网络通信基础。表 5-6 为部分 5G/6G 产业基金情况。

表 5-6　部分 5G/6G 产业基金情况

时间	名称	规模	内容
2020 年 12 月	联通 5G 产业母基金	60 亿元	基金由联通创投、武汉光谷产业投资有限公司、马鞍山江东产业投资有限公司等联合成立，主要投资方向为 5G 产业生态及相关应用领域，推动 5G 商用步伐
2020 年 7 月	苏州高新区集成电路产业母基金	100 亿元	基金由苏州高新区政府主导，通过设立整体规模为 100 亿，首期 30 亿的产业引导基金，重点投资集成电路、5G 通信等新一代信息技术产业

续表

时间	名称	规模	内容
2019年12月	浙江杭州5G产业基金	20亿元	5G产业基金总规模20亿元,一期10亿元已完成关账组建。基金组建获得了政府产业基金和战略投资方的重点支持,其中战略投资方包括上汽资本等多家知名投资机构和上市公司,其重点投资全国范围内5G上中下游细分行业龙头企业,携手产业链战略合作方共同培育5G产业市场
2019年5月	北京5G产业基金	50亿元	5G产业基金是北京市首只政府参与组建的5G产业专项基金,规模达50亿元,由开发区国有投融资平台亦庄国投、北京市科技创新投资管理有限公司与中国建银投资有限责任公司共同设立,将重点投资5G产业链上中下游国内外技术领先的高科技企业

数据来源:赛迪区块链研究院整理

5.2 投融资数量和金额明显增长

产业发展前景和投融资市场的活跃程度是影响市场投融资数量和规模变化的重要因素。近年来,为支持元宇宙产业发展和技术进步各国纷纷制定产业支持政策,众多科技巨头陆续入场,数以万亿计的资本涌入元宇宙投资市场,使元宇宙发展前景长期向好,国内的元宇宙投融资数量和金额也取得明显增长。

5.2.1 元宇宙市场资本雄厚

从投融资数量和金额增长情况来看,近年来我国元宇宙投资市场快速扩张。2020年,我国全面启动5G商用,在5G助推下VR/AR等行业技术取得突破性进展,VR全景云看展、云参会、VR全景云旅游等场景应用逐步上线。另外,受新冠疫情影响,全社会上网时长大幅增长,"宅经济"快速发展,线上生活逐步常态化,加深了社会的虚拟化程度,也推动了元宇宙投资市场的扩张。

根据赛迪区块链研究院的统计数据,如图5-1所示,2020年全年元宇宙投融资数量同比增长125%,投融资规模同比增长47%,元宇宙产业投资市场开始苏醒。2021年,Roblox上市和Facebook改名等热点事件,引爆元宇宙资本市场,众多资本开始涌入元宇宙赛道,全年市场投融资数量同比增长约133%,投融资规模增长率高达148%,是2020年投融资规模同比增长率的5倍,元宇宙成为2021年新的投资风口。2022年元宇宙投融资市场热度不减,截至

2022年2月底,赛迪区块链研究院共统计到8笔行业投资,规模高达28 429万元,预计全年市场的投融资数量和规模将继续保持高速增长。

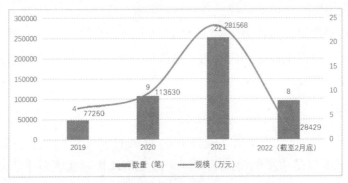

数据来源:赛迪区块链研究院整理

图 5-1　元宇宙行业投融资数量和规模变化

5.2.2　虚实交互设备、虚拟人、游戏领域成投资热点

元宇宙投融资领域是当前投资元宇宙市场前需要重点关注的因素。从投资领域来看,目前投资主要集中于虚实交互设备、虚拟人、游戏领域,开源娱乐创作平台的市场关注度也有所提高。受"宅经济"影响,居家娱乐需求催生元宇宙在VR/AR、虚拟人、游戏等沉浸式娱乐领域的扩张,2019年至2021年,AI、虚拟人、游戏领域的投资数量约占总投资数量的80%,2022年市场投资热度持续不减,截至2022年3月底,统计到的11笔行业投资,均集中于虚实交互设备、AI、虚拟人、游戏领域。另外值得注意的是,市场对开源娱乐创作平台投资领域的关注度有所提高。

1. 虚实交互设备

虚实交互设备是连接元宇宙与现实世界的桥梁,故该领域是目前较为主流的投资领域。Meta、苹果、腾讯、字节跳动等科技巨头均已在虚实交互设备领域布局。以Meta为例,早从2014年起,公司就已经通过收购VR设备公司的方式开始在元宇宙领域布局,并且于2015年推出Oculus Rift虚拟现实头盔,2018年推出Oculus Quest VR无线体机,2020年推出Oculus Quest2 VR无线体机,未来计划推出支持眼球追踪、面部追踪、手势追踪和表情传递的更高端版MR头戴式显示设备(ProjectNazare)。

2. 虚拟人

以 AI 技术为基础的虚拟人投资领域逐步兴起，虚拟偶像已在全国范围兴起，成为元宇宙产业内的重要投资领域。当前，在我国有以初音未来、洛天依为代表的虚拟歌姬；以绊爱、MiraiAkari 为代表的虚拟主播；以翎为代表的超写实虚拟人；以虚拟鹤追为代表的虚拟演员，以及以萌芽熊、汤圆酱、花西子为代表的 IP 形象。

3. 游戏

游戏是元宇宙产业投资市场中最为吸金的投资领域。元宇宙第一概念股——Roblox 就是重要的游戏公司，一经上市就快速实现资本积累，市值高达 453 亿美元。在国内，游戏也是元宇宙产业的主要应用领域，腾讯入股元宇宙游戏公司 Roblox，同时依托 DUA（daily active user，日活跃用户数量）超 1 亿的王者荣耀、和平精英等自研游戏迅速成为国产元宇宙游戏的领军企业，以米哈游、莉莉丝等为代表的游戏企业迅速升维原有游戏场景靠近虚拟世界。

5.2.3 国内元宇宙核心产业投融资情况

1. VR/AR 产业

作为连接现实世界与元宇宙的桥梁，VR/AR 产业发展起步较早，并且产品市场具备一定产业规模。截至 2022 年 3 月底，在 VR/AR 产业内共统计到 18 项市场投融资，如表 5-7 所示。值得注意的是，当前 VR/AR 产品仍较多停留在可穿戴虚实交互设备领域，受产品内容局限性影响，2019 年以来 VR/AR 市场投融资领域的活跃程度正逐渐下降，2022 年仅统计到 1 项 VR/AR 领域的市场投融资。因此，急需突破当前 VR/AR 市场产品的瓶颈，探索内容更为丰富的应用领域，助力元宇宙产业快速发展。

表 5-7　2019—2022 年（截至 3 月底）VR/AR 市场投融资情况

城市	时间	公司名称	轮次	金额	最新估值
北京	2019-05-09	观动科技	A 轮	数千万人民币	1.5 亿人民币
	2019-05-14	终极科技	天使轮	数千万人民币	5000 万人民币
	2019-07-29	NOLO VR	A+ 轮	1 亿人民币	5 亿人民币
	2019-12-31	NOLO VR	战略投资	未透露	5 亿人民币
	2021-09-02	威魔纪元	战略投资	未透露	5 亿人民币

续表

城市	时间	公司名称	轮次	金额	最新估值
上海	2019-01-01	原创猫	战略投资	未透露	5亿人民币
	2020-02-20	Oasis 绿洲	A轮	6500万人民币	3.25亿人民币
	2020-04-22	傲意科技 OYMotion	A轮	未透露	1亿人民币
深圳	2019-06-12	羽迹 Avatar	天使轮	数百万人民币	1500万人民币
	2019-12-12	圆周率科技	Pre-B轮	数千万人民币	1.5亿人民币
	2021-08-04	光科全息	A轮	千万级人民币	5000万人民币
南京	2019-07-12	Dsee.Lab	Pre-A轮	数千万人民币	1.5亿人民币
	2022-03-15	开为科技	A+轮	数千万人民币	1.5亿人民币
杭州	2019-03-14	气味王国	A轮	未透露	1亿人民币
	2019-08-09	棱镜光娱	A轮	5000万人民币	2.5亿人民币
	2021-08-17	气味王国	A+轮	5000万人民币	2.5亿人民币
广州	2021-09-07	次元潮玩	天使轮	数百万人民币	1000万人民币

2. 虚拟人产业

虚拟人是通过计算机图形学技术创造出与人类形象接近的数字化形象，并赋予其特定的人物身份设定，在视觉上拉近和人的心理距离，为人类带来更加真实的情感互动。作为元宇宙产业投融资的重要领域，虚拟人产业市场投融资兴起于 2020 年。如表 5-8 所示，根据赛迪区块链研究院的统计数据可以发现，截至 2022 年 3 月底共统计到 16 项市场投融资，2020 年、2021 年和截止到 2022 年 3 月底的虚拟人市场投融资数量分别是 5 项、7 项和 4 项。预计 2022 年虚拟人仍是资本对元宇宙产业投资的重要领域，市场数量将实现成倍增长。

表 5-8 2020—2022 年（截至 3 月底）虚拟人市场投融资情况

城市	时间	融资企业或项目名称	所属领域	轮次	金额	最新估值
北京	2020-08-04	慧夜科技	AI	天使轮	未透露	500万人民币
	2020-10-21	次世文化	虚拟人	Pre-A轮	数百万人民币	9750万人民币
	2020-11-24	小冰	AI	Pre-A轮	数亿人民币	50亿人民币
	2021-07-12	小冰	AI	A轮	数亿人民币	70亿人民币
	2021-07-26	次世文化	虚拟人	A轮	数千万人民币	1.63亿人民币
	2021-10-26	次世文化	虚拟人	A+轮	数百万人民币	9750万人民币
	2021-12-14	世悦星承	虚拟人	天使轮	1000万人民币	5000万人民币

续表

城市	时间	融资企业或项目名称	所属领域	轮次	金额	最新估值
北京	2022-01-17	世悦星承	虚拟人	Pre-A 轮	未透露	1 亿人民币
	2022-01-20	慧夜科技	AI 虚拟动画	Pre-A 轮	数百万人民币	1.3 亿人民币
	2022-02-15	次世文化	虚拟人	A++ 轮	未透露	1 亿人民币
上海	2021-06-25	燃麦科技 AYAYI	虚拟人	Pre-A 轮	数百万人民币	1500 万人民币
	2021-08-30	半人猫	数字人	天使轮	千万级人民币	5000 万人民币
	2021-09-01	Gemsouls	AI	天使轮	650 万人民币	3250 万人民币
	2022-01-21	燃麦科技 AYAYI	虚拟人	Pre-A 轮	数千万人民币	1.5 亿人民币
杭州	2020-12-02	I-REALITY	虚拟人	天使轮	未透露	500 万人民币
	2020-12-24	拟仁智能	虚拟人	天使轮	未透露	500 万人民币

3. 机器人产业

随着社会的进步，以及科学技术的不断变革，包括制造业等在内的行业对于信息化、自动化的需求越来越高，在此大环境下，机器人产业逐渐受到关注和重视。同时，伴随着半导体芯片及 5G 通信技术的进步，物联网、人工智能、大数据等新兴技术的发展，使机器人的全域感知能力、智能决策能力及准确执行能力等不断增强，正逐步变革机器人的产品形态、组织业态、发展模式，持续完善机器人产业发展生态，推动机器人产业的高质量发展。如表 5-9 和图 5-2 所示，从机器人产业投融资的数量和规模变化来看，整体呈现出增长趋势，受疫情影响，2020 年机器人产业投融资数量虽有所下降，但是投融资规模仍然表现出增长态势。随着元宇宙概念的火爆，2021 年机器人产业市场投融资火热，迎来了一个高潮，其融资数量较 2020 年同比增长 30%，投融资规模同比增长 1042%。从城市发展来看，北京、深圳等技术创新实力雄厚、产业资本较大的城市机器人发展较为领先。

表 5-9　部分机器人市场投融资情况

城市	时间	公司名称	行业	轮次	金额	最新估值
北京	2022-01-21	博清科技	智能硬件	战略投资	近亿人民币	5 亿人民币
	2022-02-07	珞石机器人	智能硬件	战略投资	4 亿人民币	40 亿人民币

续表

城市	时间	公司名称	行业	轮次	金额	最新估值
北京	2022-02-14	智齿科技	企业服务	D轮	6.5亿人民币	55.25亿人民币
	2022-02-17	洛必德	智能硬件	B轮	1亿人民币	5亿人民币
	2022-03-07	小马智行Pony.ai	汽车交通	D轮	数亿人民币	552.5亿人民币
	2022-03-11	艾利特	智能硬件	C轮	数亿人民币	34亿人民币
	2022-03-16	智同精密	智能硬件	战略投资	数亿人民币	15亿人民币
深圳	2021-12-29	乐森机器人	智能硬件	B+轮	6.5亿人民币	32.5亿人民币
	2022-01-18	元化智能	智能硬件	B轮	数亿人民币	15亿人民币
	2022-01-29	大寰机器人	智能硬件	战略投资	未透露	5亿人民币
	2022-02-24	钛深科技	先进制造	B轮	数亿人民币	15亿人民币
	2022-03-01	优地科技	智能硬件	战略投资	数亿人民币	32亿人民币
	2022-03-04	英汉思动力	智能硬件	Pre-A轮	5000万人民币	2.5亿人民币
	2022-03-29	筑橙科技	智能硬件	种子轮	未透露	500万人民币
杭州	2022-02-10	程天科技	智能硬件	A+轮	1亿人民币	5亿人民币
	2022-03-09	蓝芯科技	先进制造	B+轮	近亿人民币	5亿人民币
	2022-03-20	Rokid若琪	智能硬件	C轮	7亿人民币	70亿人民币
	2022-04-02	洛微科技	先进制造	B轮	数亿人民币	15亿人民币
上海	2022-01-17	一寺君亩	智能硬件	天使轮	260万人民币	1300万人民币
	2022-01-26	傅利叶智能	智能硬件	D轮	4亿人民币	35亿人民币
	2022-03-23	上海深视科技	智能硬件	A轮	6500万人民币	3.25亿人民币
苏州	2022-03-09	法奥FAIR	智能硬件	B轮	3.25亿人民币	19.5亿人民币
	2022-03-31	钧舵机器人	智能硬件	A+轮	5000万人民币	2.5亿人民币
湖州	2021-12-23	清越科技	智能硬件	Pre-A轮	未透露	1亿人民币
东莞	2021-12-27	小豚智能	先进制造	天使轮	600万人民币	3000万人民币
广州	2022-01-04	斯坦德机器人	智能硬件	C轮	数亿人民币	15亿人民币
嘉兴	2022-01-11	景焱智能	先进制造	战略投资	未透露	5亿人民币
青岛	2022-03-07	科捷机器人	智能硬件	战略投资	未透露	5亿人民币
济南	2022-03-14	翼菲自动化	智能硬件	D轮	数亿人民币	15亿人民币
淄博	2022-04-06	凝眸科技	先进制造	战略投资	未透露	5亿人民币

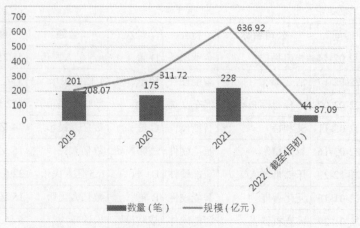

数据来源：赛迪区块链研究院整理

图 5-2　机器人行业投融资数量和规模变化

4. AI 产业

数据源、软件框架、算力等基础设施正在不断拓展人工智能算法的开发场景。不同研究学派的理念，正在不断拓宽人工智能算法和 AI 技术的能力边界，实现"AI+ 行业"的快速部署。人工智能正在逐步影响现实世界的生活与工作的方方面面。如表 5-10 和图 5-3 所示，从 AI 技术产业投融资的数量和规模变化来看，投融资数量大都维持在 30 笔左右，投融资规模整体呈现出增长趋势。同样受元宇宙概念的影响，2021 年我国 AI 技术产业市场投融资规模增长幅度较大，其投融资规模同比增长 67%。同样，从城市发展来看，省会城市、国家重点经济城市的 AI 产业发展更为突出。

表 5-10　部分 AI 市场投融资情况

城市	时间	公司名称	行业	轮次	金额	最新估值
北京	2020-11-24	影谱科技	文娱传媒	战略投资	近亿人民币	150 亿人民币
	2021-04-07	爱芯元智	先进制造	A 轮	数亿人民币	10 亿人民币
	2021-06-10	知存科技	先进制造	A+ 轮	近亿人民币	15 亿人民币
	2021-10-28	瑞莱智慧	企业服务	A 轮	3 亿人民币	24 亿人民币
	2022-01-17	爱芯元智	先进制造	A+ 轮	8 亿人民币	36 亿人民币
	2022-01-26	知存科技	先进制造	B 轮	2 亿人民币	30 亿人民币
长沙	2020-08-20	希迪智驾	汽车交通	A+ 轮	1 亿人民币	15 亿人民币
	2021-04-08	希迪智驾	汽车交通	B+ 轮	3 亿人民币	30 亿人民币

续表

城市	时间	公司名称	行业	轮次	金额	最新估值
广州	2021-01-28	暗物智能	企业服务	A轮	5亿人民币	40亿人民币
	2021-10-22	蜂动科技	先进制造	战略投资	未透露	5亿人民币
深圳	2021-01-29	超参数科技	企业服务	A+轮	1.95亿人民币	19.5亿人民币
	2021-04-25	Camsense	企业服务	B+轮	近亿人民币	5亿人民币

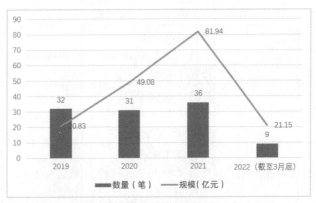

数据来源：赛迪区块链研究院整理

图 5-3 AI 行业投融资数量和规模变化

5. 其他产业

在其他投资领域中，强调用户参与性的可操作元宇宙平台发展极为亮眼。2021年，开源娱乐创作平台公司——Yahaha 共完成三次融资，融资金额高达3.5亿人民币，约占全年投融资市场规模的 12.5%；2022年，以上海博宇盖乐公司为代表的科技公司除关注 AI、虚拟人、游戏等领域外，开始对 UGC 一体化的互动娱乐平台展开布局，力求提高开源娱乐创作平台的质量。未来，除AI、虚拟人、游戏等热门投资领域外，关注元宇宙娱乐开源创作平台的企业数量将会增加，元宇宙其他相关技术、产业分支将逐步进入投资者视野。表 5-11 为其他领域市场投融资情况。

表 5-11 其他领域市场投融资情况

城市	时间	融资企业或项目名称	所属领域	轮次	金额	最新估值
北京	2019-09-09	MetaApp	应用聚合工具研发	B轮	数亿人民币	19.5亿人民币

197

续表

城市	时间	融资企业或项目名称	所属领域	轮次	金额	最新估值
北京	2019-11-28	Vyou 微你	3D 虚拟换脸	天使轮	数百万人民币	1500 万人民币
	2020-09-09	Vyou 微你	3D 虚拟换脸	A 轮	数千万人民币	1 亿人民币
	2021-03-11	MetaApp	应用聚合工具研发	C 轮	数亿人民币	52 亿人民币
	2021-09-08	ACE 虚拟歌姬	音乐游戏	Pre-A 轮	数百万人民币	1.3 亿人民币
上海	2021-01-01	Yahaha	开源娱乐创作平台（3D 互动内容与社交）	A+ 轮	千万级人民币	1 亿人民币
	2021-03-31	Yahaha	开源娱乐创作平台（3D 互动内容与社交）	A+ 轮	数千万人民币	1.5 亿人民币
	2021-06-25	Yahaha	开源娱乐创作平台（3D 互动内容与社交）	A++ 轮	数亿人民币	15 亿人民币
	2021-09-01	Vland 云现场	音视频技术与游戏化场景生成等虚拟空间服务	天使轮	数百万人民币	1.3 亿人民币
	2021-12-25	星图比特	原生数字资产 NFT 发行技术服务商	战略投资	1000 万人民币	5000 万人民币
	2021-12-30	Vland 云现场	音视频技术与游戏化场景生成等虚拟空间服务	Pre-A 轮	数千万人民币	1.5 亿人民币
	2022-01-21	博宇盖乐	数字人和开源娱乐平台	A 轮	数千万人民币	3.25 亿人民币
深圳	2019-07-22	BUD	游戏	天使轮	数百万人民币	9750 万人民币
	2020-12-22	BUD	游戏	Pre-A 轮	数百万人民币	9750 万人民币
	2021-05-04	BUD	游戏	A 轮	数千万人民币	9.75 亿人民币
	2021-11-15	绽放文化	3D 动画	战略投资	1020 万人民币	5100 万人民币
	2022-02-14	BUD	游戏	A+ 轮	近亿人民币	6.5 亿人民币

续表

城市	时间	融资企业或项目名称	所属领域	轮次	金额	最新估值
广州	2020-09-17	旗鱼科技	手机游戏	战略投资	1000万人民币	3000万人民币
湖州	2021-06-11	arpara露熙科技	游戏	天使轮	数千万人民币	1亿人民币
厦门	2021-09-02	根号叁	动漫	天使轮	数百万人民币	1500万人民币
厦门	2021-12-31	根号叁	动漫	Pre-A轮	数千万人民币	1.5亿人民币
南京	2022-02-11	汇智互娱智能	AI、虚拟直播	天使轮	千万级人民币	5000万人民币

另外，区块链作为发展元宇宙的重要产业基础，其市场投融资数量和规模的变化必将也会影响到元宇宙产业的发展与进步。如表5-12和图5-4所示，2019年共统计到165项区块链市场投融资，规模高达232.86亿元。随着产业市场的不断成熟，2020年以来区块链产业投融资逐步回归理性，2021年市场投融资数量与2020年基本一致，投融资规模稳步上升。

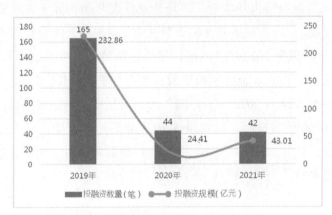

数据来源：赛迪区块链研究院整理

图5-4 区块链市场投融资数量和规模情况

表5-12 部分区块链市场投融资情况

城市	时间	公司名称	轮次	金额	最新估值
成都	2019-11-12	九宽科技	天使轮	1050万人民币	5250万人民币
成都	2019-11-29	成都链安	战略投资	1000万人民币	5000万人民币
成都	2020-12-25	乐链科技	天使轮	1200万人民币	1.5亿人民币
上海	2020-12-10	星际联盟	A轮	1亿人民币	5亿人民币
上海	2022-01-18	零数科技	Pre-B轮	数千万人民币	1.5亿人民币

续表

城市	时间	公司名称	轮次	金额	最新估值
长沙	2019-11-09	兆物信连	Pre-A 轮	1000 万人民币	1 亿人民币
保定	2020-05-20	书签购物	Pre-A 轮	1000 万人民币	5000 万人民币
深圳	2020-08-12	茶链科技	Pre-A 轮	1000 万人民币	5000 万人民币
青岛	2020-08-21	中驰区块链	天使轮	1000 万人民币	5000 万人民币
中山	2020-11-13	当下科技	天使轮	1000 万人民币	5000 万人民币
宁波	2022-01-16	元宇宙藏品馆	天使轮	千万级人民币	5000 万人民币
北京	2022-02-08	普陆德中盾	Pre-A 轮	千万级人民币	5000 万人民币
杭州	2022-03-02	Bigverse	A 轮	数千万人民币	1.5 亿人民币
海口	2022-03-24	数藏中国	天使轮	数百万人民币	1500 万人民币

5.2.4 国外元宇宙产业投融资情况

从国外元宇宙投资市场来看，市场活跃程度与国内元宇宙投资市场的火热情况基本一致，市场投融资数量和金额也均呈现出明显的增长态势。如图5-5和表5-13所示，截至2022年3月底，赛迪区块链研究院共统计到90项国外元宇宙市场投资，其中，2021年投资数量实现井喷式增长，较2020年同比增长率高达5000%；进入2022年后，国外元宇宙投资市场热度不减，仅前三个月就已完成37项市场投资，数量超过2021年的一半以上，从元宇宙投资赛道的火热程度，预计2022年国外元宇宙投资数量将破百，元宇宙领域成为海内外新的投资风口。

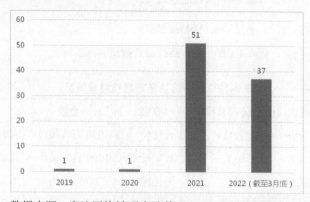

数据来源：赛迪区块链研究院整理

图5-5 国外元宇宙产业投融资数量（笔）变化

表 5-13 国外部分元宇宙投融资情况

时间	公司名称	轮次	金额	最新估值
2019-07-03	Mighty Jaxx	Pre-A 轮	1040 万人民币	5200 万人民币
2020-04-14	Mighty Jaxx	Pre-A 轮	2080 万人民币	1.04 亿人民币
2021-01-27	IMVU APP	战略投资	2.27 亿人民币	11.38 亿人民币
2021-02-13	1SEC	战略投资	500 万人民币	3000 万人民币
2021-05-12	Wilder World	种子轮	1950 万人民币	9750 万人民币
2021-08-12	Mighty Jaxx	A 轮	6500 万人民币	3.25 亿人民币
2021-08-17	CoPuppy	种子轮	975 万人民币	4875 万人民币
2021-08-19	BlockFish	天使轮	3000 万人民币	1.51 亿人民币
2021-08-21	Crosspoly	战略投资	1950 万人民币	9750 万人民币
2021-09-10	MetaEstate	种子轮	数百万人民币	9750 万人民币
2021-09-14	Modernizing Park Chain	种子轮	650 万人民币	3250 万人民币
2021-09-17	Decentral Games	战略投资	未透露	32.5 亿人民币
2021-09-27	Bloktopia	战略投资	2730 万人民币	1.36 亿人民币
2021-09-28	Brokoli	战略投资	1235 万人民币	6175 万人民币
2021-10-08	Merit Circle	种子轮	2925 万人民币	1.46 亿人民币
2021-10-11	Elpis Battle	战略投资	1400 万人民币	6987.5 万人民币
2021-10-14	Stage11	种子轮	3705 万人民币	1.85 亿人民币
2021-10-14	Geopipe	战略投资	1560 万人民币	7800 万人民币
2021-11-02	Upland	A 轮	1.17 亿人民币	19.5 亿人民币
2021-11-03	Faze	种子轮	1.13 亿人民币	5.66 亿人民币
2021-11-07	Project SEED	战略投资	2015 万人民币	1.01 亿人民币
2021-11-09	Inworld AI	种子轮	4550 万人民币	2.27 亿人民币
2021-12-27	BetaMars	种子轮	1625 万人民币	6500 万人民币
2021-12-28	MyST NFT	种子轮	3250 万人民币	1.63 亿人民币
2022-01-18	SPACE	种子轮	未透露	3250 万人民币
2022-01-20	STEPN	种子轮	3250 万人民币	1.63 亿人民币
2022-01-24	Survial Game Online	种子轮	数百万人民币	9750 万人民币
2022-02-01	StarryNift	战略投资	未透露	32.5 亿人民币
2022-02-11	Ethernal Labs	战略投资	11.3 亿人民币	6.5 亿人民币
2022-02-14	Pax.world	种子轮	3770 万人民币	1.89 亿人民币

续表

时间	公司名称	轮次	金额	最新估值
2022-02-15	5ire	种子轮	1.37 亿人民币	7.15 亿人民币
2022-02-15	Fayre	战略投资	2470 万人民币	1.24 亿人民币
2022-02-23	Atem Network	种子轮	1950 万人民币	9750 万人民币
2022-02-25	Tiny World	天使轮	1625 万人民币	6500 万人民币
2022-03-08	Gamepay	种子轮	780 万人民币	3900 万人民币
2022-03-09	UNXD	战略投资	2600 万人民币	1.3 亿人民币
2022-03-22	LifeForce Games	种子轮	3250 万人民币	1.63 亿人民币
2022-03-22	MetaMagnet	战略投资	1.63 亿人民币	32.5 亿人民币
2022-03-23	BlockTackle	种子轮	3250 万人民币	1.63 亿人民币
2022-03-30	DOGAMÍ	战略投资	325 万人民币	1625 万人民币
2022-03-30	Caduceus	A 轮	2600 万人民币	5.2 亿人民币
2022-03-31	Crypto Raiders	战略投资	3700 万人民币	1.95 亿人民币

1. 虚拟现实产业

从 VR/AR 技术发展阶段和进程来看，国外技术起步相对较早，在 VR/AR 技术研究、产品创新、应用内容等方面相比于国内较为丰富，其产业整体投资趋势也在稳步发展。如表 5-14 和图 5-6 所示，根据统计，2020 年国外 VR/AR 投融资数量虽然有所下降，但是投资规模却实现了 2357% 的同比增长，且 2020 年国外 VR/AR 投融资数量减少极大程度上也是受到新冠疫情的影响，但由于国外 VR/AR 产品相对丰富，融资轮次相对靠后，所以投融资规模相对较大。

表 5-14 国外部分虚拟现实产业投融资情况

时间	公司名称	轮次	金额	最新估值
2019-01-02	Limbix	种子轮	19.5 亿人民币	97.5 亿人民币
2019-01-11	Flipspaces	A 轮	2275 万人民币	1.14 亿人民币
2019-01-11	ThreeKit	种子轮	6500 万人民币	3.25 亿人民币
2019-01-14	Scape Technologies	种子轮	5200 万人民币	2.6 亿人民币
2019-02-13	Massless	种子轮	1300 万人民币	6500 万人民币
2019-02-21	VRtuoso	种子轮	422 万人民币	2112.5 万人民币
2019-02-23	CTRL-Labs	B 轮	1.82 亿人民币	9.1 亿人民币
2019-03-03	Try&Buy Fashion	种子轮	数百万人民币	975 万人民币

续表

时间	公司名称	轮次	金额	最新估值
2019-03-12	Mindesk	种子轮	585 万人民币	2925 万人民币
2019-03-20	Mojo Vision	B 轮	3.77 亿人民币	18.85 亿人民币
2019-05-21	Holodeck VR	战略投资	数千万人民币	1.17 亿人民币
2019-07-02	RealWear	B 轮	5.2 亿人民币	26 亿人民币
2019-11-16	ThreeKit	A 轮	1.3 亿人民币	6.5 亿人民币
2020-01-31	Spatial	A 轮	9100 万人民币	4.55 亿人民币
2020-02-13	Oxford VR	A 轮	8125 万人民币	4.06 亿人民币
2020-04-30	Mojo Vision	B 轮	3.32 亿人民币	16.57 亿人民币
2020-05-08	Vantage Point	战略投资	1462 万人民币	7312.5 万人民币
2020-06-16	Epic Games	战略投资	48.75 亿人民币	1105 亿人民币
2020-07-10	Epic Games	战略投资	16.25 亿人民币	1160.7 亿人民币
2020-08-07	Epic Games	战略投资	115.7 亿人民币	1124.5 亿人民币
2020-10-27	TechSee	C 轮	1.95 亿人民币	9.75 亿人民币
2020-12-10	Parallel Domain	A 轮	7150 万人民币	3.58 亿人民币
2021-04-14	Epic Games	战略投资	65 亿人民币	1865.5 亿人民币
2021-04-25	Massless	Pre-A 轮	未透露	6.5 亿人民币
2021-09-07	Flipspaces	Pre-B 轮	1300 万人民币	6500 万人民币
2021-09-28	Phiar Technologies	A 轮	7800 万人民币	3.9 亿人民币
2021-12-15	Spatial	战略投资	1.63 亿人民币	8.13 亿人民币

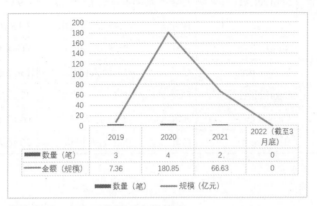

数据来源：赛迪区块链研究院整理

图 5-6　国外 VR/AR 产业投融资数量和规模变化

2. AI 产业

从 AI 产业投资市场来看，市场活跃程度远远不及国内 AI 投资市场，但国外 AI 市场投融资数量和金额也均呈现出明显的增长态势。如表 5-15 和图 5-7 所示，截至 2022 年 3 月底，赛迪区块链研究院共统计到 41 项国外 AI 产业市场投资，其中，受元宇宙概念爆火的影响，2021 年 AI 产业投资市场火热程度有所增加，投融资数量较 2020 年同比增长率高达 450%，投融资规模较 2020 年同比增长 1149.5%。进入 2022 年后，AI 产业投资市场热度不减，仅前 3 个月就已完成 8 项市场投资，远远超过 2021 年投资数量的三分之一，由此预计 2022 年 AI 产业市场投融资数量和规模将继续保持增长态势，伴随着元宇宙投资赛道的火热，AI 产业市场将吸引到更多投资资金。

表 5-15　国外部分 AI 产业投融资情况

时间	公司名称	轮次	金额	最新估值
2019-08-26	Stylitics	B 轮	9750 万人民币	4.88 亿人民币
2019-10-26	LabGenius	A 轮	6500 万人民币	3.25 亿人民币
2019-11-06	Cervest	种子轮	3000 万人民币	1.63 亿人民币
2019-11-08	Neural Magic	A 轮	9750 万人民币	4.88 亿人民币
2019-11-15	Moveworks	B 轮	4.88 亿人民币	24.38 亿人民币
2019-11-28	Rossum	天使轮	2925 万人民币	1.46 亿人民币
2019-12-20	Gloat.com	B 轮	1.63 亿人民币	8.13 亿人民币
2020-07-04	Beewise	A 轮	8125 万人民币	4.06 亿人民币
2020-07-14	Snorkel AI	A 轮	9945 万人民币	4.97 亿人民币
2020-12-15	Beewise	B 轮	1.43 亿人民币	7.15 亿人民币
2021-04-07	Snorkel AI	B 轮	2.28 亿人民币	11.38 亿人民币
2021-07-01	Moveworks	C 轮	13 亿人民币	136.5 亿人民币
2021-08-10	Snorkel AI	C 轮	5.53 亿人民币	27.63 亿人民币
2022-01-29	CausaLens	A 轮	2.93 亿人民币	14.63 亿人民币
2022-03-31	Beewise	C 轮	5.2 亿人民币	26 亿人民币

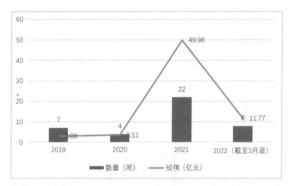

数据来源：赛迪区块链研究院整理

图 5-7 国外 AI 产业投融资数量和规模变化

3. 机器人产业

国外机器人产业起步较早，与国内相比，机器人产品更加丰富，产业链条更加完善，产业市场投融资更趋理性。从国外机器人产业投资市场来看，市场活跃程度与国内机器人产业投资市场的差距较大，市场投融资数量不足国内投融资数量四分之一，投资市场规模也仅占国内市场的一半左右，但是国外机器人产业的投融资规模整体也均呈现出明显的增长态势。如表 5-16 和图 5-9 所示，截至 2022 年 3 月底，赛迪区块链研究院共统计到 151 项国外机器人产业市场投资，其中，2019 年的投融资数量最多，2021 年的投融资规模最大。2021 年国外机器人产业市场投融资规模与 2020 年相比，同比增长率高达 1025.5%。进入 2022 年后，国外机器人产业投资市场热度有所下降，前 3 个月虽已完成 3 项市场投融资，数量达到 2021 年投融资数量的 75%，但是投融资市场规模仅为 2021 年的 0.5%，当然，考虑到国外单笔机器人产业的投融资规模较大，所以也不排除之后一段时间内机器人产业市场投融资规模出现大幅度增长的可能性。

表 5-16 国外部分机器人产业投融资情况

时间	公司名称	轮次	金额	最新估值
2020-12-15	Beewise	B 轮	1.43 亿人民币	7.15 亿人民币
2020-12-17	Presso	种子轮	1040 万人民币	5200 万人民币
2021-01-05	AMP Robotics	B 轮	3.58 亿人民币	17.88 亿人民币
2021-02-19	Locus Robotics	E 轮	9.75 亿人民币	65 亿人民币
2021-02-19	AdmitHub	B 轮	1.04 亿人民币	5.2 亿人民币

续表

时间	公司名称	轮次	金额	最新估值
2021-03-01	Gitai	战略投资	1.11 亿人民币	5.56 亿人民币
2021-03-13	Hugging Face	B 轮	2.6 亿人民币	13 亿人民币
2021-03-14	Nimble Robotics	A 轮	3.25 亿人民币	16.25 亿人民币
2021-04-06	AutoStore	战略投资	182 亿人民币	455 亿人民币
2021-05-08	Ada Support	C 轮	8.45 亿人民币	42.25 亿人民币
2021-06-28	CMR Surgical	D 轮	39 亿人民币	195 亿人民币
2021-08-20	Osaro	C 轮	1.95 亿人民币	9.75 亿人民币
2021-11-17	Fleet	B 轮	1.72 亿人民币	8.13 亿人民币
2021-12-05	Fixposition	种子轮	3868 万人民币	1.93 亿人民币
2022-03-07	Gecko Robotics	C 轮	4.75 亿人民币	23.73 亿人民币

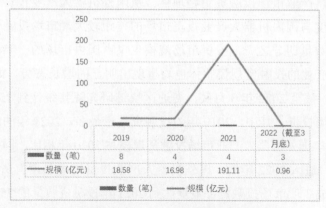

图 5-8　国外机器人产业投融资数量和规模变化

5.3　初创期融资轮次占比较大

　　资金是企业生存和发展的基础，是企业进行运营活动的血脉，是支持企业正常营运和发展的关键力量。企业的启动和发展都必须要依靠足够的企业资金，充足的资金是企业竞争的最大优势，充裕的资金实力是企业发展技术、吸引人才、获得比竞争对手更多竞争优势的关键。企业发展与扩张过程中所需的资金，仅小部分来源于企业日常经营过程中积累的经济利润，大部分源自于外部投资资金的注入。

根据外部融资注入时企业所处的发展阶段，可将融资轮次划分为种子轮、天使轮、pre-A 轮、A 轮融资、A+ 轮融资、B 轮融资、B+ 轮融资、C 轮融资、战略融资。其中，在种子轮阶段，融资人通常处于只有想法和团队，但没有具体产品的初始状态，属于最早期的投资阶段；在天使轮阶段，融资人一般拥有成型的产品和初步商业规划，是一个"找人—做产品—做产品—找人"的阶段；Pre-A 轮是一个夹层轮，是在产品具有一定发展规模但市场占有率需要进一步提升阶段中的融资；A 轮融资是企业第一次得到专业风险投资机构（VC）的融资，即首轮融资；A+ 轮是在资金不足的情况下对 A 轮的追加融资，这些融资都是在企业发展初期的资金注入，均属于初创期融资。

5.3.1 国内投融资轮次占比分析

当前我国元宇宙行业无论是底层技术还是应用场景与未来成熟的形态相比均有较大的差距，处于尚需突破核心技术、应用场景和商业盈利模式"三座大山"的初级阶段，导致投资市场内的大多数企业均停留在产品尚未成型的概念阶段，初创期融资轮次占比较大。如图 5-9 所示，根据赛迪区块链研究院的统计，从投融资轮次整体分布上看，初创期融资轮次占比高达 86.84%。

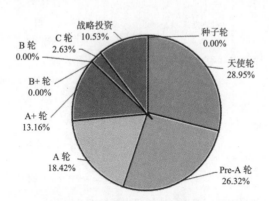

数据来源：赛迪区块链研究院整理

图 5-9 元宇宙行业投资轮次比重

此外，如图 5-10 所示，对每年中的元宇宙投资轮次进一步展开分析可以发现，2020 年以来，初创期融资轮次占比稳定在 85% 左右，在元宇宙投资市场中所占比重最大。反映出资本市场对元宇宙的持续关注，也反映出各行各业对元宇宙技术、产品、产业的积极探索。

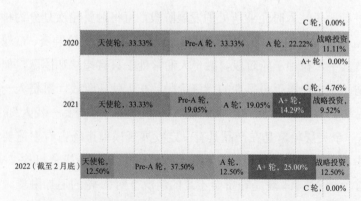

数据来源：赛迪区块链研究院整理

图5-10 元宇宙行业投资轮次每年的比重关系图

从元宇宙的细分产业领域来看，初创期融资轮次占比也都是最大的。如图5-11所示，以VR/AR产业和虚拟人产业市场投资为例，在当前VR/AR产业领域内已有成型的产品市场并具备一定产业规模，但产品类型和内容不够丰富，仍处于市场发展初期，在融资轮次中初创期投融资规模占比高达81.25%，A轮和A+轮融资数量占比超过50%。

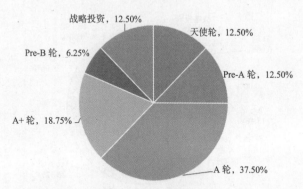

数据来源：赛迪区块链研究院整理

图5-11 VR/AR产业投融资轮次占比

虚拟人产业领域虽然起步较晚但发展迅速，当前国内比较有名的虚拟人柳夜熙、华智冰、AYAYI等，备受社会关注。如图5-12所示，根据赛迪区块链研究院统计，国内虚拟人投融资轮次也主要聚焦于初创期，占比高达94.12%。从初创期细分投融资比例来看，天使轮和Pre-A轮占比较大，说明国内虚拟人发展仍然处于早期阶段，虚拟人产品的成熟发展还有待进步。

数据来源：赛迪区块链研究院整理

图 5-12　虚拟人产业投融资轮次占比

作为全球制造大国，制造业发展是我国经济实力的重要体现。在数字经济时代，尤其是被疫情左右的大环境下，产品生产的自动化、数字化、智能化已经深入人心。一大批央企、国企、上市企业、传统企业已经开始纷纷加大机器人投入力度，旨在促进产品高质量发展，加速推动企业数字化转型，提升产业链供应链效率，为实体经济发展做出贡献。目前，国内在机器人产业发展上已经有了一定的积累，不论是制造业还是新兴行业，对于机器人的资本支持一直在不断壮大。如图 5-13 所示，根据赛迪区块链研究院统计，国内机器人投资市场分布较广，各个轮次投融资占比相差不大，表明国内机器人产业在不断壮大的同时，稳步前进。

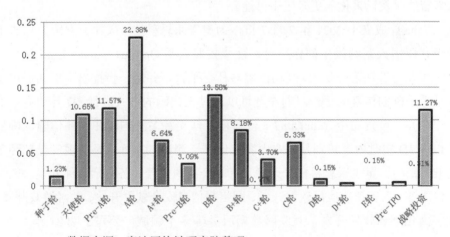

数据来源：赛迪区块链研究院整理

图 5-13　机器人产业投融资轮次占比

5.3.2 元宇宙企业投融资情况介绍

对元宇宙企业的投融资轮次展开具体分析可以发现如次世文化、Yahaha 和 BUD 等部分公司均已完成 3 轮融资，元宇宙发展势头较猛。如北京次世文化传媒有限公司成立于 2016 年 11 月 16 日，是一家发展前景较好的虚拟人生态公司。早在 2018 年，北京次世文化传媒有限公司就成功打造出国内第一部"真人+动画"交互剧作《戏隐江湖》，同期还对虚拟领域展开探索，为迪丽热巴打造了虚拟形象"迪丽冷巴"，与龙韬娱乐共同开发黄子韬的虚拟形象"韬斯曼"，与欧阳娜娜共同开发的虚拟乐队"NAND"，与文旅 IP《印象刘三姐》共同探索文旅向虚拟 IP 延展，并承接王源演唱会、阿朵《生养之地》演出等衍生设计及视觉制作。公司于 2020 年 10 月 21 日获得了 Pre-A 轮融资，融资金额为数百万美元，市场估值高达 9750 万人民币。2021 年 7 月 26 日，北京次世文化传媒有限公司完成 A 轮融资，出资方为创世伙伴和顺为资本，融资金融高达 500 万美元。2021 年 10 月 26 日，北京次世文化传媒有限公司追加 A+ 轮融资，资金由动域资本、顺为资本和创世伙伴共同出具，投资金额有数百万人民币，但市场估值已高达 1 亿人民币。2022 年 2 月 15 日，北京次世文化传媒有限公司完成了 A++ 融资，资金由著名的投资基金——红杉中国独家提供，具体的融资金额和市场估值尚未明确透露，此轮融资将用于持续提升团队，打造更多全新虚拟人 IP，并对公司已有虚拟人产品矩阵进行全面升级，探索智能化及场景化的更多应用可能。

Yahaha 成立于 2021 年 2 月 7 日，为奥飞乐思科技（天津）有限公司旗下的无代码多人互动娱乐创作平台，疑似控股人是 Ophilus Yahaha Limited，公司主要致力于打造一款 3D 互动内容与社交平台，并进一步推出了更加适用于近乎零基础创作者的平台，创作者可以通过无代码的方式进行 3D 互动内容的创作，并一键发布至 Yahaha 的平台与社区，支持多人同时在线的体验，降低了传统 3D 实时内容特别是游戏内容在创作、测试、发行以及变现等全部环节的准入门槛。奥飞乐思科技（天津）有限公司的主营业务包括软件开发、软件外包服务、人工智能应用软件开发、网络与信息安全软件开发、动漫游戏开发、数字文化创意软件开发，互联网数据服务等多个领域。公司于 2021 年 1 月 1 日获得了首轮融资——A 轮，出资方为五源资本、小米集团和真格基金，融资市场估值高达 1 亿人民币。2021 年 3 月 31 日，伴随着高领创投和 BAI 资本的加入，公司完成 A+ 轮融资，融资市场估值高达 1.5 亿人民币。2021 年 6 月

25日，公司完成A++轮产业融资，市场估值高达15亿人民币，至此Coatue Management和哔哩哔哩也成为重要股东，共同推动Yahaha这一无代码多人互动娱乐创作平台的研发与推广工作。

BUD是深圳零点一娱乐科技有限公司旗下的项目，深圳零点一娱乐科技有限公司成立于2019年7月22日，注册地为深圳市。公司的经营范围是：社交软件APP的设计、技术开发、技术咨询、文化传媒策划、电子商务经营、国内贸易以及获许可经营的第二类增值电信业务、互联网信息服务、网络文化经营等。作为新一代（UGC User-generated Content，用户生产内容）社交平台，BUD可以让每一个用户使用简单易用的无代码工具创建个性化的3D交互内容。从底层支持技术来看，由于BUD的底层技术是跨平台的，在技术逐步成熟之后，BUD平台将实现与游戏、AI、虚拟人、NPC等连接。从产品发展角度来看，BUD发布的产品可以允许用户有一定的创造性，用户可以在产品中表达真实想法，实现真正的创作乐趣。从市场发展方面来看，公司于2019年7月22日首次获得数百万美元的天使轮融资，产业投资方为云九资本，资本市场估值高达9750万人民币。2020年12月01日，深圳零点一娱乐科技有限公司完成数百万美元的Pre-A轮融资，出资方为GGV纪源资本和云九资本，资本市场估值仍高达9750万人民币。2021年5月4日，深圳零点一娱乐科技有限公司完成数千万美元的A轮融资，资金由源码资本提供，市场估值高达9.75亿人民币。2022年2月14日该公司宣布完成1500万美元A+轮融资，本轮融资由启明创投领投，老股东源码资本、GGV纪源资本、云九资本超额跟投，穆棉资本担任本轮独家财务顾问，资金将主要用于国外业务研发和增长等方面。

5.3.3 国外投融资轮次占比分析

如图5-14所示，从国外元宇宙投资市场来看，投融资轮次占比情况与国内元宇宙投资市场不同，国外元宇宙投融资市场热度较国内而言相对不足，投融资轮次也相对简单，但初创期投融资轮次仍占据较大的市场比重。

从赛迪区块链研究院对国外元宇宙投融资市场的统计数据可以发现，国外元宇宙投融资事件较多发生在2021年期间。2021年，随着元宇宙第一股Roblox在纽交所的成功上市及Facebook改名为Meta的事件，国外元宇宙投资市场急剧扩张，众多以元宇宙技术为基础的"概念产品"加速涌现，为积累资金推进"概念产品"的现实化，众多企业在国外元宇宙资本市场展开种子轮融资。从 2019 年来国外元宇宙投融资轮次整体分布上看，初创期融资轮次占比高达 68.09%。

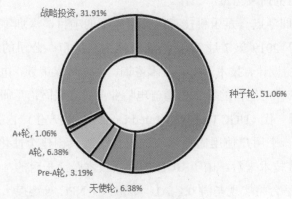

数据来源：赛迪区块链研究院整理

图 5-14 国外元宇宙产业投融资轮次占比

在 VR/AR 产业方面，技术的发展和产品的应用决定了投资市场的方向。如图 5-15 所示，根据赛迪区块链研究院统计，国外 VR/AR 产业投融资市场共涉及种子轮、天使轮、Pre-A 轮、A 轮、Pre-B 轮、B 轮、C 轮、战略投资 8 个投融资轮次。其中，战略投资与 A 轮、种子轮投资占比相差较小，反映出国外 VR/AR 产业发展领先于国内。

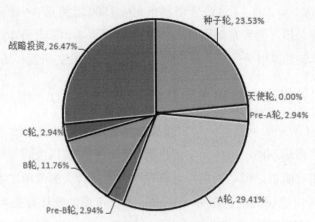

数据来源：赛迪区块链研究院整理

图 5-15 国外 VR/AR 产业投融资轮次占比

在 AI 产业方面，与国内 AI 产业市场相同，国外 AI 产业市场投融资中，初创期融资占比依然超过了 50%，如图 5-16 所示，根据赛迪区块链研究院统计，相对于 VR/AR 产业，国外 AI 产业处于早中期阶段，产品和项目的早期投入力度较大。

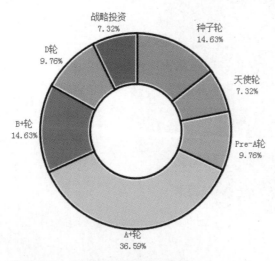

数据来源：赛迪区块链研究院整理

图 5-16　国外 AI 产业投融资轮次占比

在机器人产业方面，国外机器人产业较国内机器人产业发展更为成熟。如图 5-17 所示，根据赛迪区块链研究院统计，与国内机器人产业发展趋势一致，国外机器人产业投融资轮次链条也最为齐全，共涉及种子轮、天使轮、Pre-A 轮、A 轮、A+ 轮、Pre-B 轮、B 轮、B+ 轮、C 轮、D 轮、E 轮和战略投资共 12 个投融资轮次。其中，C 轮投资、战略投资占比也较大，可以看出，国外对于机器人产业发展也一直保持高度关注。

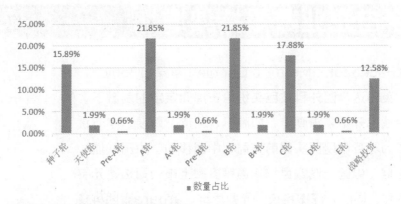

数据来源：赛迪区块链研究院整理

图 5-17　国外机器人产业投融资轮次占比

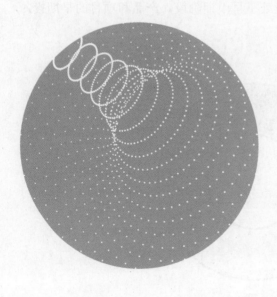

第 6 章
元宇宙企业数量持续增加

在Facebook（Meta）、Google、苹果、Roblox、微软、英伟达等国外科技巨头纷纷布局元宇宙的刺激下，国内企业也开始紧跟脚步，如腾讯、百度、网易、字节跳动、华为等互联网巨头超前布局，中国移动、中国联通、中国电信、中国一汽、世纪华通等多家上市公司构建元宇宙新基建。同时，深锶科技、元象思维、arpara露熙科技等一批新兴企业加入元宇宙"大军"之列。

第6章 元宇宙企业数量持续增加

6.1 企业数量开始暴增

在元宇宙核心技术不断拓展和创新,产业生态版图不断建立,产业发展环境不断优化的基础上,元宇宙企业规模与竞争实力正在不断壮大。根据赛迪区块链研究院统计,通过企查查、天眼查对元宇宙企业成立注册情况进行查询,结果如图 6-1 所示,2021 年带有元宇宙字样的注册企业数量已达 700 余家,增长率达 926.09%,且 2022 年元宇宙初创企业数量仍在持续上升,截至 2022 年 2 月 20 日,新成立注册的元宇宙企业数量已超 100 家。

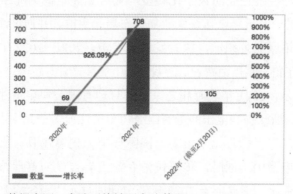

数据来源:赛迪区块链研究院整理

图 6-1 2020—2022 年我国新增元宇宙企业

我国元宇宙相关企业激增的原因主要有以下 3 个方面,分别是科技企业及互联网巨头的带动作用,传统企业加速拓展布局,以及元宇宙产业自身发展前景广阔带动了大批初创企业入局。

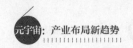

6.1.1 龙头企业发挥带动作用

作为"互联网未来"的元宇宙，吸引国内外众多科技企业与互联网巨头布局。自 2021 年以来，我国各互联网巨头迅速进军元宇宙，带动了大批互联网企业投身元宇宙。字节跳动、百度、网易等多个互联网企业也在元宇宙各细分领域赛道前瞻布局。互联网巨头及科技企业在元宇宙领域的资本投入与技术研发极大地带动了一批细分赛道产业链上下游企业的发展，巨大的发展机遇吸引了大批商业嗅觉敏锐的中小企业入局。以腾讯为例，截至 2022 年，腾讯整体投资数量超过 800 家，投资规模超过千亿元，涉及社交、数字内容、AI 芯片等多个行业和领域，其中包括 AI 芯片企业燧原科技、明略科技、宇泛智能，以及 AI 医疗企业太美医疗、医渡科技等多家企业。科技企业及互联网巨头企业凭借其平台带动作用，通过战略投资、开放平台、共享资源、提供技术支撑等方式带动了一批细分领域的初创企业发展，引领了一批科技创新型企业进入元宇宙产业，成为元宇宙领域企业规模不断攀升的重要影响因素之一。

6.1.2 传统企业转型与业务拓展

与此同时，传统企业的数字化转型与业务拓展也成为元宇宙相关企业激增的重要原因之一。近年来传统企业加速布局元宇宙，并通过注册商标，设立子公司等方式拓展业务领域，探索发展元宇宙。2021—2022 年，国内多个传统企业进军元宇宙，涵盖消费业、游戏产业、服装产业、贸易产业等多个领域。天眼查 App 显示，2021 年，海澜之家品牌管理有限公司申请注册"海澜之家元宇宙"商标，浙江森马电子商务有限公司申请注册多个元宇宙相关商标，包括"革陌元宇宙""爱肯元宇宙"，国际分类为皮革皮具、服装鞋帽，目前商标状态均为申请中。同时，传统快消企业王老吉成为首批布局以文化开路探索元宇宙的企业，王老吉于 2022 年春节期间试水"百家合"数字艺术作品后，广药王老吉正式宣布推动"吉文化"全面进军元宇宙。传统企业的元宇宙探索布局加速催生了一批元宇宙服务型企业诞生，为传统企业提供技术支撑、平台服务、网络安全等多种服务。

6.1.3 初创企业迅速增加

随着国内外元宇宙产业的发展，国内以元宇宙为概念和核心的初创企业迅速增加。如天眼查、企查查数据所示，2021 年我国全年新增元宇宙相关企业超700家，涉及媒体服务、咨询服务、硬件研发、软件服务等多个领域。我国大量企业前瞻布局元宇宙产业，产业图谱也在不断完善中，大量科技型企业通过拓展业务范围、设立子公司等方式入局元宇宙产业。在底层架构领域，如区块链、NFT、虚拟货币领域，涉及的公司涵盖数字认证、视觉中国、弘业股份、安妮股份、东方电子等；在后端基建领域，如5G、GPU、云化、AI+领域，涉及的公司包括科大讯飞、深信服、海康威视、景嘉微、浪潮信息、中国长城、中科曙光、优刻得、青云等；在前端设备领域，如AR/VR、智能可穿戴设备领域，涉及的公司涵盖歌尔股份、瑞芯微、京东方A、韦尔股份、思瑞浦等。与此同时，大量企业投身于场景内容，如游戏、智慧医疗、工业设计、智慧教育等，涉及的公司有超图软件、科大讯飞、中望软件、宝通科技、完美世界、吉比特、电魂网络等。随着元宇宙核心技术的突破与产业高速发展，围绕元宇宙全产业链上中下游的相关企业将会持续增加。

6.2 企业分布较为集中

赛迪区块链研究院对2020—2022年我国新增企业中带有元宇宙字样的企业数量进行区域统计，如图6-2所示，从省市分布上来看，元宇宙相关企业主要聚集在广东、河南、山东、江苏、浙江、上海、江西等地。其中广东最多，元宇宙相关企业数量为141家，约占全国19.18%；河南排名第2，共有元宇宙相关企业65家，约占全国8.84%；山东排名第3，共有元宇宙相关企业57家，约占全国7.76%。

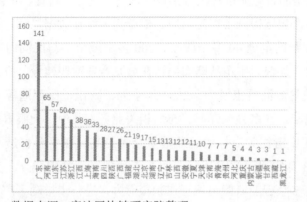

数据来源：赛迪区块链研究院整理

图6-2　2020—2022年我国新增带有元宇宙字样企业的省市分布情况

6.2.1 沿海地区走在发展前列

从地理位置分布来看，首先是东南沿海一带元宇宙企业数量较多，广东、山东、江苏、浙江、福建、上海、海南等地元宇宙相关企业数量共387家，占比52.65%。其次是中部地区企业正在加力，河南、江西、湖南、湖北、安徽等地元宇宙相关企业数量161家，占比21.9%。同时，以四川、陕西、北京等为代表的西南、西北、华北地区企业也在积极布局元宇宙，探索支撑数字经济发展的新业态。

以广东为例，广东省元宇宙企业数量位于全国第一，远高于其他省市。从区域发展优势来看，广东具有很强的电子工业和智能硬件的发展背景。广州成功吸引到思科、航天云网、腾讯、阿里、百度、中兴、华为、科大讯飞、中国电子科技集团等一批带动力强、产业链长、产业规模大的优质企业及项目。同时广东省移动互联网应用服务和应用平台发展均衡，整体发展在国内处于领先地位，涌现出欢聚时代（YY）、UC、酷狗、3G门户、网易、唯品会等一批领军企业，在移动社交平台、浏览器、语音交互平台、移动音乐、游戏、广告、电子商务等细分领域处于龙头位置，为广东省发展元宇宙产业奠定了良好的基础。此外，广东省的行业龙头，如腾讯、华为等企业凭借其在新基建、智慧城市等多个领域的技术基础与项目经验，超前布局元宇宙领域，为广东省元宇宙产业发展争得了先机。早在2020年4月腾讯云就推出了智慧城市底层平台Citybase，这是腾讯首次进入CIM（City Ingormation Modeling）领域，是腾讯云在新基建领域的重要布局。此外，华为作为技术研发和行业解决方案的领头者，其构建的华为智慧城市解决方案已在政务、交通、教育、社会治理、医疗、基础能源等多个领域得到了广泛应用。根据相关统计数据显示，该智慧城市解决方案已累计帮助全球40多个国家、200多个城市。与此同时，广东省立足技术发展优势，加快元宇宙战略布局，在鼓励产业联盟建设、打造发展平台、重视品牌塑造等方面重点发力。2021年华为、腾讯、比亚迪等企业均申请了元宇宙相关商标，在多领域开展、布局相关业务。其中，天眼查的数据显示，深圳市申请元宇宙相关商标的企业数量全省最高。在平台打造与联盟建设方面，2022年3月广州元宇宙创新联盟在南沙创享湾挂牌成立，大湾区元宇宙产业链联盟等多个行业联盟组织正在积极筹办，进一步推动了广东省共研区域技术与产业发展路径，加速推动区域元宇宙技术发展与落地。

6.2.2 政策扶持推动企业聚集

除地域发展优势、互联网企业及行业龙头企业对于元宇宙相关企业发挥引领作用外，政府层面的扶持引导作用也是推动区域企业发展的重要因素之一。截至2022年3月，相关部门官方网站以及年度政府工作报告和主流媒体公开报道显示，涉及10个省和2个直辖市的政府相关文件中提及元宇宙产业布局，其中包括北京市通州区、海南省三亚市、四川省成都市、浙江省杭州市、安徽省合肥市、河北省保定市和廊坊市、湖北省武汉市、湖南省张家界市、江西省南昌市，以及上海市虹口区、宝山区、徐汇区、长宁区、江苏省南京市建邺区、江北新区、江宁高新区和无锡市滨湖区等。其中杭州市、合肥市、成都市、武汉市将元宇宙写入了2022年政府工作报告，湖北省、浙江省分别以省政府办公厅、省数字经济发展领导小组办公室名义发文布置元宇宙相关工作，南昌市委书记及上海市徐汇区委书记、长宁区委书记在公开会议上安排部署相关工作。从长远的产业发展来看，以上先行地区在元宇宙企业发展方面将占据领先优势。

6.2.3 前瞻部署抢占未来赛道

当前各地政府依托本地发展实际情况，从不同层面对元宇宙的"新兴产业"进行定位。从布局角度来看，以河南省、江西省等为代表的省市，将元宇宙视为核心技术有所突破、具有广阔市场空间和应用需求的成长期未来产业。如江西省发改委负责人在省政府新闻办新闻发布会上介绍，元宇宙、物联网、无人机、信息安全、数据服务等技术并列为该省5大新兴赛道；河南省工信厅负责人在省人大常委会新闻发布会上，将元宇宙和大数据、区块链、人工智能、卫星产业一起列为该省新兴数字产业5大重点。和元宇宙并列的，无不是有相当技术和市场基础的产业领域，更多是将元宇宙视为前沿技术理论体系基本成熟，产业化应用潜力初显的孕育期未来产业，以合肥市和成都市等为代表。合肥市2022年政府工作报告在谈到接下来5年要前瞻布局的未来产业时，列出了量子信息、核能技术、元宇宙、超导技术、精准医疗5个方向；成都市2022年政府工作报告将量子通信、元宇宙归入了未来赛道，特意和人工智能、大数据、云计算等新兴赛道进行了区分。未来，随着各地政府对元宇宙产业的部署和实践的工作内容逐渐深入，产业扶持政策将会更加健全，优先推动元宇宙产业化发展，能够找准产业化、生态化发展切入点的地区将具有更大的企业吸引力，有望成为新的元宇宙产业集聚地。

6.3 各行业企业竞相布局

元宇宙产业发展覆盖金融、工业、文创、医疗、交通等多个领域的应用，各行各业企业为体现生存价值，紧跟时代发展趋势，争相布局元宇宙技术、产品及应用。

6.3.1 泛文娱企业成为主力

区块链等数字技术的进步，以及近年来新冠疫情的暴发，带来了与众不同的"宅经济"，深化了大众线上购物、线上娱乐方式，也使元宇宙产业得到了关注和发展。基于此，动漫、影视、游戏等泛文娱产业，也成为了目前元宇宙产业发展的热点。如图6-3所示，赛迪区块链研究院根据企查查、IT桔子等数据库统计了目前元宇宙应用领域占比情况，从统计结果来看，整体上游戏、社交、虚拟人三大应用领域占整体应用的74.54%。以直播、XR演唱会、商业发布会、社交媒体传播等为主的网络社交领域应用最多，达29.09%；其次是以人工智能为驱动的虚拟人社交平台、虚拟手办、数字人、机器人等占比27.27%，且虚拟人社交平台、数字人等应用很大一部分也属于社交应用；游戏领域的应用占比达到18.18%，占比排名第3。

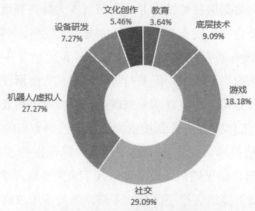

数据来源：赛迪区块链研究院整理

图6-3 元宇宙应用领域占比

1. 互动社交成为布局热点

元宇宙为文娱产业带来了全新的发展机遇，大量文娱企业纷纷布局风口。以国内几家拥有典型代表性元宇宙产品且具有国际影响力的泛文娱企业为例，在互动社交方面，2022年1月由上海博宇盖乐网络科技有限公司推出的博宇盖乐虚拟互动娱乐平台宣布完成1000万美元A轮融资，作为新一代UGC社交平台，博宇盖乐允许用户可以使用拟真又个性化的数字人在虚拟世界中交流和参与各种商务娱乐活动，拥有自己的公司、房产、游戏、甚至Club以及开设大型音乐Party，也可以互相交易各自的UGC内容。同时，通过UGC工具，用户可自行生成多人互动的游戏和剧本杀等虚拟场景。2022年2月，深圳零点一娱乐科技有限公司的全球化元宇宙社交平台BUD Technologies, Inc.完成A+轮融资，其目标是可以让每一个用户使用简单易用的无代码工具创建个性化的3D交互内容，其目标用户是全球范围的"Z世代"，BUD有着元宇宙的沉浸体验、UGC的鲜明个性、海量3D数字内容的智能推荐方式，融合热点、时尚、创意等更容易被"Z世代"所接受的表达方式，并不断拓展未来社交平台的外延。据App Annie数据，BUD jOS国外版于2021年11月5日正式上线，Google Play版本的正式上线时间是2021年10月30日。在BUD全球发布之后的一个月内，通过在其他社交媒体平台所实现的0成本裂变式传播，其跻身于包括美国在内多个国家App Store中社交应用程序排行前5的位置，并在过去几个月中继续保持快速增长。另据Sensor Tower数据，2021年12月其双端月下载量达120万次。

2. 虚拟人产品不断涌现

如表6-1所示，除了在社交领域积极布局，多家企业以虚拟人为探索重点，打造了一系列基于虚拟人的品牌IP。如以虚拟人为主的北京次世文化传媒有限公司，在虚拟人赛道主要拥有三类产品，第一类是为明星艺人打造的"明星虚拟形象"；第二类为自主研发的翎、南宫夏、ASK等"超写实虚拟人"；第三类则是为I DO珠宝、花希子、伊利等品牌开发打造的"数字IP形象"。总体来说，次世文化的虚拟人业务基本都是先有应用场景再有产品的模式。据次世文化透露，后续公司除了持续构建多样性的虚拟人IP矩阵外，还将全面开拓虚拟人智能化、场景化，进行以虚拟人为载体的生态互通。再如2021年3月刚成立的北京世悦星承科技有限公司，其目标是致力于成为一家虚拟数字人及虚拟时尚研发商,专注元宇宙时尚潮流细分赛道的数字内容研发及运营,围绕 To B 端的虚拟数字人和 To C 端的虚拟服饰等方向进行产品开发,并融入 AR/VR 等技术进行多平台的内容展示。目前,该公司已经通过内部的全流程 CG 制作和引擎渲染等方式,创作了旗下拥有各自风格和定位的多位超写实虚拟人矩阵。且旗下运营虚拟人物 IP-Vila、Reddi 和 Vince,已合作了 Gucci、Max Mara、Air Jordan、Clanrins、Undercover、中国李宁等品牌。

表 6-1 部分新增元宇宙企业布局情况一览表

企业名称	布局情况
上海正珊传媒科技有限公司	一个社交漫游购物平台,推出了一款以可视化 VR 技术、购物、娱乐、多人场景互动、交友于一体的 App——都宝客,专注于 5G 数字化研发与探索,坚持打造"数字化、可视化、可控化"的 5G 应用矩阵服务
深锶科技(北京)有限公司	一个 XR 内容创作平台,以自研 XR 引擎为基座,面向电商、直播、XR 演唱会、商业发布会、社交媒体传播、虚拟人助理和客服等多应用场景和为 MCN 机构提供 SaaS 化虚拟制片服务,将实时 3D 互动内容制作能力像 Canva 或 Figma 一样,以更低的门槛提供给 B 端客户
江苏汇智互娱智能科技有限公司	一家数字人商业化应用商,通过线上线下融合,以人工智能为背景,以"内容创作矩阵+全体系运营"赋能的业务模式为核心,有效地将品牌市场营销诉求融入新的消费场景,高效推动线下品牌商产业升级
杭州看潮信息咨询有限公司	一家虚拟人技术公司,旗下拥有虚拟偶像女团 A-SOUL 等
北京心域科技有限责任公司	一款虚拟形象短视频制作的游戏化流媒体产品,基于 3D 引擎次世代实时渲染,将塑体、捏脸、换装功能,手机摄像头动捕技术和短视频剪辑制作等功能强势结合,大胆破圈,打破次元壁,定义新一代的 3D 场景化社交平台
广州市旗鱼软件科技有限公司	一家以人工智能应用、混合现实和数字孪生(DT)为发展方向的高新技术企业,目前已形成面向 C 端用户打造的儿童元宇宙科教娱乐服务平台,面向 B 端客户提供 XR 产品的业务格局
上海博宇盖乐网络科技有限公司	一个虚拟互动娱乐平台,用户可以使用拟真又个性化的数字人在虚拟世界中交流和参与各种商务娱乐活动,拥有自己的公司、房产、游戏、甚至 Club 和开设大型音乐 Party,也可以互相交易各自的 UGC 内容,通过 UGC 工具,用户可自行生成多人互动的游戏和剧本杀等虚拟场景

续表

企业名称	布局情况
北京跨元网络技术有限公司	一个元宇宙内容技术咨询整合平台，致力于区块链、元宇宙、数字人民币等领域的研究及科普，专注于下一代 Web3.0 技术普及和设施建设搭建
深圳零点一娱乐科技有限公司	3D 互联网内容社交 UGC 平台，创作者无需复杂的编程，在手机上就能实现沉浸式 3D 互动内容创作，并通过分享模式，与其他创作者共同进行沉浸式体验，BUD 满足了年轻人创造、分享、表达和社交的需求，希望通过打造"Z 世代"年轻人的虚拟社交空间，让年轻人在快节奏生活间隙里能够栖居交流，体验到其他的社交平台体验不到的虚拟互动社交
上海璨世科技有限公司	一个人工智能驱动的虚拟人社交平台，通过低门槛创造虚拟人，用户可以不断扩充社交网络，产生新的连接
万有引力（宁波）电子科技有限公司	一家 XR 技术开发服务商，主营业务是提供下一代 XR 用户体验和元宇宙接口所需的完整技术方案，以核心芯片作为载体，硬件技术和算法作为支撑
影眸科技（上海）有限公司	一个元宇宙 3D 超写实形象生成和交互平台，致力于超写实虚拟形象的生成与应用，目前主要产品为人脸扫描、人脸制作服务和人脸制作相关的 SaaS 产品，未来专注于做元宇宙中的人，面向元宇宙平台提供真实人脸驱动、交互接口以及数字角色生产平台
浙江露熙科技有限公司	拥有虚拟现实设备产品品牌 arpara，旗下有 arpara VR 头戴式显示设备、arparaVR 一体机、arpara land 虚拟现实平台等，致力于构建起一整套强社交虚拟现实生态闭环
杭州虚拟人科技有限公司	致力于打造 VR 解决方案平台，为运营商、集成商及需求客户提供完整 VR 解决方案，专注于 VR 设备的引入、发行、推广、研发
上海唯偲信息科技有限公司	一家游戏化虚拟空间平台 SaaS 公司，旗下产品"Vland 云现场"通过融合实时音视频技术与游戏化场景生成技术，打造虚拟空间即服务（Virtual Space as a Service, VSaaS）的社交互动云平台
广州次元潮玩动漫科技有限公司	一家虚拟手办制作商，以虚拟偶像作为模型，通过程序驱动，用户可以通过它随时与虚拟偶像实现互动
上海半人猫文化传播有限公司	一家写实数字技术和互动数字内容创作商，自主研发出新一代引擎 CG 制作技术"MetaHumen 数字人技术"，可通过 3D 形象高精度还原真人的动作和表情，赋能虚拟数字人在各种场景的细腻呈现，改造了万象生态超写实数字技术内容矩阵
上海悉喵科技有限公司	一个全新的以游戏为主的 3D 互动内容社交平台，向用户提供沉浸式内容消费与新型社交体验

续表

企业名称	布局情况
数字小能人(江苏)科技有限公司	一家专注于从事数字员工在金融行业创新应用,采用机器人流程自动化、计算机视觉、自然语言处理、区块链、机器学习、超自动化等前沿技术的金融科技新锐企业
拟仁智能科技(杭州)有限公司	一家将人工智能与计算机图形学(CG)技术相结合的创新型高科技公司,拥有快速构建高质量智能虚拟人应用的各项核心技术,致力于打造高仿真、人格化、个性化的智能虚拟人产品和服务,为智能交互、直播、短视频、广告营销、教育、医疗、游戏娱乐、旅游文创等各类商业应用场景赋能
元象唯思控股(深圳)有限公司	一家瞄准全真互联网的科技公司,致力于使互联网全面地、无所不包地融入并与现实结合,公司专注于将人工智能、云渲染、视频编解码与大系统工程等前沿技术,引入数字世界生成的过程中,在线上与线下为消费者提供前所未有的交互体验
北京时代传浮科技有限公司	一家元宇宙社交和虚拟社交网络公司,专注于为泛二次元和游戏玩家群体提供优质的社交服务
北京时域科技有限公司	一个AI虚拟音乐创作平台,为用户提供多个AI虚拟歌手,用户可以在ACE的创作工具中,输入歌曲的旋律、歌词,并且选择AI虚拟歌手进行歌曲演唱
上海唯二网络科技有限公司	一个元宇宙互动社交平台,覆盖移动端、PC端、VR端,结合Unity、VR、AI等技术,专注打造一个自由开放的VR世界
南京七奇智能科技有限公司	一家服务型影像虚拟人研发商,致力于为各行各业提供服务型影像虚拟人软硬件产品,这种虚拟人产品的特点是无需实体机器人复杂的机械结构,而是通过投影或大屏呈现3D立体形态,通过语音视觉进行自然交互,实现商务迎宾、引流和导购等
深圳市迷你玩科技有限公司	一家元宇宙游戏开发商,通过自研引擎技术和沙盒内容创作平台,搭建并持续探索未来线上虚拟互动场景
根号叁(厦门)网络科技有限公司	一家VR娱乐系统解决方案提供商,致力于打造全真互联网时代的商业元宇宙平台(Bussiness MetaVerse),综合利用人工智能、云渲染计算、视频编解码和大系统工程等核心技术,提升企业数字世界(企业VR空间)生成效率
北京奇幻科技有限公司	一家人工智能虚拟人技术公司,通过人工智能技术打造智能虚拟人,把虚拟人技术与VR/AR、3D全息投影、脑电波交互等技术融合起来,结合文化特色优势,建造主题性VR乐园

续表

企业名称	布局情况
上海宣品文化传播有限公司	中国原创设计师品牌孵化，打造元宇宙内容创作、交流和交易平台，帮助设计师进行数字化品牌升级，通过数字化管理实现去中心化，提升设计师和消费者链接效率，带动上下游产业链发展，满足即将爆发的万亿个性化消费市场，建立无边界的新兴价值网
深圳市虚拟现实技术有限公司	拥有沉浸式虚拟现实头盔品牌 3Glasses，公司专注于穿戴设备、虚拟现实、增强现实等领域

数据来源：赛迪区块链研究院整理

6.3.2 互联网巨头企业超前布局

元宇宙诞生于互联网，也能够促进互联网进化迭代。随着元宇宙产业得到越来越多的关注，产业应用所带来的经济效益潜力逐渐显现，如表 6-2 所示，国内互联网巨头纷纷布局元宇宙产业，腾讯、百度、网易、字节跳动等依托自身技术和产业优势，凭借丰富的内容资产和庞大的用户数量，在游戏、社交等行业应用领域，以及虚拟人等产品研发领域打造行业应用典范。如在游戏、社交领域本身就有优势的腾讯，通过投资 Roblox、Snap、Epic Games、Soul 等元宇宙细分领域优质企业，强化在 VR/AR、电子游戏等技术和产品领域的研究，抢占元宇宙游戏、社交领域有利地位。2021 年 8 月，网易旗下子公司网易伏羲发布全新古风沉浸式虚拟会议系统"瑶台"，为玩家提供可创建式的游戏体验。

表 6-2 国内互联网巨头布局元宇宙情况一览表

企业名称	布局情况
腾讯	陆续投资 Roblox、Snap、Epic Games、Soul 等企业，强化 VR/AR、游戏引擎等技术和产品研究，抢占元宇宙游戏、社交有利地位，申请注册"腾讯音乐元宇宙"等近百条元宇宙相关商标
阿里	2021 年 10 月，阿里成立 XR 实验室，进行与元宇宙息息相关的基于 AR、VR 相关的技术研究。同时，探索下一代云、网、端融合架构下的未来操作系统，以及着力于新一代移动计算平台的研究
百度	2021 年 12 月，百度发布元宇宙产品"希壤"，该产品将打造一个身份认同、经济繁荣、跨越虚拟与现实、永久续存的多人互动虚拟世界
华为	2021 年 11 月，华为发布基于虚实融合技术 Cyberverse（河图）的 AR 交互体验 App——"星光巨塔"。该 App 将彻底打破次元壁，将现实与虚拟融为一体

续表

企业名称	布局情况
京东	2021年4月，京东提出将整合集团沉淀的中台能力，构建产业元宇宙开放平台，赋能实体经济的战略构想
网易	2021年8月，发布全新古风沉浸式虚拟会议系统"瑶台"，增强玩家游戏体验和创造性
字节跳动	2021年10月，字节跳动投资聚焦于衍射光学和半导体微纳加工技术的"光舟半导体"，以及国内VR行业头部厂商Pico，强化对拓展现实产品的研究，同时，字节跳动投资《重启世界》游戏，抢占元宇宙游戏赛道

数据来源：赛迪区块链研究院整理

1. VR领域成为投资热点

除去依托互联网发展基础与优势进行应用产品研发外，国内互联网企业纷纷布局元宇宙VR领域，虽然互联网企业没有电子设备厂商在硬件制造上丰富的经验与资源，但布局元宇宙硬件领域已经成为互联网企业前瞻布局元宇宙的战略共识，当前多个互联网巨头开始切入头显设备领域。2021年8月，字节跳动以90亿元人民币价格收购了VR软硬件创业公司Pico（青岛小鸟看看科技有限公司），并成立海南创见未来科技有限公司，由Pico 100%控股。公司经营范围包括网络文化经营、人工智能基础软件开发、人工智能应用软件开发等。另外，爱奇艺VR一体机目前已迭代至第3代。阿里巴巴也成立了杭州数典科技有限公司，经营范围包含VR设备制造。同时腾讯有意向通过收购黑鲨科技正式入局VR设备领域，这或许能给国内其他互联网企业在发展策略上带来新思路，将自身的软件技术、生态内容和资金投入到VR/AR头显设备的研发，推动头显设备行业发展的同时，也扩大互联网企业的业务范围和业务内容的承载平台。

2. 战略布局各有侧重

从互联网巨头的元宇宙整体战略布局来看，各大企业的侧重点有所不同。

（1）华为的元宇宙布局策略

以华为为例，华为在硬件及操作系统、底层架构和后端基建三大组件方向上着力布局。在硬件及操作系统方面，华为在芯片及操作系统等核心环节谋求自主权，自研海思XR专用芯片，通过鸿蒙系统、VR/AR Engine尝试构建自由闭环生态。华为XR战略为"云+管+端"协同打造繁荣开放的生态体系，同时 XR 也是华为"1+8+N"全场景智慧化战略不可或缺的组成部分。底层架构方面，华为推出了河图 Cyberverse，基于空间计算算法以及 AI 识别技术打造虚实融合的超视觉体验服务。当前河图 Cyberverse 的功能已经涵盖识物百科、识人辨人、识字翻译、识车安保、3D 地图识别等，其应用场景也包括景区景点、博物馆、智慧园区、机场、高铁站、商业空间等公共场所，为游客提供导览服务等。后端基建方面，华为全球 5G 标准核心必要专利数量排名第一，对 MassiveMIMO、SDN/NFV、全频谱接入、网络切片、边缘计算等 5G 关键技术均有所涉及且排在前列。华为在端到端 5G 标准的总体贡献超过全球所有企业，真正具备"网络＋芯片＋终端"的端到端能力。

（2）腾讯的元宇宙布局策略

腾讯的元宇宙战略布局主要侧重于软件方面，以提升用户体验为重点。腾讯拥有搭建元宇宙的优越基础条件，目前来看其策略是通过"资本（收购和投资）＋流量（社交平台）"的组合方式，来探索和开发元宇宙。腾讯目前虽然没有直接布局 XR 硬件，但是通过投资 XR 领域的高精尖公司 Epic Games、Snap，让腾讯分别在 VR 以及 AR 领域占据了非常有利的地位。其中，腾讯通过以 Epic Games 开发的 Unreal Engine 为代表的一系列开发工具，帮助开发者来渲染构建整个虚拟世界。腾讯在后端基建方面的布局主要是面向 C 端打造全周期云游戏行业解决方案，为用户提供云游戏平台与生态。目前，腾讯云游戏以腾讯为依托，在云游戏技术开发的基础上，引入第三方游戏内容，借助应用宝等渠道，建立云游戏平台与云游戏解决方案的双重路径。内容与场景领域是腾讯一直以来的优势领域。在社交方面，腾讯也在积极探索社区社交、直播社交以及短视频社交等新兴社交方式，布局少部分微信与 QQ 覆盖不到的细分领域。游戏方面，腾讯除了自有游戏团队以外，通过一系列全球化的外延投资和收购，已经成为全球最大的游戏公司。除了社交游戏等 C 端场景外，腾讯在 B 端的布局也逐渐明朗化，在包括智慧零售以及企业服务领域也做了许多布局。智慧零售方面，腾讯进一步通过支付方式和其他购物科技的形式将数字和实体零售紧密相连。企业服务方面，腾讯紧紧抓住企业数字化浪潮，以云服务为抓手，上线腾讯会议、腾讯文档以及腾讯小程序等帮助提高通信与办公效率的 SaaS 工具，来支持企业客户与外部用户的协作。

（3）百度的元宇宙布局策略

与华为和腾讯有所不同，百度与元宇宙相关的产品、技术积累，主要集中在 AI、云计算和 VR 领域。百度是中国最早在人工智能领域进行重点大规模投入的企业，从 2016 年开始，百度对 AI、智能云、自动驾驶、深度学习、对话式人工智能操作系统、AI 芯片等新科技领域进行重点布局。2018 年至今，推动"云 +AI"战略，通过自身 AI 体系中的飞桨深度学习平台与百度昆仑芯片在软硬件方面分别积累了算法与算力等方面的优势，推动百度智能云实现"云智一体"。目前，百度已经形成了全方位的人工智能生态体系，以百度大脑为底层技术核心引擎，在飞桨深度学习平台、百度昆仑芯片、DuerOS 平台与智能硬件的加持下，不断深化 AI 技术在 B 端客户侧的商业化，并通过 AI 赋能云服务，以百度智能云为载体，加速 AI 在各行业的商业化。百度在 AI 领域的技术积累未来有望延伸至更丰富的元宇宙应用场景中，对其抓住元宇宙所带来的 AI 应用场景增长的机遇具有很好的促进作用。同时，百度在 VR 领域有多年的布局，主要有百度 VR 和爱奇艺奇遇系列 VR 两个硬件入口，分别面向企业端助力产业数字化升级，面向消费者提供影音及游戏等娱乐体验。爱奇艺 VR 眼镜在国内 VR 眼镜市场占有一席之地，已先后推出了多款 VR 一体机产品，并创造了诸如全球首款 4KVR 一体机、独家定制 iQUT 观影标准、全球首个 5G+8KVR 直播、国内首个计算机视觉（CV）头手 6DoFVR 交互技术等技术突破。2021 年 8 月，百度宣布昆仑第二代芯片实现量产，并表示高性能、低成本的昆仑芯片可赋能多个业务场景。在软件和内容方面，百度先后收购了爱奇艺和 PPS，百度大脑重点支撑 Apollo、DuerOS、智能云三大平台，分别代表着百度在智能驾驶、物联网、其他企业应用场景方向的布局。百度面向开发者提供 VR suite 开发者套件，内含开发工具集 SDK、展示 SDK、Cloud VR、深度算法等，从而降低开发者的 VR 内容制作门槛，提高内容制作质量。2020 年百度公有云在中国市场的占有率为 33.3%，排名第一，百度智能云已经在智慧工业、智慧金融、智慧城市、智慧医疗等多个领域落地。2021 年 11 月，百度 VR 推出了希壤社交 App 产品，致力于打造一个多人互动的虚拟世界，被称为国内首款元宇宙应用，代表百度在元宇宙跨出了重要的一步。

6.3.3 上市企业积极入局元宇宙

1. 元宇宙产品与应用不断推出

元宇宙不仅在电子游戏、网络社交应用领域不断发展，其在医疗健康、交通出行、航天军事、工业制造、设施建设等应用领域也开始积极探索,吸引中国移动、中国联通、中国电信、中国一汽等多个上市企业也开始加大力度布局元宇宙,如表 6-3 所示。如 2021 年,湖南广电将牵线国家广播电视总局 5G 重点实验室,以 5G 基础设施为重点,探索元宇宙基础设施平台,打造未来覆盖全产业链条的元宇宙生态体系。2021 年 11 月,中国移动咪咕公司正式成为元宇宙"玩家",推出消费级增强现实眼镜 Nreal Air。同时,还将以元宇宙 MIGU 演进路线图为方向,加速进军元宇宙的前进步伐。

表 6-3 国内部分上市公司布局元宇宙情况一览表

企业名称	布局情况
中国移动	2021 年 11 月,中国移动咪咕公司发布消费级增强现实眼镜 Nreal Air。同时,以网络算力为基础,加速元宇宙 MIGU 演进路线图演进
中国电信	2021 年 11 月,中国电信表示将于 2022 年启动"盘古计划",依托其自身云改数转战略,围绕产品研发、内容汇聚、应用创新等,增强 5G 在元宇宙领域的竞争力
中国联通	2021 年 11 月,中国联通表示将加快 VR 产业发展,推出中国联通元宇宙 App,建立虚拟世界中互动通讯载体
海尔智家	2022 年 1 月,在 2021 世界物联网大会上,海尔表示将打造"元智家",即虚拟智慧管家,通过数字化的远程虚拟了解家庭实时情况,用元宇宙的数字人方式与家庭成员进行交互,体察情绪,做出相应变化
美的	2022 年 1 月,美的集团旗下华凌品牌推出数字主理人"华凌",让虚拟人做主角"打理"实业品牌,打造数字智能产品,在未来场景中服务年轻用户,用多元内容与大众充分接触
中国一汽	2021 年 12 月,中国第一汽车集团有限公司申请注册多个"元宇宙""METAVERSE""HQ METAVERSE""F METAVERSE"商标,抢占元宇宙布局,商标涉及运输工具、广告销售等多个领域
芒果超媒	2021 年,芒果 TV 推出数字人"瑶瑶",湖南卫视推出虚拟主持人"小漾",以及国内首个虚拟直播演唱会厂牌《潮音实验室》。此外,海景联合高校打造中国首家 VR 应用实验室,发布纪念版数字藏品等
天下秀	2021 年 11 月,天下秀数字科技集团以年轻人为群体,发布基于区块链技术的 3D 虚拟社交产品虹宇宙(Honnverse),在该平台中可以创造自己喜欢的虚拟人物,打造梦想中的豪宅,在电视里播放自己喜欢的视频,将真实生活中的点滴都可以搬到虹宇宙小屋里,并可以实现与好友线上互动
平安银行	2021 年 12 月,平安银行将其 2021 年年度账单与元宇宙结合,从用户视角出发,让用户以角色扮演的形式,通过一幕幕虚拟现实场景,回顾 2021 年平安银行的数字金融生活

数据来源:赛迪区块链研究院整理

2. 强强协同布局战略开始出现

当前众多上市公司依托本身业务基础，从不同的切入点出发，积极布局元宇宙市场，逐步拓展延伸并推出具有自身特色的元宇宙产品。与此同时，多企业优势互补联合布局也成为上市公司进军元宇宙的综合发展战略之一。以智度股份与国光电器为例，2022年1月，智度股份与国光电器共同投资设立合资公司广州智度宇宙技术有限公司，合资公司将投资开发基于VR环境的社交游戏项目和数字艺术元宇宙社区项目，该应用正是双方合作的落地形态之一。据介绍，在该款名为"Meta彼岸"的应用中艺术家们不仅可以线上创作和发布艺术作品，而且能在其中搭建充满个性的艺术展览馆，未来还可通过虚拟形象与观众、粉丝们进行实时交流互动。与此同时"Meta彼岸"还会帮助艺术家将艺术品发行成相应的数字藏品。所有艺术品都将基于区块链技术被赋予独特的标识和数据，用户可以通过购买、拍卖以及盲盒的形式获取链上每件独一无二数字藏品。从智度股份与国光电器的元宇宙前期布局来看，智度股份早在四年前便开始了对区块链底层技术的布局。2018年以来，智度股份先后战略投资了比特大陆、比特小鹿等区块链行业知名企业，同时，智度股份成立区块链业务团队，专注于区块链技术创新研发及基于区块链技术的行业升级解决方案的创新性研究与落地，打造了拥有自主知识产权的大型联盟链底层平台，并研发了"主侧链均衡动态调度技术""隐私保护可信计算技术"和"VRF与POS融合的随机可信共识算法"三大核心技术，支持10 000个节点，可极大地提升区块链的性能，实现灵活的主侧链架构部署。

如果说智度股份为战略合作提供了软件技术支撑，那么国光电器便为其提供了硬件入口。国光电器拥有超过70年的声学技术积累，拥有声学核心技术，是全球VR产业链的声学模组的重要供应商。今后国光电器还有开展VR/AR整机生产业务的计划。若该计划进展顺利，智度股份未来有望成为A股少数实现元宇宙"底层技术—内容—硬件终端"全产业链闭环的企业。借助国光电器在VR设备产业链中的地位和作用，结合智度股份在游戏开发、区块链、品牌营销等领域的经验，智度股份与国光电器将具备硬件和软件的先发优势和技术壁垒，可快速切入元宇宙赛道，延伸应用场景，加速商业化进程。

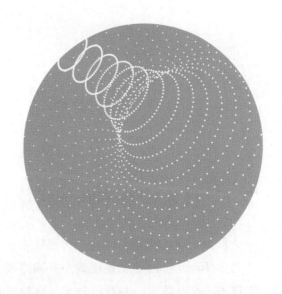

第 7 章
元宇宙技术产业发展趋势

国内元宇宙产业发展现状,可以总结为以下几点:一是元宇宙政策规划开始发力,二是元宇宙技术实力正在跟进,三是元宇宙优势企业竞相布局,四是元宇宙产业规模范围扩大,五是元宇宙资本力量不断加持,六是元宇宙行业应用积极探索。在这些产业发展现状的前提下,随着元宇宙概念热度的继续上升,元宇宙产业的技术融合将不断创新,产品种类将更为丰富,产业规模将快速增长,产业生态将快速形成,保障产业发展的人才培养体系也将逐步建立。

7.1 技术融合不断创新

正如互联网经济是建立在传感技术、计算机技术、通信技术等技术基础之上一样，元宇宙的发展也离不开网络及运算技术、电子游戏技术、人工智能技术、交互技术、物联网技术、区块链技术等多种技术的支撑。同时，元宇宙所包含的每一个核心技术，其中又涵盖其他多种技术，如网络及运算技术涵盖5G、云计算、边缘计算等技术，区块链技术涵盖智能合约、共识机制、分布式账本等技术，交互技术涵盖全息影像、随机交互、传感等技术。随着各国政府、巨头企业的强势入局，元宇宙单点技术以及融合技术发展的步伐将进一步加快。

国外方面，美国在GPU、算力引擎、交互式AI等基础技术领域，人工智能、云计算、数字孪生、区块链等前沿技术领域均有雄厚实力，加速在基础软硬件领域的集成。如2020年，英伟达将其旗下GPU、CUDA、实时光线追踪RTX技术等所有软硬件技术整合至新的Omniverse平台，形成完整全栈解决方案，以便以一种更高效、更兼容的方式，解决与"物理世界拟真"相关的各项痛点，为实现元宇宙打通技术连接入口。再如苹果公司在AR技术研发领域一直以来有较大的投入，2017年，苹果公司表示将更加注重软硬件等底层技术的开发，并持续发布和更新AR开发工具ARKit，提供具有更优性能的AR设备。同时，Facebook改名，微软、Google等科技巨头的入局，均将促进元宇宙技术进步。

国内方面，一是各地政府加大政策布局，强调要注重元宇宙相关技术创新。如厦门市2022年3月发布《厦门市元宇宙产业发展三年行动计划（2022—2024年）》，强调要立足厦门实际，抢抓数字经济和元宇宙发展新机遇，打造"元宇宙生态样板城市"和数字化发展新体系，打造一个高端研究平台，开发一批特色应用场景,培育一批优质企业,培养一批创新人才,组建一个产业联盟,制定一批行业标准。上海市在《上海市电子信息制造业发展"十四五"规划》《上海市电子信息产业发展"十四五"规划》等多个规划中强调加强元宇宙技术创新,积极抢占前沿技术发展的制高点。江苏省无锡市在发布的《太湖湾科创带引领区元宇宙生态产业发展规划》中表示,滨湖区将依托无锡先进技术研究院、国家超算中心等重大研发载体,开展区块链、人工智能等与元宇宙相关的应用理论和核心技术研究,为元宇宙产业生态发展提供技术引领。此外,区块链、人工智能、虚拟交互等技术的相关政策、专项政策也在不断出台,为元宇宙技术创新提供政策保障。

二是国内IT互联网巨头也纷纷入局元宇宙,在聚焦元宇宙产品应用的同时,也在加强技术融合。如字节跳动正在积极探索自然语言处理、机器学习、系统与网络、语音与音频、安全与隐私、计算机视觉、计算机图形学和增强现实等与元宇宙产业发展有关的技术积累,旨在从各个单点技术出发,加速技术融合,打造优势产品。2021年11月,字节跳动投资众趣科技,这是一家专门做3D实景重建的VR数字孪生云服务商,通过其搭建的3D空间模型,实现进入元宇宙的基础设施。2021年,阿里旗下阿里达摩院成立XG实验室,表示将为VR/AR等场景研究符合5G时代的视频编解码技术、网络传输协议等。

7.2 产品种类更为丰富

有了政策的布局、资本的扶持、企业的入局,元宇宙技术发展将进步飞速。而元宇宙各项单点技术的创新和突破,以及以元宇宙为核心的新的商业模式不断兴起,必将促进发展元宇宙所需产品的突破、创新、融合、丰富。

元宇宙将创造一个虚实结合,与现实世界等同的虚拟世界,在虚拟世界可以"真实"地体验到"数字化"所带来的感觉和享受。但不论是从实到虚还是从虚到实,也不论是真实体验数字化还是数字体验真实化,都需要外物链接,其中最重要的就是通过扩展现实中的XR技术和设备,来实现颠覆性、沉浸式的元宇宙数字生活体验。以扩展现实设备(XR)为例,根据德勤报告数据显示,2020年,XR支出最多的下游应用来自于to C消费级,占据超过一半的份额,包括VR/AR游戏、影视、娱乐教育等,to B级的应用则以工业制造、医疗、零售业为主。同时,2021年XR产业投资回暖迹象明显,根据德勤报告数据显示,

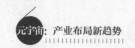

2021年上半年,XR全球融资并购额达229亿人民币,较2020年上半年增长108%。光学器件等技术和系统的升级,爆款内容和应用的不断涌现,更多应用端供应商的不断参与,都会促使XR硬件终端将不断出现更适合需求的产品。

未来,在GPU、数据库、操作系统等底层硬件技术的"支撑"下,在人工智能、虚拟交互、区块链等技术的"链接"下,XR/VR/AR、脑机接口、机器人、虚拟人、传感器、服务器等产品将不断创新,产品种类将更为丰富,应用领域将不断拓展,元宇宙产业生态也将不断进入新的阶段。

7.3 产业规模快速增长

从元宇宙技术、产品的发展不难看出,元宇宙产业所涉及的应用领域广阔,产业链延伸范围大。而产业规模来源于企业发展,因此,企业的发展是产业规模的增长关键因素。不论是国家部委还是地方政府,都在积极鼓励和扶持与元宇宙产业相关企业的发展。

从元宇宙企业发展的宏观层面看,一方面,国家部委重视元宇宙相关企业发展。2022年2月,在工业和信息化部召开的"中小企业发展情况发布会"上,工业和信息化部中小企业局局长梁志峰表示,要培育一批数字产业化专精特新中小企业,特别要注重培育一批深耕专业领域,如工业互联网、工业软件、网络与数据安全、智能传感器等方面的"小巨人"企业,培育一批进军元宇宙、区块链、人工智能等新兴领域的创新型中小企业,推进数字经济发展。另一方面,上海等地区相关部门开始加大元宇宙培育。如2022年1月,上海市经济信息委在"谋划2022年产业和信息化工作"会议上表示,上海作为全国经济和创新发展标杆城市,将紧跟技术发展热点,抢占元宇宙赛道,培育与元宇宙产业发展相关的重点企业和创新企业,加速数字经济下上海数字化转型进程。同时,在企业规模上,根据统计数据可以看出,不仅是新成立的元宇宙创新型公司将持续增加,其所包含的区块链等技术型企业也在逐年增长。根据赛迪区块链研究院统计显示,从2016年区块链技术在国内受到关注以来,以区块链为主营业务,具有投入和产出的企业已超1500家,且企业数量还在不断增长。因此,在元宇宙得到持续关注的状态下,其产业规模将快速增长。

7.4 产业生态快速形成

元宇宙的产业生态正在逐步建立,已经有了较为明晰的产业结构,正在推进的产业园区和产业联盟,积极制定的行业标准等,为推动元宇宙产业生态快速形成打下了良好基础。

一是明晰的产业架构将快速带动产业链上下游企业。目前,在产业结构方面,元宇宙已经形成了以 GPU、芯片、传感器等为上游的硬件,以 XR 终端、脑机接口、虚拟人等为中游的服务,以及以游戏、社交、医疗、交通等为下游的应用的产业结构。随着产业架构的不断明晰,元宇宙的产业结构也将不断优化,产业链条持续延伸,尤其是下游应用领域,元宇宙未来将可能在军事航空、社会治理、工业制造等领域大显身手。二是行业协会、产业联盟的成立能够整合资源优势,优化资源配置,扩展产业发展空间,在元宇宙产业标准制定、企业发展、产业布局等方面提供决策和咨询。三是标准规范的积极制定,能够在规范元宇宙相关技术建设,应用平台的开发、运行、维护、管理、安全等方面,提供指导性方向与操作规范,以促进元宇宙产业健康发展。四是元宇宙产业园的建设,能够为元宇宙企业发展提供载体空间,加速高新技术成果、科技型企业和创业企业等企业集聚,构建产业集群。同时,产业园也能够为元宇宙项目提供孵化环境,加速元宇宙产品成果转化,保障元宇宙产业创新发展。

良好的产业生态,能够促进产业集聚,推动产业创新。元宇宙产业生态将进一步带动"十四五"时期,乃至未来社会经济的发展。

7.5 人才培养体系逐步建立

从目前虚拟现实、区块链、人工智能等数字技术的发展来看,国内已经形成国家、高校、企业等全方位、联合式、立体化的培养模式,新一代信息技术人才培养体系正在逐步建立且不断完善。

政府层面,工信部、教育部、人社部积极推动网络及运算、虚拟现实、区块链等技术人才发展。如 2021 年 9 月,工业和信息化部联合中央网信办、国家发改委等 9 部门印发《5G 应用"扬帆"行动计划(2021—2023 年)》,提到将鼓励企业与高等院校、科研院所共建实验室、实训基地、专业研究院或交叉研究中心,加强共享型工程实习基地建设,组织 5G 相关职业培训和认证,培育一批复合型人才。2020年2月，在教育部公布的《教育部关于公布2019年度普通高等学校本科专业备案和审批结果的通知》中，新增"虚拟现实技术专业"。2020年5月，教育部印发《高等学校区块链技术创新行动计划》，提到要加快创新基地建设和培育，支持高校培养，汇聚一批高水平人才队伍，加快提升区块链技术创新能力。2020年7月，人力资源社会保障部办公厅联合市场监管总局办公厅、统计局办公室印发《关于发布区块链工程技术人员等职业信息的通知》，新增区块链工程技术人员、区块链应用操作员等职位。

高校层面，国内众多知名高校开设元宇宙相关技术课程。如网络及运算技术上，我国共有168所大学开设计算机科学与技术学科，著名的有北京大学、清华大学、浙江大学、北京航空航天大学、北京邮电大学等。在物联网技术上，电子科技大学、东北大学、江南大学、武汉大学、北京理工大学、南京航空航天大学等高校已经设置物联网专业。在大数据技术上，北京航空航天大学、复旦大学、对外经济贸易大学、武汉大学、华南理工大学等高校设置了大数据相关专业。

企业层面，科技企业与培训机构争相布局。如2022年2月，清博智能科技有限公司联合郑州工程技术学院在其元宇宙研究室搭建的VR会议大厅举办"河南高校大数据学术交流会第三次论坛暨元宇宙主题交流会"，重点在清博智能科技与联盟高校"产学研教"深度合作基础上，进行了更深入的发展研究与探讨，VR会议让参会人员感受了云端交流的体验，也身临其境地感受到了元宇宙的魅力。2021年11月，A股上市企业开元教育表示旗下全资子公司天琥教育将积极跟踪元宇宙相关技术的应用与发展，开发相关课程，率先进军元宇宙培训赛道。2021年12月，中国民营科技实业家协会元宇宙工作委员会表示，将会在全国范围内启动元宇宙培训基地，推进创新资源共享，协同构建产业生态。

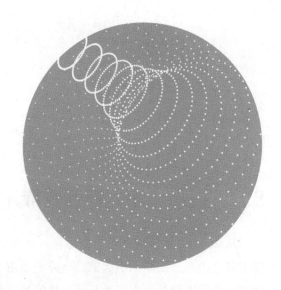

第8章
促进元宇宙技术产业健康发展的对策建议

元宇宙产业的健康发展离不开技术创新、资本扶持、产品应用、高端人才以及合规环境的支持,在数字经济时代下,元宇宙产业的发展虽已成为社会各界的关注热点,并在电子游戏、网络社交、文化旅游等领域展开应用,但元宇宙所带来的"理想世界"在我国现阶段存在相关技术还不够成熟化、产品应用还不够规模化、创新人才还不够全面化、监管体系还不够健全化等问题,需提高对元宇宙的认知,理性看待元宇宙的发展,强化对元宇宙的监督管理,做好资本等防线防范,支持元宇宙核心技术创新,加快核心技术人才培养,加大元宇宙产品应用,以实现元宇宙技术产业健康发展。

8.1 提高认知，理性看待元宇宙发展

从 2021 年元宇宙概念爆发至今，社会各界对元宇宙的认识仍参差不齐。这主要是由两方面原因引起的，一方面是由于元宇宙本身就是由多种技术混合而成，大量民众对元宇宙及其所包含的数字孪生等技术与应用的理解和认知仍存在差异。另一方面是由于目前国内元宇宙的探索仍处于初级阶段，距离实现真正的平行虚拟世界仍然还有很长一段路要走。

随着元宇宙越来越多地进入大众视野，在元宇宙产业已经开始走向产品应用和落地实践阶段的同时，部分地方政府也已经开始布局元宇宙产业，但如何确保元宇宙更快，更健康地进入社会生活，加大元宇宙商业化应用，使其成为数字经济发展的支撑，还需要进一步的正确引导。正如 2021 年 11 月 18 日人民日报对于元宇宙的评论："元宇宙走红后，一些套路和骗局也在滋生。一些知识付费项目打着元宇宙的口号牟利，并声称'未来只有元宇宙这一条路'；一些企业忙于抢注各种相关商标，企图从中分得'一杯羹'。"以上这些都是各种涉及元宇宙的乱象。

因此，现阶段发展元宇宙，首先需要的仍是增强基础理论研究，做到不盲目随从，理性对待元宇宙市场投资，避免经济损失。元宇宙想要实现的"虚拟世界"对于目前现实世界的发展来说，是一个"庞然大物"。在现阶段还没有统一定义和标准的情况下，盲目地发展，只会适得其反。元宇宙产业发展的道路之长，不仅适用于国内发展，同样也适用于国外发展。

8.2 强化监督管理，做好风险防范

从元宇宙的整体发展来看，其发展面临着资本、隐私、社会等不可忽视的风险。在资本风险方面，元宇宙产业的发展最终还是要立足于"产业"之上，以一个新兴产业的发展进程来看，元宇宙产业正处于其产业生命周期的初期阶段或者萌芽阶段，技术的不成熟、市场需求的不稳定、产业设施的不配套等因素，直接或者间接地体现在其产业发展的不成熟性、不稳定性、不确定性、不全面性。这些特征促使元宇宙成为社会各界关注热点的同时，也成为了部分资本炒作的焦点，部分资本假借元宇宙名义，进行非法活动，正如当年"初出茅庐"的区块链技术。且元宇宙世界的建立同样需要区块链技术的支撑，在新的世界虚拟币作为元宇宙的经济系统支撑，也会带来币价的持续震荡，从另一个角度带来一定的资本风险。

在隐私风险方面，元宇宙是一个以现实世界为基础，在众多技术的加持下形成的虚拟世界。如同现实世界一样，在这个虚拟世界中，从进入的那一刻起，就需要对用户的身份、行为、关系、资产等数据进行实时记录和同步，这些个体隐私数据是支撑元宇宙持续运行的底层资源，也是最重要的资源。在现实世界中，个人隐私数据泄露事件频有发生，也一直是亟待解决的问题。而对于一个虚拟世界，对个人隐私数据合规收集、储存与管理更是存在一定风险，也更应该受到重视。

在社会风险方面，目前发展元宇宙的企业大多是行业巨头，有可能巨头间的竞争态势决定元宇宙整个生态的发展，不仅影响整个产业生态，还会影响社会经济。同时，元宇宙是与现实世界有着紧密联系的，其产业生态内的经济风险有可能会从虚拟世界传导至现实世界，在一定程度上也会影响现实世界产业发展，从而带来社会经济风险。此外，元宇宙会带来沉浸式的体验，但是过度沉浸虚拟世界将有可能加剧社交恐惧、社会疏离等心理问题，从而影响社会和谐的发展。

综上所述，发展元宇宙一定要强化监督管理，做好风险防范。一方面，要认真学习2022年2月19日中国银行保险监督管理委员会发布的《关于防范以"元宇宙"名义进行非法集资的风险提示》，对于编造虚假元宇宙投资项目、打着元宇宙区块链游戏旗号诈骗、恶意炒作元宇宙房地产圈钱、变相从事元宇宙虚拟币非法牟利等违法犯罪活动增强防范意识。另一方面，元宇宙产业

发展本身就需要区块链等数字技术的支撑，而对于区块链，严厉打击假借"区块链"名义进行的非法集资、非法洗钱等行为一直以来都是国家及各地方监管的重要内容。因此，在发展元宇宙产业的同时，防范假借以"数字资产"为名义进行违法犯罪活动也是重中之重。仍需加大对支撑元宇宙产业发展的区块链等技术的监管力度，为元宇宙产业发展提供良好、健康的基础支撑环境。此外，对于元宇宙产业本身而言，还应进一步加强以法律为标准的监督管理体系，防范元宇宙发展过程中出现的资本操纵、隐私泄露、经济泡沫等风险。明确各类不法行为的惩罚力度，针对假借元宇宙名义炒作，进行违法犯罪活动的行为给予严厉打击。

8.3 支持元宇宙所涉技术创新，加速技术融合

从国内技术发展来看，元宇宙涵盖的众多技术，很大一部分仍滞后于国外，且关键核心技术仍存在"卡脖子"问题。就以区块链技术来说，一是在当前区块链开发领域，从区块链开发的语言选择，到开发完成后开源代码的发布，国外仍然是主流开发语言和开源社区的聚集地。二是目前国内也涌现了一批坚持完全自主创新的区块链开源项目，如百度超级链、微众银行的开源底层平台 FISCO BCOS，由北京微芯研究院、清华大学、北京航空航天大学、腾讯、百度和京东等知名高校、企业共同研发的开源底层平台长安链、趣链的跨链开源平台 BitXHub，以及类似阿里蚂蚁链、博雅正链、金宁汇科技 NewSpiral 等虽未开源但宣称自主研创的区块链底层平台。但目前国内大多数区块链平台都是借鉴国外区块链开源项目代码开发而来，借鉴吸收与自主研创并行是当前国内区块链技术发展的突出特点，同时自主研创，可控安全被越来越多的区块链项目所重视，但总体上来说仍需进一步加强和努力。三是在解决方案创新能力方面，我国也提出了诸多技术改良方案，例如墨客提出子链技术，百度提出链内并行技术，本体提出改进共识算法 VBFT，趣链提出改进共识算法 RBFT 等，但总体而言国际影响力小，多数方案偏于改良，而不是原始性的创新。

产业的发展和社会的进步，一定是建立在科技创新的基础之上。因此，发展元宇宙产业，就需要加大区块链、人工智能、虚拟现实等技术的扶持力度，提升自主创新能力，促进关键技术创新，推进核心技术攻关。同时，加速元宇宙所涵盖技术的融合创新，是推动元宇宙产品创新的基础，也是促进元宇宙产

业发展的动能。一方面，要加强元宇宙所涉技术的基础理论研究，如支持国内科研机构团队紧跟国际理论发展前沿，通过重大科学计划、国际科技合作计划等方式开展基础理论研究，探讨众多技术中涉及数学、经济学、语言学等的基础理论和基本方法，为技术研发提供理论支持。另一方面，支持国内重点企业、科研机构、高校等加强合作，加快对区块链、人工智能、物联网等核心技术的攻关，重点研究算法、加密、数据库、操作技术等关键基础支撑技术。此外，还应加速区块链与人工智能、人工智能与物联网、网络及运算技术与电子游戏技术、5G 与云计算、边缘计算与交互技术等的深度融合，紧盯前沿方向，通过技术与技术之间的深度融合和协同创新，推动元宇宙技术产业创新发展。

8.4 加快核心技术人才培养，提高产品创新能力

如前文所述，元宇宙产业的发展离不开人工智能技术、交互技术等底层技术的支撑。而从这些底层技术的发展现状来看，人工智能技术、物联网技术的人才体系较为完善，区块链技术、交互技术、网络及运算技术的人才培养模式还不够优化，创新型、复合型人才依旧匮乏，是制约底层技术发展、影响元宇宙产品创新的重要因素。

在人才培养方面，首先是高校层面，要加强元宇宙产业发展所含核心技术的理论基础研究，支持高校和职业院校强化此类技术应用相关课程设置，加强师资队伍，重视人工智能、物联网、虚拟交互、区块链等技术的基础教育。高校要通过与著名高校、科研机构、知名企业等合作，注重算法、区块链、芯片等高端技术人才的联合培养。

其次是企业层面，可以依托相关科技园区、创业创新基地、实验室等对互联网、金融、法律、哲学等行业从业人员开展元宇宙产业发展所需技术培训。同时，针对科研人员、高校学生，特别是高层次人才，鼓励开展元宇宙产品应用孵化项目，加速元宇宙产品应用。同时，各大城市依托自身资源优势，建立相互连通的产业发展合作平台，形成优势企业带动产业发展的联动效应。

最后，在政策层面，要创新引进人才、培育人才、服务人才体系机制，在元宇宙发展的相关产业上，坚持招商引资和招财引智相结合，采用咨询、聘用、签约、项目合作等方式，引进一批国外优秀的算法、芯片、数据库、GPU、边缘计算等创新人才，培育一批区块链、人工智能、物联网、数字孪

生等创新人才，加大基础设施投入，优化人才生活环境，加大扶持力度，为人才发展提供支撑服务。

8.5 加大元宇宙产品应用，扩大元宇宙产业规模

目前，元宇宙产业还未形成一个完整的体系，就现阶段元宇宙发展看，元宇宙的产业规模更多地体现在产品的应用上，即领域的应用，也就是"量"的应用。在国内，我国元宇宙产品应用已经开始呈现多元化发展趋势。如在产品研发上，除机器人、AR/VR眼镜、传感器等应用产品外，脑机接口、服务器等产品也在不断进步。同时，除电子游戏、网络社交领域是现阶段元宇宙发展热点外，智慧城市、文化旅游等领域已经开始布局，交通出行、医疗健康等领域也正积极探索，航空航天、军事部署也将成为元宇宙进军的重要潜在领域。

当前的技术能力以及产品形态，还不足以支撑起元宇宙产业的"质"的发展。当一个事物的"量变"发展到一定程度时，自然而然就会进入"质变"状态，推动元宇宙产业从"量变"走向"质变"，眼下最重要就是要加大元宇宙产品的应用。

对于发展较好的VR/AR，其应用不仅局限于游戏领域，还可以应用于其他领域，如在民生领域：通过虚拟仿真技术和信息增强，可以更直观地帮助老师辅助学生进行学习和理解，还可以克服医疗距离障碍以提高患者获得医疗服务的机会等；在军事航空领域：通过VR/AR虚拟现实技术可以提前进行模拟演练，提高飞行轨道的安全性和精确度；在电子商务领域：用户可通过AR虚拟试穿、虚拟试戴等提高购买决策性，企业可通过VR虚拟三维展示拓展营销精准性。同时，可加大宣传推广，支持更多人群感受VR带来的全新体验，推动其更快速走入大众。

对于未来大有潜力的应用，如智慧城市、智能汽车、VR游戏、虚拟直播、虚拟数字人等产业发展，以及未来的办公元宇宙化、工业元宇宙化、教育元宇宙化、景区和文化展览馆元宇宙化等，都是能够以元宇宙为基础发展的新兴产业。如同各个行业发展一样，元宇宙的下游应用注定是一个百花齐放的场景，能够带来新的产业生态和经济模式，扩大元宇宙自身产业规模的同时，能够驱动数字经济发展，带来新活力。

参考文献

[1] 陈辉，闫佳琦，陈瑞清，沈阳. 元宇宙中的用户数据隐私问题 [J/OL]. 新疆师范大学学报（哲学社会科学版）：1-9[2022-04-16]. DOI：10.14100/j.cnki.65-1039/g4.20220412.001.

[2] 金梦. 元宇宙"热"时代的经济学审视及"冷"应对 [J]. 新经济，2022（4）：29-33.

[3] 梅夏英，曹建峰. 从信息互联到价值互联：元宇宙中知识经济的模式变革与治理重构 [J]. 图书与情报，2021（6）：69-74.

[4] 王陈慧子，蔡玮. 元宇宙数字经济：现状、特征与发展建议 [J/OL]. 大数据：1-13[2022-04-16]. http：//kns.cnki.net/kcms/detail/10.1321.g2.20220401.1030.002.html.

[5] 李峥. 元宇宙将成为未来数字生态的主流发展模式？[J]. 世界知识，2022（7）：13-17.

[6] 苏洁. 元宇宙发展应"双管齐下" [N]. 中国银行保险报，2022-03-28（007）. DOI：10.28049/n.cnki.ncbxb.2022.001131.

[7] 王文喜，周芳，万月亮，宁焕生. 元宇宙技术综述 [J]. 工程科学学报，2022，44（4）：744-756. DOI：10.13374/j.issn2095-9389.2022.01.15.003.

[8] 胡泳，刘纯懿. 元宇宙转向：重思数字时代平台的价值、危机与未来 [J]. 新闻与写作，2022（3）：45-55.

[9] 李玮，陈静. 理性对待元宇宙，提前谋划助力产业发展 [J]. 网络传播，2021（11）：74-75.

[10] 赛迪区块链研究院. 2020—2021 中国区块链产业发展白皮书 [M]. 2021（1）.

[11] 张立，刘权，区块链：构建数字经济新世界 [M]. 北京：中国科学技术出版社，2021.

[12] 赵惟，刘权. 数字资产：新基建重构数字经济新形态 [M]. 北京：人民邮电出版社，2020 年.

[13] 刘权. 区块链与人工智能 [M]. 北京：人民邮电出版社，2019.